Lektürehilfen
Johann Wolfgang von Goethe:
Faust I/II

von Eberhard Hermes

Ernst Klett Verlag
Stuttgart München Düsseldorf Leipzig

In der Klett-Reihe Editionen für den Literaturunterricht ist erschienen:
Johann Wolfgang von Goethe: ‚Faust, Der Tragödie erster Teil'
(Klettbuch 35123)
Johann Wolfgang von Goethe: ‚Faust, Der Tragödie zweiter Teil'
(Klettbuch 35124)
Text und Materialien.
Materialien ausgewählt und eingeleitet von Bernd Mahl.
Stuttgart 1986/1988

Die Deutsche Bibliothek – CIP-Einheitsaufnahme

Hermes, Eberhard:
Lektürehilfen Johann Wolfgang von Goethe:
Faust I, II / von Eberhard Hermes. – 10. Aufl. –
Stuttgart; München; Düsseldorf; Leipzig: Klett, 1997
  (Klett-Lektürehilfen)
  ISBN 3-12-922315-0

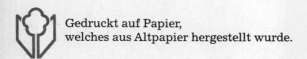

Gedruckt auf Papier,
welches aus Altpapier hergestellt wurde.

Abbildung auf dem Umschlag: Schattenriss um 1780.
10. Auflage 1997
Alle Rechte vorbehalten
Fotomechanische Wiedergabe nur mit Genehmigung des Verlages
© Ernst Klett Verlag GmbH, Stuttgart 1988
Satz: Janß, Pfungstadt
Druck: Clausen & Bosse, Leck. Printed in Germany
Einbandgestaltung: Bayerl & Ost, Frankfurt a. M.
ISBN 3-12-922315-0

Inhalt

Zu diesem Buch 5

Faust Erster Teil: 8

Handlungsüberblick 8

Die einzelnen Szenenkomplexe 19

Der dreifache Zugang zum ‚Faust'-Drama 19
Die Gelehrtentragödie 25
Mephisto tritt in Fausts Leben 32
Erste Reisestationen 47
Die Gretchentragödie 54

Faust Zweiter Teil: 90

Voraussetzungen zum Verständnis 90
Handlungsüberblick 92

Die einzelnen Akte 94

I. Akt: Fausts Genesung und Eintritt in die höfische Welt   94
II. Akt: Fausts Gang zu Helena – Klassische Walpurgis-
          nacht 98
III. Akt: Helena-Akt – Vereinigung von Antike und Abend-
          land 103
IV. Akt: Faust gewinnt politische Macht 106
V. Akt: Fausts Unternehmertum, Erblindung, Tod und Er-
          lösung 109

Bauformen und Zeitstruktur des Faust-Dramas 121

Sprache, Stil und Metrik 126

Thematik 132

Personen des Dramas 137

Komposition 144

Historische Anspielungen 147

Der Faust-Stoff 152

Zur Entstehung des ‚Faust' 157

Übersicht über die Entstehung der Szenen von ‚Faust I‘ 163

Zur Rezeptionsgeschichte 165

Zur Aufführung des ‚Faust‘ 170

Zur Verfilmung 178

Weiterführende Literatur 180

Zu diesem Buch

Die Faust-Dichtung ist Goethes Lebenswerk. Er hat sechzig Jahre lang (1772–1832) immer wieder daran gearbeitet und bis kurz vor seinem Tode noch Änderungen nachgetragen. Diese sechzig Jahre bilden eine Epoche tiefgreifender historischer Umbrüche, in denen die moderne Demokratie entstand und die Welt in das Industriezeitalter eintrat. Diese Umbrüche sind in die vielschichtige Thematik des Dramas eingegangen und machen nun ihre Komplexität aus. Im Eingangsmonolog zeigt sich Faust in einem mittelalterlichen Studierzimmer und gibt seiner Enttäuschung über die scholastische Wissenschaft Ausdruck. Am Ende des zweiten Teils ist die ganze neuzeitliche Entwicklung durchschritten. Faust ist Großunternehmer geworden, hat sich die Natur dienstbar gemacht und in ein Kunstgebilde verwandelt und stirbt mit einer Gesellschaftsutopie auf den Lippen, während Mephisto auf die Möglichkeit völliger Vernichtung hinweist. Die moderne Goetheforschung faßt daher den Gegenstand des Dramas unter der Formel zusammen, daß in ihm „eine Phänomenologie der Moderne" entworfen sei, d. h. die Fülle der Ideen, Lebensformen und Probleme poetisch vergegenwärtigt würde, welche die Neuzeit bestimmen, jene Geschichtsepoche also, die von der Zeitwende um 1500 bis in unser Jahrhundert reicht.

Um diesen komplexen Gegenstand zu entfalten, bemüht Goethe eine Fülle von Bildern, Gestalten, Mythen und Allegorien aus Antike, Bibel, europäischer Sage, christlichem Brauchtum, Volksaberglauben usw. und begründet diese Gestaltungsweise mit folgenden Worten:

> „Da sich manches unserer Erfahrungen nicht rund aussprechen und direkt mitteilen läßt, so habe ich seit langem das Mittel gewählt, durch einander gegenübergestellte und sich gleichsam ineinander abspiegelnde Gebilde den geheimeren Sinn dem Aufmerkenden zu offenbaren" (Brief vom 23. 9. 1827 an Carl Jacob Ludwig Iken).

So ist z. B. die kleinbürgerliche Gretchengestalt der mythischen Königin Helena gegenübergestellt; die menschliche Gewissensnot, die Margarete in der Seelenmesse im ‚Dom' erlebt, ist in Spannung zum Hexentreiben der ‚Walpurgisnacht' gesetzt; das Streben des Magiers Faust nach Einklang mit der Natur steht im Kontrast zum Bücherstudium der mittelalterlichen Universität usw. Während Mythos, Kult, Religion, Brauchtum seit Beginn der Neuzeit als Orientierungsmittel für den Menschen immer mehr an Verbindlichkeit verlieren, werden sie hier als poetische Mittel gebraucht, um den Erscheinungen, die im

Drama thematisiert werden, einen Stellenwert, eine Bedeutung zuweisen zu können. Sinnwelten, die ihre Geltung verloren haben, werden auf diese Weise in der fiktiven Welt der Dichtung wieder verbindlich. Ohne ihre Kenntnis ist nämlich das Verständnis der Dichtung nicht möglich.

Daß die alten Sinnwelten in der Dichtung wieder verbindlich werden und der Leser gezwungen wird, sie nachzuvollziehen, ist eine Leistung der Sprache des Dichters. Sie hat eine Prägnanz, die es verbietet, schnell über den Text hinwegzulesen, vielmehr dazu veranlaßt, sich intensiver auf den Wortlaut einzulassen. So wird z. B. der Mythos im Helena-Akt als das bezeichnet, „was liebliche Lüge, glaubhaftiger als Wahrheit, ... sang" (9642 ff.), wo in einer kurzen Wendung die ganze Diskussion über den Wahrheitsgehalt des Mythos enthalten ist. Oder: Für Mephisto ist der Mensch, wie er im ‚Prolog im Himmel' sagt, „der kleine Gott der Welt" (281). Man wird sehen, daß Goethes Faust-Spiel vor allem der Entfaltung dieser Formel dient, in der bereits die ganze Handlung angelegt ist. Man hat im Hinblick auf diese Prägnanz von Goethes klassischem Sprachstil von der „Bodenlosigkeit seiner Aussagen" gesprochen.

Ein Werk, bei dem erst im Lauf von Jahrzehnten Einzelszenen, die zu verschiedenen Zeiten entstanden, zu einem geschlossenen Spiel zusammengefaßt worden sind, stellt der Interpretation andere Aufgaben als Werke mit einer einfacheren Entstehungsgeschichte. Daß nicht alle Teile sorgfältig aufeinander abgestimmt wurden und nicht alles, was sich im Spiel ereignet oder gesagt wird, eindeutig plausibel motiviert ist, hat zu einer fast unübersehbaren Reihe immer neuer Analysen und Interpretationsversuche geführt. Demgegenüber ist die Frage erlaubt:

> „Warum aber darf ein künstlerisches Werk nicht angereichert sein mit Teilen, die nur für sich, ohne Rücksicht auf ein postuliertes Ganzes, leben und partielle Aufmerksamkeit beanspruchen? Warum ist es die Lust der Interpreten, in oft aufwendiger Beweisführung und unter erheblichen Schwierigkeiten die Einheit des Werkes nachzuweisen? Warum kann nicht der Zufälligkeit schöpferischer Produktivität facettenreiche Freiheit zugestanden werden?"
> (Karl Otto Conrady: Goethe. Leben und Werk, a. a. O. Zweiter Teil, 314)

Die Frage paßt gut zu Goethes Selbstverständnis, der sich gegen solche Interpretationen, die es auf die „Einheit des Werkes" abgesehen haben, mit diesen, von Eckermann aufgezeichneten, Worten gewehrt hat:

> „Es war im ganzen nicht meine Art, als Poet nach Verkörperung von etwas Abstraktem zu streben. Ich empfing in meinem Innern Eindrücke, und zwar Eindrücke sinnlicher, lebensvoller, lieblicher, bunter, hundertfältiger Art, wie eine rege Einbildungskraft es mir darbot; und ich hatte als Poet weiter nichts zu tun, als solche Anschauungen und Eindrücke in

mir künstlerisch zu ründen und auszubilden und durch eine lebendige Darstellung so zum Vorschein zu bringen, daß andere dieselbigen Eindrücke erhielten, wenn sie mein Dargestelltes hörten oder lasen."

(6. Mai 1827)

In diesem Buch sollen die wichtigsten Hilfen gegeben werden, damit der Benutzer den komplexen Gegenstand des Dramas zu erfassen vermag, die Bilder, in die der Dichter seine „Anschauungen und Eindrücke" kleidet, verstehen kann, die Sprache in ihren Beziehungen zu erschließen imstande ist und schließlich vor unangemessenen Erwartungen gegenüber der Interpretation des Werkes bewahrt bleibt.

Diesem Zweck gilt zunächst eine ausführliche interpretierende Wiedergabe beider Teile der Dichtung, die sich auch auf die wichtigsten Details einläßt. Damit der Leser die Orientierung im Werkganzen behält, sind jeweils Handlungsüberblicke vorgeschaltet. Der systematische Teil besteht aus vier Gruppen von je drei Kapiteln. Während die ersten drei Kapitel die Vielfalt der Formen und Inhalte aufzeigen, die für das Werk kennzeichnend ist, beschäftigen sich die nächsten drei Kapitel mit denjenigen Elementen des ‚Faust', auf denen die Einheit des Werkes beruht. Eine weitere Gruppe gilt der Herkunft des Stoffes und der Entstehungsgeschichte von Goethes ‚Faust'-Dichtung. Schließlich werden Rezeption und Aufführungspraxis des Dramas behandelt.

Faust Erster Teil:

Handlungsüberblick

Der dreifache Zugang zum ‚Faust'-Drama

*Das Faust-Drama beginnt mit einer dreifachen Ein-
leitung, die sich auf beide Teile der Tragödie bezieht.*
In einem ‚Zueignung' überschriebenen Gedicht
weist der Sprecher auf den Umstand hin, daß es sich
beim ‚Faust' um ein Werk handelt, an dem sein Dich-

Ein Lebenswerk

ter ein ganzes Leben gearbeitet hat. Daher treffen
die später entstandenen Partien nun auf ein ganz
anderes Publikum als jenes, dem der junge Dichter
einst die ersten Szenen vorgetragen hatte. Es folgt
ein ‚Vorspiel auf dem Theater', in dem sich dessen
Direktor und die ‚Lustige Person', also ein Schauspieler, mit dem Dichter über die Erwartung des Publikums und die Eigenschaften des Stückes unterhalten, das er für dieses Publikum schreiben soll.

**Ein unterhalt-
sames Spiel**

Dabei wird hervorgehoben, daß es sich bei diesem
Stück um ein Spiel handelt, das den Zuschauer fesseln und unterhalten kann. Nach dem Vorbild des
barocken Welttheaters gibt dann ein ‚Prolog im
Himmel' die Exposition der Handlung: „Der Herr"
überläßt – wie im Buch ‚Hiob' – den Helden, also
Faust, dem Teufel (hier Mephisto genannt), damit
dieser versuchen könne, ihn von der rechten Bahn
abzubringen. Auf diese Weise wird das irrende Stre-

**Thema
ist der Mensch**

ben des Menschen, der seinen Platz zwischen Gott
und Tier, zwischen Geist und Stoff, einnimmt, als
Thema des Stückes genannt, werden Faust und Mephisto als Hauptfiguren der Handlung bestimmt.

Fausts Streben nach Wahrheit

*In einer langen Eingangsszene (‚Nacht': 454 Verse)
wird die Titelfigur, die im ‚Prolog' Gegenstand des
Gesprächs war, zunächst allein vorgestellt.*

In der nächtlichen Finsternis eines mittelalterlichen Studierzimmers äußert Faust seine Enttäuschung über die hergebrachte Wissenschaft, die ihm keine Erkenntnis der Wahrheit gebracht habe, und klagt über die Enge des Gelehrtendaseins, in der jede Lebensregung ersticke. Er habe sich darum „der Magie ergeben" (377), d. h. der Kunst, durch die man in Kontakt mit der Geisterwelt treten und sich unmittelbar Kenntnis und Macht über die geheimen Kräfte der Natur verschaffen könne.

Abwendung von der Wissenschaft, Hinwendung zur Magie

In einem dreifachen Anlauf versucht Faust dann, die engen Schranken seiner Erkenntnis und seines bisherigen Daseins zu überwinden:

Drei Ausbruchsversuche

Entgrenzungsversuche

1. Bei der Betrachtung des Zeichens, das den Makrokosmos, d. h. die Ordnung des Weltalls symbolisiert, wird ihm klar, daß hier kein Weg aus der Enge hinausführt, weil es beim bloßen Zuschauen bleibt.
2. Bei der Beschwörung des Erdgeistes muß er erfahren, daß sich der lebendige Zusammenhang der Natur vor ihm verschließt.
3. Ein Gespräch mit seinem Famulus Wagner, der ganz im hergebrachten Wissenschaftsbetrieb aufgeht, macht Faust noch einmal die Enge des durchschnittlichen Menschenlebens bewußt und motiviert ihn dazu, durch Freitod einen Weg „zu neuen Ufern" (701) zu suchen. Doch die Gesänge der mitternächtlichen Ostermesse unterbrechen den Versuch und führen Faust ins Leben zurück.

Mephistos Eintritt in Fausts Leben

In dem folgenden, 1265 Verse umfassenden, Szenenkomplex wird die Figur des Mephistopheles in die Fausthandlung eingeführt. Zugleich wird das Thema ‚Was ist der Mensch?' weiter entfaltet. Schließlich wird der Handlungsverlauf beider Teile der Tragödie entworfen. Am Ende des Szenenkomplexes bricht Faust mit Mephisto „zum neuen Lebenslauf" (2072) auf.

Entfaltung des Themas, Exposition der Handlung

Die Genreszene ‚Vor dem Tor' zeigt Faust, mit Wagner spazierend, inmitten seiner sozialen Umwelt in einer kleinen Stadt während des Übergangs vom

Faust in seiner engen bürgerlichen Welt

9

Mittelalter zur Neuzeit (Pestepidemien). Zugleich erfährt der Zuschauer etwas aus Fausts Biographie und hört von der mit dem Vater zusammen ausgeübten ärztlichen Tätigkeit. Beim Anblick des Sonnenuntergangs hat Faust ein Entgrenzungserlebnis: Der schwindenden Sonne nachfliegend, will er dem Wechsel von Tag und Nacht entkommen und dauernd im Licht bleiben. Er spricht zu Wagner von den „zwei Seelen" in seiner Brust (1112), deren eine vom Höhenflug träumt, während die andere das Leben genießen will. Hier äußert sich nicht mehr nur der von der Wissenschaft enttäuschte Gelehrte, sondern einfach ein Mensch, der an der Spannung zwischen „Geist" und „Stoff" leidet, die Faust bereits als „Menschenlos" (629) erkannt hatte. Als Antwort auf seinen Ruf nach einem „Zaubermantel" (1122), der ihn überall hinbringen kann, erscheint Mephisto in Gestalt eines Pudels und folgt ihm nach Hause. Er hat mit dem im ‚Prolog' angekündigten Vorhaben, Faust seine „Straße sacht zu führen" (314), so lange gewartet, bis dessen Krise ihn so weit gebracht hatte, nach einem Zaubermantel zu rufen und die Hilfe dämonischer Geister in Anspruch zu nehmen.

Zwei Seelen in seiner Brust

Der Mensch zwischen Geist und Natur

Erscheinen Mephistos

Die Szene ‚Studierzimmer I', die an den Schauplatz der Eingangsszene zurückführt, dient vor allem der Charakterisierung Mephistos. Faust ist ruhiger gestimmt, so daß er sogar an seiner „engen Zelle" (1194) Gefallen findet. Doch hält diese Stimmung angesichts des hin und her laufenden Pudels nicht lange an. Die Beschäftigung mit dem Johannes-Evangelium, in dem er bezeichnenderweise den Logos-Begriff mit „Tat" – statt „Wort" – übersetzt, bricht Faust schnell wieder ab und zwingt Mephisto mit magischen Formeln, menschliche Gestalt anzunehmen. Auf die Frage nach seinem „Wesen" (1331) stellt sich Mephisto – den Worten des Herrn im ‚Prolog' (339) entsprechend – als „Geist, der stets verneint" (1338), vor. Die Zerstörung alles Gewordenen sei seine Sache. Er fühlt sich als „Teil der Finsternis" (1350) gegenüber dem Licht, verkörpert das „Nichts" (1363) gegenüber dem Sein. Damit ist auch das Verhältnis der beiden Hauptfiguren schon gekennzeichnet: Das Negative, das aus der Sicht des ‚Prologs' eine Funktion im Ganzen der Schöpfung

Selbstcharakterisierung Mephistos

Verhältnis der beiden Hauptfiguren

10

hat, die eben Positives und Negatives umfaßt, wird hier in der Perspektive des Mephisto sozusagen verabsolutiert. Da dieser in seiner Einseitigkeit zum Widerpart des Faust wird, dessen Wesen beides, das Positive wie das Negative, in sich enthält, ist eine Verständigung zwischen den beiden von vornherein ausgeschlossen. Die Beziehung bleibt noch offen. Faust spielt mit dem Gedanken an einen „Pakt" (1414).

In der darauffolgenden Szene ‚Studierzimmer II' bietet sich Mephisto dem unter der Enge seines Daseins leidenden Gelehrten als Geselle an, damit er erfahre, „was das Leben sei" (1543). Faust schwört allen Illusionen seines bisherigen Lebens ab, auch der Religion (1587 ff.), und will sein Streben künftig nicht mehr der Erkenntnis, sondern der Erfahrung des wirklichen, sinnlichen Lebens widmen (1742 ff.). **Zuwendung Fausts** „Vom Wissensdrang befreit" (1768), will er das **zum wirklichen** „Wohl und Weh" der „ganzen Menschheit" erleiden, **Leben** spricht vom „schmerzlichsten Genuß" (1766), während Mephisto ihm „der Erde Freuden" (1859) vermitteln will. Mit diesen unterschiedlichen Zielvorstellungen machen die beiden ihren Vertrag, der von Faust als „Wette" interpretiert wird (1698), weil er **Die Wette** sicher ist, daß auch Mephisto die Sehnsucht und Unruhe des Menschen nicht zu stillen vermag. Damit ist der Motor der ganzen Fausthandlung in Gang **Motor der** gesetzt, der in der Frage besteht, ob es Mephisto **Fausthandlung** gelingt, den Menschen in das Nichts zu führen, „diesen Geist von seinem Urquell" abzuziehen, wie es im ‚Prolog' heißt (324). In einer Art von ‚Abschiedsvorstellung' entwirft Mephisto dann, angetan mit „Fausts langem Kleide" (vor 1851), ein satirisches **Universitätssatire** Bild des universitären Wissenschaftsbetriebes, den Faust jetzt zu verlassen im Begriff steht. Wie diesem vorher empfiehlt er nun einem jungen Studenten, der Faust selbst vor sich zu haben meint, das wirkliche Leben (2039) anstelle des theoretischen Studiums, in dem es ja doch bloß um Worte gehe (1989 ff.). Schließlich erklärt er Faust das Reiseprogramm: Er soll zuerst „die kleine, dann die große **Mephistos** Welt" kennenlernen (2052). Das entspricht den bei- **Reiseprogramm** den Teilen der Tragödie.

11

Erste Reisestationen

*Bevor Faust in jene „kleine Welt" gelangt, in der er
Gretchen begegnen wird, zeigen zwei Szenen, in denen Faust kaum hervortritt, deutlich, wie Mephisto
sich „das wilde Leben" (1860) vorstellt und wie weit
er damit von Fausts Vorstellungen entfernt ist.*

**Die gar nicht lustige
Gesellschaft**

In ‚Auerbachs Keller' will Mephisto seinen Schütz-
ling in „lustige Gesellschaft bringen" (2159). Doch
hat Faust an dem ordinären Treiben der Zechkum-
pane ebenso wenig Gefallen wie an den Zauberkunststücken Mephistos, mit deren Hilfe die beiden
den Aggressionen der ‚lustigen Gesellschaft' entkommen. Auch in der ‚Hexenküche' „widersteht"
ihm „das tolle Zauberwesen" (2337), das Mephisto
für nötig hält, um den in Studium und Lehre gealterten Gelehrten Faust in einen jugendlichen Liebhaber
zu verwandeln und in ihm dann Sinnenlust zu entfa-
chen, indem er ihm in einem Spiegel „das schönste
Bild von einem Weibe" zeigt (2436). Während Mephisto meint, Faust dadurch in seine Gewalt zu bekommen, daß er ihn „den edlen Müßiggang" schätzen
lehrt (2596), zeigt sich dieser davon ganz unberührt.
Sein Blick ist von dem Bild im Spiegel gebannt.

Die Gretchentragödie

*Mit der nächsten Szene ‚Straße I' beginnt unvermit-
telt die Gretchenhandlung, die den ganzen übrigen
Raum des ersten Teils der Tragödie ausfüllt (2605–
4612). Das Figurenpaar Faust–Mephisto erweitert
sich nun zu einem Figurendreieck. Gretchen wird*

**Gretchen als
Mephistos
Gegenspielerin**

*zum Gegenspieler des Mephisto, der „keine Gewalt"
über sie hat (2626) und den sie instinktiv ablehnt
(3469ff.). Die den Zuschauer bewegende Frage, ob es
Mephisto gelingt, Faust ins Nichts hinunterzuzie-
hen, wird dadurch zu der Frage erweitert, ob Gretchens hingebende Liebe ihn zu retten vermag. Diese
Frage wird erst am Ende des zweiten ‚Faust'-Teils
beantwortet werden. Zunächst gerät Gretchen in
Schuld und Elend. Die Gretchenhandlung wird zur
Gretchentragödie. In ihr lassen sich drei Phasen
unterscheiden:*

1. In den Szenen ‚Straße I‘, ‚Abend‘, ‚Spaziergang‘, ‚Der Nachbarin Haus‘, ‚Straße II‘, ‚Garten‘ und ‚Ein Gartenhäuschen‘ werden Faust und Gretchen auf kupplerische Weise von Mephisto und Marthe zusammengeführt und beginnen sich zu lieben.
2. In den Szenen ‚Wald und Höhle‘, ‚Gretchens Stube‘, ‚Marthens Garten‘, ‚Am Brunnen‘, ‚Zwinger‘, ‚Nacht‘ und ‚Dom‘ wird vorgeführt, wie die Liebenden zu der von der Gesellschaft nicht zugelassenen Vereinigung gelangen und dabei schuldig werden.
3. In den Szenen ‚Walpurgisnacht‘ und ‚Walpurgisnachtstraum‘ befindet sich Faust fern von Gretchen in Mephistos Reich. Die letzten drei Szenen ‚Trüber Tag – Feld‘, ‚Nacht – Offen Feld‘ und ‚Kerker‘ zeigen ihn in Gewissensnot gegenüber dem Schicksal der verlassenen Geliebten. Während Gretchen sich von Mephisto abwendet und Gott anvertraut, zieht dieser Faust auf seine Seite und verschwindet mit ihm.

Drei Phasen der Gretchenhandlung

Mephisto führt Faust und Gretchen zusammen

Faust begegnet Margarete auf der ‚Straße‘ und spricht sie sofort an. Sie entwindet sich ihm. Ungeduldig fordert er von Mephisto, sie zusammenzubringen. Er kommt gar nicht auf den Gedanken, sich selbst um sie zu bemühen. So sehr verläßt er sich auf den dämonischen Vermittler. Mephisto weist auf Schwierigkeiten hin, es handle sich um „ein gar unschuldig Ding" (2624). Doch will er Faust wenigstens in Gretchens „Dunstkreis" bringen (2671). Das geschieht in der folgenden Szene ‚Abend‘, in der Faust Margaretes Zimmer wie ein „Heiligtum" (2688) erlebt. Auf seine Bitte hat Mephisto einen Schmuck beschafft, den Gretchen nach ihrer Rückkehr, als sie sich, das Lied vom ‚König in Thule‘ auf den Lippen, entkleidet, im Schrank findet. Sie legt ihn an, um sich damit im Spiegel zu betrachten. Auf einem ‚Spaziergang‘ erzählt Mephisto dem verliebten Faust, daß Margaretes Mutter den Schmuck sogleich zum Pfaffen getragen habe. Faust weist ihn

Erste Begegnung von Faust und Margarete

Gretchen ein „unschuldig Ding"

Verführung durch Schmuck

Mephisto als Kuppler

an, unbedingt Ersatz zu schaffen. In der nächsten Szene ‚In der Nachbarin Haus' gelingt es Mephisto dadurch, daß er sich als Kameraden von Marthes verschollenem Mann ausgibt, bei ihr ein Rendezvous für Faust und Margarete zu arrangieren. Die Szene ‚Straße II' stellt ein Intermezzo dar, in dem sich Faust gegen Mephistos Aufforderung wehrt, vor Marthe den Tod ihres Mannes zu bezeugen. Er muß sich von seinem Gesellen vorhalten lassen, daß seine Liebesschwüre gegenüber Gretchen genauso falsch sein würden und daß er früher als Professor mit seinen wissenschaftlichen „Definitionen" ebenfalls „falsch Zeugnis" gegeben habe (3041 ff.). In Marthes

Erstes Rendezvous

‚Garten' findet dann das verabredete Treffen statt. Während Marthe um Mephisto wirbt, erzählt Margarete dem um sie werbenden Faust von ihrem Alltag in der ‚kleinen Welt' (wie sie Mephisto 2052 ange-

Liebesgeständnis

kündigt hatte) und gesteht ihm ihre Liebe. In der kurzen Szene ‚Ein Gartenhäuschen' werden die Liebenden von Marthe und Mephisto zum Aufbruch gemahnt. Im Bewußtsein, dem Geliebten verfallen zu sein, bleibt Gretchen zurück.

Vereinigung und Schuldigwerden der Liebenden

Die beiden folgenden Szenen zeigen, wie das Liebeserlebnis auf Faust und Margarete gewirkt hat. In

Vorübergehendes Harmonieerlebnis

‚Wald und Höhle' fühlt sich Faust im Einklang mit der Natur und mit sich selbst und erfährt nun, durch seine Liebeserfahrung dem „Geist der Erde" (461) nähergekommen, was der Erdgeist seinerzeit dem lebensfernen Gelehrten verweigert hatte (512 f.). Doch als sich Mephisto nähert, um sein sinnliches Verlangen nach Margarete anzustacheln, er-

Erneutes Zerrissensein

lebt er aufs neue seine innere Zerrissenheit, die „zwei Seelen" in seiner Brust (1112). Er ahnt, daß auch die Liebeserfahrung seinen Drang nicht stillen, daß er vielmehr mit seiner Unruhe nur Gretchens friedliche Welt zerstören wird, daß ihre Liebesgeschichte ein tragisches Ende finden muß. Er

Ahnung eines tragischen Endes

ist ja durch die Wette gehalten, nirgends zu verweilen (1692), kann nicht bei Margarete bleiben. Diese äußert derweil in der Szene ‚Gretchens Stube' in

einem Lied ihre Sehnsucht nach Vereinigung mit
dem Geliebten. Ihre liebende Hingabe kontrastiert
mit Fausts Leiden an sich selbst.

In ‚Marthens Garten‘ gibt es ein neues Treffen, bei
dem Gretchen an Faust die Frage richtet: „Nun sag,
wie hast du's mit der Religion?" (3415), die dieser
mit einem Ausbruch vagen religiösen „Gefühls"
(3456) beantwortet. Nachdem dann Margarete ver-
geblich versucht hat, Faust klarzumachen, daß sie
Mephisto verabscheut und als Gefahr für ihre Liebe
betrachtet, verspricht sie ihm, „heut nacht den Rie-
gel offen" zu lassen (3506), und nimmt den Schlaftrunk entgegen, den Faust ihr mitgibt, damit sie die
Aufsicht der Mutter nicht zu fürchten braucht.
Damit begibt sich auch Gretchen auf den Weg der
Schuld. Ein Gespräch zwischen Gretchen und einer
Freundin ‚Am Brunnen‘ führt dem Zuschauer vor,
welches Schicksal einer ledigen Mutter in dieser
‚kleinen Welt‘ bevorsteht. Während Gretchen sonst
mit zu „schmälen" (3577) pflegte, hat sie nun selbst
Angst vor einem solchen Schicksal. Am ‚Zwinger‘,
dem Platz zwischen Häusern und Stadtmauer, äußert sich diese Angst in einem Gebet zur ‚schmerz-
haften Mutter‘ Maria, von der sich dort ein Andachtsbild befindet. In der folgenden längeren
Szene ‚Nacht. Straße vor Gretchens Tür‘ klagt Gretchens Bruder Valentin, daß er nicht mehr vor den
Kameraden mit ihrer Keuschheit prahlen kann. Mit
Mephistos Hilfe bringt Faust dann den Soldaten,
der den Zugang zur Geliebten sperrt, im Duell zur
Strecke. Vor der Nachbarschaft verurteilt und verflucht Valentin sterbend seine Schwester. Faust und
Mephisto müssen nun vor dem „Blutbann" (3715)
fliehen. Gretchen bleibt allein zurück und erlebt bei
einem Seelenamt im ‚Dom‘ die Hoffnungslosigkeit
und Verzweiflung ihrer Lage in einem solchen Maße,
daß sie in Ohnmacht fällt; damit wird zugleich auf
ihre beginnende Schwangerschaft gedeutet.

Die Gretchenfrage

Vereinigung der Liebenden

Drohendes Los der ledigen Mutter

Valentin stellt die Schwester öffentlich bloß

Gretchen leidet

Fausts Verrat und Gretchens Tod

Mit dem Tod Valentins hat Mephisto erreicht, daß
Fausts Schuldkonto bedeutend vermehrt und er zu-

15

Faust im Reich des Nichts

gleich in der entscheidenden Zeit von der Geliebten getrennt wird. In der phantastischen Wandelszene ‚Walpurgisnacht' mit dem anschließenden ‚Walpurgisnachtstraum' versucht Mephisto nun, Faust von seinem Gretchenerlebnis dadurch abzulenken, daß er ihn in sein Teufelsreich führt, in dem nur der „Mammon" (3915) und sexueller „Spaß" (4049) als Ziele gelten. Doch mitten in den sinnlichen Vergnügungen, in die er sich einläßt, hat Faust eine Vision, die

Gretchenvision

„dem guten Gretchen gleicht" (4188). Der Gedanke an sie läßt ihn nicht los. Daher finden wir ihn in der folgenden, der einzigen Prosa-Szene ‚Trüber Tag – Feld' auf dem Wege zu ihr. Er klagt Mephisto an, daß er es so weit habe kommen lassen, und fordert von ihm, daß er alle seine Kräfte aufbiete, um Gretchen aus dem Kerker zu befreien. In der nächsten Szene, der kürzesten des Dramas, sind beide auf „schwarzen Pferden" unterwegs in ‚Nacht – Offen Feld', um

Befreiungsversuch

Gretchen zu finden. In der Schlußszene ‚Kerker' wähnt Margarete, als Faust zu ihr eintritt, zunächst, daß der Henker sie schon hole (4427 ff.). Dann erkennt sie die Stimme des Geliebten und sagt: „Ich bin gerettet!" (4474); aber Realität und Erinnerung gehen für sie durcheinander. Sie will das Liebes-

Gretchen wählt das Gericht Gottes statt Mephistos Hilfe

erlebnis erneuern und wendet sich von ihm ab, als sie spürt, daß Faust sich längst davon entfernt hat. Während dieser sie auffordert, „das Vergangene vergangen sein" zu lassen (4518) und mit ihm zu kommen, hält sie daran fest, daß sie nicht „mit bösem Gewissen" (4547) und verfolgt „in der Fremde" mit ihm leben könne. Als Mephisto dann in der Türöffnung erscheint, schaudert Gretchen zurück: Mit seiner Hilfe mag sie nicht gerettet werden. Sie vertraut sich dem „Gericht Gottes" an (4605) und ergibt sich

Faust bleibt bei Mephisto

in ihr Schicksal, während Mephisto mit Faust verschwindet. Eine „Stimme von oben" verkündet, daß sie gerettet sei

1. Dreifacher Zugang zum Faust-Drama: Zeignung, Vorspiel, Prolog

(1) Zueignung	1–32	Gedicht: Wiederaufnahme des Lebenswerks
(2) Vorspiel auf dem Theater	33–242	Direktor, Dichter und Schauspieler sprechen über das Publikum und die Eigenschaften erfolgreicher Stücke
(3) Prolog im Himmel	243–353	Der Herr überläßt Faust dem Mephistopheles, damit er versuche, diesen vom rechten Wege abzubringen

2. Die Gelehrtentragödie: Fausts Verzweiflung an der Erkenntnis

(4) Nacht	354–807	Fausts vergebliche Ausbruchsversuche durch Geisterbeschwörung und Freitod

3. Die Wette: Mephisto tritt in Fausts Leben

(5) Vor dem Tor	808–1177	Faust unter Bürgern und Bauern – Entgrenzungserlebnis – Die „zwei Seelen" in seiner Brust
(6) Studierzimmer I	1178–1529	Faust übersetzt die Bibel – Mephisto ist des „Pudels Kern"; er stellt sich vor als „Geist, der stets verneint"
(7) Studierzimmer II	1530–2072	Faust sagt dem Erkenntnisstreben ab und will das wirkliche Leben erfahren – Wette mit Mephisto, daß dieser ihm keine Befriedigung schaffen könne – Universitätssatire: Schülergespräch – Aufbruch zur Lebensreise

4. Erste Reisestationen: Auerbachs Keller und Hexenküche

(8) Auerbachs Keller in Leipzig	2073–2336	Streit und Lärm in „lustiger Gesellschaft" – Mephistos Zauberkunststücke
(9) Hexenküche	2337–2604	Faust wird in einen jugendlichen Liebhaber verwandelt und erblickt ein schönes Weib im Zauberspiegel

5. Die Gretchentragödie:
5.1 Mephisto führt Faust und Gretchen zusammen

(10) Straße I	2605–2677	Erste Begegnung – Mephisto sieht Schwierigkeiten wegen Margaretes Unschuld
(11) Abend	2678–2804	Gretchen findet den Schmuck in ihrem Zimmer – Lied vom König in Thule
(12) Spaziergang	2805–2864	Schwankeinlage: Mephisto erzählt, wie Gretchens Mutter den Schmuck zum Pfaffen getragen hat
(13) Der Nachbarin Haus	2865–3024	Mephisto arrangiert ein Rendezvous zwischen Faust und Margarete

(14) Straße II	3025–3072	Faust lehnt ab, falsches Zeugnis zu geben, wird von Mephisto verspottet
(15) Garten	3073–3204	Margarete erzählt Faust von ihrem Leben, während Marthe versucht, Mephisto einzufangen
(16) Ein Gartenhäuschen	3205–3216	Der erste Kuß – Marthe und Mephisto mahnen zum Aufbruch

5.2 Die Liebenden vereinigen sich und geraten in Schuld

(17) Wald und Höhle	3217–3373	Faust zwischen Harmonieerlebnis und Leiden an seiner Zerrissenheit – Mephisto treibt ihn zu Gretchen zurück – Faust erkennt, daß er Gretchen Unglück bringen wird
(18) Gretchens Stube	3374–3413	„Meine Ruh' ist hin . . .": Margaretes Sehnsucht nach dem Geliebten
(19) Marthens Garten	3414–3543	Neues Rendezvous: Die ‚Gretchenfrage' – Verabredung der Liebesnacht
(20) Am Brunnen	3544–3586	Kleinstadtklatsch: Das drohende Schicksal der ledigen Mutter
(21) Zwinger	3587–3619	Gretchen betet in ihrer Angst zur ‚schmerzhaften' Mutter Maria
(22) Nacht. Straße vor Gretchens Tür	3620–3775	Faust ersticht mit Mephistos Hilfe Gretchens Bruder Valentin, der ihnen den Weg verlegt – Sterbend verflucht dieser seine Schwester – Faust und Mephisto verlassen die Stadt
(23) Dom	3776–3834	Gretchen fällt während der Messe in Ohnmacht

5.3 Faust läßt Gretchen im Stich, die ihre Schuld im Tode sühnt

(24) Walpurgisnacht	3835–4222	Mephisto führt Faust in das Reich sinnlicher Vergnügungen, wo Gretchen ihm in einer Vision erscheint
(25) Walpurgisnachtstraum	4223–4398	Spiel im Spiel: Banales Gegenstück zur Gretchentragödie in der goldenen Hochzeit des Elfenpaares Oberon und Titania
(26) Trüber Tag – Feld	Prosaszene	Faust gibt Mephisto die Schuld an Gretchens Schicksal – Plan der Befreiung
(27) Nacht – Offen Feld	4399–4404	Faust und Mephisto auf „schwarzen Pferden" unterwegs
(28) Kerker	4405–4612	Margarete spürt Fausts Kälte, lehnt die Befreiung ab und gibt sich – vor Mephisto zurückschaudernd – in Gottes Hand

Die einzelnen Szenenkomplexe

Der dreifache Zugang zum Faust-Drama

In dem dreifachen Einstieg, welcher der Eingangsszene vorangeht, mit der die Urfassung des Stücks, der ‚Urfaust‘, begann, gehört nur der ‚Prolog im Himmel‘ in den Handlungszusammenhang des Dramas. Die ‚Zueignung‘ und das ‚Vorspiel auf dem Theater‘ betreffen dagegen nur das Verhältnis zwischen Dichter und Publikum, zu dessen Erläuterung Goethe in seinem Fall einiges zu sagen für notwendig hielt.

(1) Zueignung (1–32):

Den ersten Zugang bildet ein Gedicht aus vier Stanzen. Mit ihnen spricht ein <u>lyrisches Ich</u> „schwankende Gestalten" an, die „aus Dunst und Nebel" aufsteigen und es „jugendlich erschüttern": Die vom Dichter in frühen Tagen erfundenen Figuren wollen wieder aufgenommen und weiter gestaltet werden (1–8). Damit sind Lebenserinnerungen des Dichters, „Bilder froher Tage", verbunden. Von den damaligen Gefährten sind manche schon „hinweggeschwunden": Der Dichter ist alt geworden (9–16). Das heißt aber auch, daß sein Lied das ursprüngliche Publikum verloren hat und nun einer „unbekannten Menge" gesungen wird: Deshalb ist dem Dichter um den Beifall „bang" (17–24). Bei der Beschäftigung mit dem wiederaufgenommenen Stoff, „jenem stillen, ernsten Geisterreich", wächst auch die Liebe des Dichters zu ihm, sein „längst entwöhntes Sehnen". Das Schaffen geht mühelos vor sich, „der Äolsharfe gleich", die im Lufthauch tönt. Der Dichter läßt liegen, womit er bisher beschäftigt war, und wendet sich dem alten Vorhaben zu, das ihm nun „zu Wirklichkeiten" wird, seine Gegenwart erfüllt (25–32). Das Gedicht erklärt dem Publikum die Situation des Dichters, der ein schwieriges Werk wiederaufnimmt, das ihn nicht losläßt und einen Teil seines Lebens, der vergangen schien, mit heraufbringt. Interessant ist der Umstand, daß das lyrische Ich die

elegisches Ich

Wiederaufnahme des Schaffens
Lebenserinnerung

Neues Publikum

Liebe des Dichters zum Werk

Epos oder Drama?

Rolle eines epischen Dichters angenommen hat, obwohl das Gedicht ein Drama einleitet. Das Nahen
der „schwankenden Gestalten", ihr ‚Herandrän-
gen', das ‚Aufsteigen der Schatten' entspricht der
Beschwörung der im Hades weilenden Seelen der
Toten, wie sie Homer (Odyssee XI 42) und Vergil
(Aeneis VI 318) schildern. Es ist von „Sage" (11) und
„Gesängen" (17) die Rede: Die Frage nach der Gat-
tungszugehörigkeit des ‚Faust' ist angeschnitten.

(2) Vorspiel auf dem Theater (33–242):
Das Vorspiel gibt nun die Gattung an, in die der
‚Faust' hineingehört: Es ist ein Theaterstück, zur
Aufführung bestimmt. Im Gespräch zwischen dem

Theaterdichtung in unterschiedlicher Bewertung

Theaterunternehmer, dem Dichter und einem
Schauspieler wird diese Gattung in unterschiedlicher Perspektive gezeigt: Der Direktor möchte,
daß der Dichter ihm mit seinem Stück das Theater
füllt (33–58). Doch der Dichter denkt nicht an den
„Augenblick", sondern an die „Nachwelt" und wehrt
sich gegen eine zu schnelle Produktion (59–74). Der
Schauspieler aber, bezeichnenderweise ‚Lustige
Person' vom Fach, eine komische Figur also, mahnt
den Dichter an seine Aufgabe, „der Mitwelt Spaß"
zu machen, alles, was er erfindet und zu sagen hat,
„nicht ohne Narrheit hören" zu lassen (74–88). In

Unterschiedliche Sicht des Publikums

unterschiedlicher Sicht erscheint auch das Publikum: Dem Direktor bringt es das Geld in die Kasse.
Dem Dichter nimmt es mit seinem „wogenden Ge-
dränge" die Schaffensruhe, während der Schauspieler auf sein legitimes Bedürfnis hinweist, unterhalten zu werden. Dafür hat der Direktor ein Rezept:
Der Dichter solle genug Handlung und Spannung
bringen, vielerlei – „ein Ragout" (101) bieten und
auf den Ehrgeiz verzichten, unbedingt „ein Ganzes"

„Ein Ganzes" muß es nicht sein

liefern zu müssen (89–103). Als der Dichter nun
einwendet, das sei doch „Pfuscherei" (104–107),
entwirft der Direktor ein realistisches Porträt des
Publikums (108–133), das auf den Rat hinausläuft:

> „Sucht nur die Menschen zu verwirren,
> Sie zu befriedigen, ist schwer – –" (131/2)

Entsetzt über den Zynismus des Direktors gibt der
Dichter nun – es ist die Mitte und der Höhepunkt

des Vorspiels – ein Bekenntnis zu seinem Schöpfertum, das ihn befähigt, die Welt im Kunstwerk neu erstehen zu lassen, indem er sein „Herz" mit ihr in „Einklang" setzt. In der sechsfachen „Wer"-Anapher werden poetische Leistungen angeführt: Überhöhung des monotonen Alltags, Intensivierung der Gefühle, Ehrung von Verdiensten, Preis der Götter (134–158). Die ‚Lustige Person' überträgt die feierlichen Worte des Dichters auf eine simple Sprachebene („Trank gebraut": 172, „Nahrung" saugen: 177), denkt an ein jugendliches Publikum und gibt dem Dichter für sein Stück den folgenden Rat:

Bekenntnis zum Schöpfertum

> „Greift nur hinein ins volle Menschenleben!
> Ein jeder lebt's, nicht vielen ist's bekannt,
> Und wo ihr's packt, da ist's interessant.
> In bunten Bildern wenig Klarheit,
> Viel Irrtum und ein Fünkchen Wahrheit..."
> (167–171)

Leben soll der Dichter bringen, nicht unbedingt Klarheit

Sein Rezept lautet, ein Stück von dem Schema des Liebesromans anzulegen mit Begegnung, Beziehung, Glückserfüllung, Anfechtung, Liebesleid usw. Der Dichter aber macht darauf aufmerksam, daß ihm hierfür die Erlebnisgrundlage fehle, daß er alt sei. Eben das hält der Schauspieler jedoch für die Vorausetzung dichterischer Gestaltung solcher Geschichten: Kampf, Liebe und Gelage seien Sachen der Jugend, das Dichten aber „Pflicht" der „alten Herren" (210). Der Direktor unterbricht die Diskussion und möchte „endlich Taten sehn" (215). Er schickt den Dichter an die Arbeit und fordert ihn auf, ‚die Poesie zu kommandieren'. Er dürfe den ganzen technischen Apparat benutzen (der ja tatsächlich so, wie er hier beschrieben wird, für eine Faust-Aufführung nötig ist). Denn es solle ja „in dem engen Bretterhaus" der „ganze Kreis der Schöpfung" ausgeschritten werden, die Handlung „vom Himmel durch die Welt zur Hölle" führen. Damit wird auf den ‚Prolog im Himmel' vorausgedeutet, zugleich die Komik der fiktiven Situation noch einmal betont, da der Dichter an die Arbeit geschickt wird, wo doch die Zuschauer schon im Theater sitzen (214–242).

Auftrag an den Dichter: den Kreis der Schöpfung auszuschreiten

Das ironische Spiel hat dreierlei Funktion:

Funktionen des Vorspiels

– Der Dichter der ‚Zueignung‘, auf deren Schlüsselworte zurückverwiesen wird, ist hier in seine gesellschaftlichen Bezüge gestellt und in Abhängigkeit vom Rezipienten (Publikum) und von den vermittelnden Instanzen (Theater, Schauspieler) gezeigt. Dabei wird die Spannung zwischen dem Anspruch der Dichtung und der mangelnden Aufnahmebereitschaft des Publikums deutlich.

– Die in der Faust-Gestalt vorgeführte Menschheitstragödie wird ausdrücklich zum Kunstprodukt, zum Spiel auf der Bühne erklärt.

Einstimmung von Leser und Zuschauer

– Gleichsam augenzwinkernd kann der Dichter Leser und Zuschauer auf die bunte Fülle an Figuren, Formen und Inhalten sowie auf die komischen Elemente seines Stücks vorbereiten, die ihren Vorstellungen von einer Tragödie mit geschlossenem Handlungsablauf (Konflikt-Entscheidung-Katastrophe), ihren Erwartungen, „ein Ganzes" (102) vorzufinden, sicher widersprechen werden.

(3) Prolog im Himmel (243–353):

Die Schlußworte des Theaterdirektors haben darauf hingewiesen, daß im Faust-Spiel ein Gesamtbild der Welt mit Himmel und Hölle gegeben werde. Der kosmische Rahmen für dieses Gesamtbild wird jetzt abgesteckt, eine Exposition für die, beide Teile des ‚Faust‘ umfassende, Gesamthandlung gegeben. Es lassen sich drei Teile des Prologs unterscheiden: der Gesang der Erzengel, das Gespräch zwischen dem Herrn und Mephisto und der Monolog Mephistos auf der leeren Bühne.

Welttheater

Drei Teile des Prologs

Gesang der Erzengel (243–270):

In dem Gesang, der die „hohen Werke" des Schöpfers, Sonne und Sphärenharmonie, das Naturgeschehen auf der Erde und auch seine dem Menschen gefährlichen Vorgänge wie Sturmflut und Gewitter preist, wird die ‚Perspektive von oben‘ gezeigt, in der alles Einzelgeschehen der Natur in einer großen, allumfassenden Harmonie aufgehoben ist. In dieser Perspektive erscheint das menschliche Einzelschicksal mit seinen Leiden und Schmerzen als

Lob der umfassenden Harmonie in der Natur

unerheblich. Was für den Menschen einzigartig ist, macht für den Herrn nur einen Beispielfall mit vorhergesehenem Ausgang aus.

Gespräch zwischen dem Herrn und Mephisto (271–349):

Mephisto, der sich unter das „Gesinde" des Herrn gemischt hat (274), charakterisiert sich selbst durch die Bemerkung, er könne „nicht hohe Worte machen". Deshalb relativiert er jene Perspektive der Allharmonie im Gesang der Engel:

Der Mensch in der Perspektive Mephistos

> „Die unbegreiflich hohen Werke
> Sind herrlich wie am ersten Tag" (249/50),

indem er sie bei der Kennzeichnung des Menschen parodiert:

> „Der kleine Gott der Welt bleibt stets von gleichem Schlag
> Und ist so wunderlich als wie am ersten Tag"
> (281/2).

Mephisto hat kein Interesse für die Harmonie des Alls, sondern für Erscheinungen gegenteiliger Art. Er findet sie beim Menschen, von dem die Engel nicht gesprochen haben. Der Allharmonie stellt er den Jammer des irdischen Menschenlebens, also der Natur die Geschichte entgegen. Der Mensch gebrauche seine Vernunft, „den Schein des Himmelslichts" (284), nur dazu, „tierischer als jedes Tier zu sein". Wie eine Zikade mache er große Sprünge, falle aber immer wieder auf die Nase. Statt sich mit Mephisto in eine Debatte einzulassen, weist ihn der Herr auf Faust hin. An ihm wird nun die gegensätzliche Bewertung des Menschen durch den Herrn und Mephisto vorgeführt. Während Faust für Mephisto ein Beispiel für den genannten Widerspruch ist, weil er „vom Himmel ... die schönsten Sterne" und zugleich „von der Erde jede höchste Lust" fordere (304/5), verkündet der Herr, er werde Faust, der ihm jetzt „verworren" diene, „bald in die Klarheit führen" (309). Die beiden unterscheiden sich durch ihre Interpretation des Strebens und Irrens der

Mensch zwischen Gott und Tier

„Kennst du den Faust?"

23

Der Mensch, das strebende und irrende Wesen

Menschen. Mephisto sieht darin das vergebliche Bemühen des Menschen, wie Gott zu sein, während es für den Herrn das Wesensmerkmal des Menschen ist, daß er „irrt ..., solang' er strebt" (317), und die Voraussetzung dafür, daß der Mensch den „rechten Weg" seiner Bestimmung zu finden vermag (328/9). Mephisto sieht den Menschen als Gegenargument gegen die von den Engeln besungene Harmonie, der Herr jedoch als einen Teil derselben. Deshalb geht er auf Mephistos Angebot der Wette (312) ein und überläßt ihm, wohl wissend, daß er ihn nicht „von seinem Urquell" abziehen kann (324), seinen Knecht Faust für das große Experiment, aus dem die Handlung des Dramas besteht.

Entelechie-Begriff

Goethe hat diese im Menschen wirksame Kraft, strebend durch alle Irrtümer hindurch seine Bestimmung zu finden, mit einem Ausdruck des Philosophen Aristoteles (384–322 v. Chr.) ‚Entelechie' genannt (griech., etwa ‚was seine Bestimmung in sich selbst hat'). Eckermann notiert unter dem 11. 3. 1828 seine Bemerkung:

> „Jede Entelechie nämlich ist ein Stück Ewigkeit, und die paar Jahre, die sie mit dem irdischen Körper verbunden ist, machen sie nicht alt."

Das Buch Hiob als Vorbild

Vorbild des Prologs ist das alttestamentliche Buch Hiob (1, 6–12). Es erfährt hier wesentliche Veränderungen: Im Gegensatz zu dem frommen Hiob, der ohne eigenes Zutun zum Opfer des Teufels wird, läßt sich Faust freiwillig mit Mephisto ein. Während Hiob in allem Unglück Gott treu bleibt, kümmert sich Faust gar nicht um ihn, hat – mit Gretchen zu sprechen – „kein Christentum" (3468). Während es in der Bibel um die Abhängigkeit des Menschen von Gott geht, treten hier sozusagen zwei Menschenbilder in Wettstreit. Mephisto – und mit ihm der Leser bzw. Zuschauer – soll selbst herausfinden, ob seine Auffassung vom Menschen zutrifft.

Welches Menschenbild trifft zu?

Ein weiterer Hinweis auf das folgende Drama wird dadurch gegeben, daß Mephisto, der „Geselle", der dem Menschen beigegeben wurde, damit er nicht ‚erschlaffe' (340), von allen „Geistern, die verneinen", dem Herrn „am wenigsten zur Last fällt", weil er „der Schalk" ist (339). Es wird also Mephisto

Mephisto, der „Schalk"

24

sein, der für das von der ‚Lustigen Person' geforderte Element der „Narrheit" (88) sorgen soll.

Zum Schluß wendet sich der Herr wieder den Engeln zu und verknüpft ihren Lobgesang durch den Wunsch, „das Werdende" möge sie „mit der Liebe holden Schranken" umfassen (346/7), über das ganze Drama hinweg mit der Schlußszene des zweiten Teils, in der Fausts Entelechie liebend von der „seligen Schar" begrüßt wird:

> „Wer immer strebend sich bemüht,
> Den können wir erlösen.
> Und hat an ihm die Liebe gar
> Von oben teilgenommen,
> Begegnet ihm die selige Schar
> Mit herzlichem Willkommen" (11936–41).

Vorausdeutung auf den Schluß des II. Teils

Monolog Mephistos (350–353):
Mephisto bleibt allein auf der Bühne zurück und beginnt sogleich, seine Schalksrolle zu agieren. Wie der Diener in der alten Komödie spielt er den Überlegenen, indem er seinen Herrn „den Alten" nennt, und verabschiedet sich mit dem Oxymoron, daß Gott „so menschlich mit dem Teufel" sogar gesprochen habe. Der Leser ist auf die Wiederbegegnung mit Mephisto (1322) vorbereitet. Doch zunächst soll er Faust kennenlernen, um den es im Gespräch zwischen dem Herrn und dem Teufel ging.

Mephisto, der schlaue und gewandte Diener

Die Gelehrtentragödie

(4) Nacht (354–807):
Im Unterschied zur Sonnenhelle und zur Weite des kosmischen Raums im Prolog zeigt die erste Faust-Szene Enge und nächtliche Dunkelheit, welche die Situation des Titelhelden symbolisieren. Die lange Szene ist eine Art Monodrama, d. h. Ein-Personen-Stück, das jedoch abwechslungsreich gegliedert ist. Ein Gespräch mit dem Famulus Wagner teilt den großen Faust-Monolog in zwei ungefähr gleich lange Teile. Deren erster mündet in den Dialog mit dem Erdgeist, während der zweite in das Responso-

Nacht und enger Raum Monodrama

25

rium zwischen Faust und den Osterchören übergeht. So ergibt sich folgende Gliederung:

Gliederung der Szene

- Faust allein (354–481)
- Faust und Erdgeist (482–513)
- Gespräch zwischen Faust und Wagner (514–601)
- Faust allein (602–736)
- Faust und die Osterchöre (737–807).

Diese Gliederung wird nicht so sehr durch die Abfolge von Fausts Gedanken als vielmehr durch die Bewegung seines Daseinsgefühls bestimmt: Immer wieder schlägt Verdruß in Euphorie und wiederum Hochgefühl in Depression um. Man hat deshalb von einem „lyrischen Charakter" der Faust-Monologe gesprochen. Diese setzen an einem Tiefpunkt ein: Faust ist von der Wissenschaft, von seinem Gelehrtenleben zutiefst enttäuscht, weil ihn das Studium der vier Fakultäten der Universität (354–57) nicht klüger gemacht, er seinen Studenten nichts zu sagen habe (360–65), seine Tätigkeit ihm weder das ersehnte Wissen noch Gut, Geld oder Ehre eingebracht habe (366–76). Er habe sich deshalb der Magie zugewandt, d. h. der Kunst, sich durch Kontakt mit der Geisterwelt unmittelbar die Kenntnis davon zu verschaffen, „was die Welt im Innersten zusammenhält" (377–85).

Entscheidung, durch Magie Wissen zu erlangen

Faust, der „Tor"

Dadurch, daß sich Faust als „armer Tor" bezeichnet (358), veranlaßt er den Leser zu der Frage, wie das Bild, das er hier von sich selbst gibt, mit seiner Charakterisierung durch Mephisto im Prolog zusammenpaßt:

> „Nicht irdisch ist des Toren Trank noch Speise" (301).

Eine Art geistiger Unersättlichkeit zeigt sich in beiden, die Illusion, alle Zwischenstufen überspringen und unmittelbar das Weltgeheimnis erkennen zu können, das selbst die Engel nicht zu „ergründen" (268) vermögen.

Fausts Streben zur lebendigen Natur

Der Blick zum Fenster hinaus auf den Mond weckt in Faust den Wunsch, in die freie Natur zu gehen, den „Kerker" des Studierzimmers zu verlassen, der bisher seine „Welt" gewesen war (386–409). Gott habe die Menschen in die „lebendige Natur" hinein-

26

geschaffen, aber nicht zum Umgang mit toten Dingen bestimmt (410–17). Fausts Krise entspricht mit diesem Wunsch genau der Krise der abendländischen Kultur beim Übergang vom Mittelalter zur Neuzeit, als Erkenntnis der Natur nicht mehr nur aus Büchern, sondern in der Natur selbst gesucht wurde, durch Forschung statt durch Lektüre. Doch statt „hinaus ins weite Land" zu fliehen, greift Faust zu einem Buch, das ihm „Geleit" zur Natur geben soll, aus dem zu ihm „ein Geist" wie „zum andern Geist" sprechen soll. Forschung ist nicht seine Sache (418–29). Beim Betrachten des Zeichens des Makrokosmos, also der Allharmonie, welche die Engel im Prolog besungen haben, gerät Faust nun in Verzückung, fühlt sich mit der Natur verbunden und kommt sich wie „ein Gott" vor. Er meint jetzt zu erkennen „wie alles sich zum Ganzen webt" (430–53); doch wird ihm im gleichen Augenblick bewußt, daß er ja nicht – wie die Engel im Prolog – in den Kosmos schaut, sondern nur ein Bild vor sich hat und daher nicht die Natur zu fassen vermag (454–59). Er hat nichts erkannt, nur einen Augenblick lang sein Hochgefühl genossen. Nun blättert er „unwillig" weiter und erblickt das Zeichen des Erdgeistes, der das irdische Leben mit seinen „Stürmen" symbolisiert. Er gerät in Ekstase, wie die Kurzverse mit ihren freien Rhythmen zeigen, meint, die Nähe des Geistes zu fühlen (460–81). Der Geist erscheint tatsächlich und verspottet Faust, weil er, der sich als „Übermenschen" dünkt, Angst habe wie ein „Wurm". Er weist Faust, der sich als ‚seinesgleichen' vorstellt, in seine Schranken zurück und überläßt ihn seiner Verzweiflung (482–514).

Faust betrachtet das Zeichen des Makrokosmos

Fausts Zurückweisung durch den Erdgeist

Beide Male also endet Fausts Versuch, aus seinen Grenzen auszubrechen, mit einem Mißerfolg. Bei dem Versuch, durch kontemplatives Leben Erkenntnis zu gewinnen, muß er erfahren, daß er kein „Gott" ist, daß er keinen unmittelbaren Zugang zur Allharmonie hat. Bei dem Versuch aber, sich mit Hilfe des Erdgeistes, der das Werden und Vergehen des organischen irdischen Lebens verkörpert (501 ff.), „in die Welt zu wagen" (464), also ins aktive Leben zu gelangen, wird er zurückgestoßen: „Du gleichst dem Geist, den du begreifst, nicht mir!"

Fausts Scheitern in der Magie

(512). Mitten in die Enttäuschung darüber gerät Wagner, Fausts Famulus, hinein.

Faust und Wagner als Gegensätze

Das Gespräch zwischen Wagner und Faust (522–601) erweist sich schon durch das einleitende Mißverständnis als komische Einlage: Wagner deutet Fausts verzweifeltes Rufen als Deklamation eines griechischen Tragödientextes. Das Mißverständnis charakterisiert beide: Für Wagners Gelehrtentum ist es bezeichnend, daß er sich leidenschaftliche Rede nur als literarische Äußerung vorstellen kann. Für Faust aber bedeutet Wagners Einschätzung, daß sein Verhalten theatralisch wirkt, so daß der Leser bzw. Zuschauer ihn auch kritisch zu sehen wagt. Das ist nämlich nötig, wenn er erkennen will, was in dem Gespräch vor sich geht.

Die Themen des Gesprächs

Das Gespräch hat zwei Themen, die hintereinander abgehandelt werden, zunächst – anknüpfend an die Eingangsvermutung vom Deklamieren – die Vortragskunst (522–57), dann – entsprechend Wagners Studieninteresse – die Erforschung der Geschichte

Faust und Wagner verkörpern zwei Epochen

(558–95). Ganz im Sinne des Barockhumanismus will Wagner die Menschen „durch Überredung leiten", indem er dazu die Werke der klassischen Autoren heranzieht. Faust gießt über dieses rationale

Gefühl statt Rhetorik

Bemühen die Lauge seines Spottes aus, nennt es „Zusammenleimen", „ein Ragout brauen", und preist das ‚Gefühl' als Quelle der richtigen Methode. Verständigung geschehe, wenn es „aus der Seele dringt", „die Herzen aller Hörer zwingt", „von Herzen ... zu Herzen" geht. Das ist ganz im Sinne des Sturm und Drang gesprochen, doch hat Wagner leider nichts davon. Sein Professor kann und will ihm nicht helfen. Er verrät sein Lehramt, wenn er – in

Übertriebene Kritik an der Rhetorik

grotesker Übertreibung tadelnd, daß Wagner beim Zitieren „der Menschheit Schnitzel kräuselt" – behauptet, auf Worte käme es nicht an, man werde schon verstanden, wenn es einem „Ernst" sei.

Geschichtliche Erkenntnis unmöglich?

Ähnlich unfruchtbar wird das zweite Thema abgehandelt. Hier ist der Hinweis auf das, was „aus eigner Seele quillt", noch unsinniger, weil es ja gar nicht mehr darum geht, wie man auf andere einwirken soll, sondern um die Frage, wie man an die historischen „Quellen" gelangt. Faust verfehlt also in seiner Antwort das Thema. Seine Antwort lautet im Grunde: Geschichtliche Erkenntnis ist nicht möglich, der Forscher findet immer nur sich selber wieder. Auch hier hat die Kritik einen wahren Kern, setzt sich aber durch Übertreibung ins Unrecht: Zwar wird immer der „eigne Geist" zurückgespiegelt, doch ist deshalb die Vergangenheit kein „Buch mit sieben Siegeln", bloßer Stoff für Theaterstücke. Dem Optimismus Wagners, der die Geschichte als Fortschritt ansieht, bei dem der Mensch es „dann zuletzt so herrlich weit gebracht" habe (573), setzt Faust einen Pessimismus entgegen, der davon ausgeht, daß die Menschen sich gegen die Erkenntnis der Wahrheit wehren und diejenigen, welche „das Kind beim rechten Namen nennen", zu kreuzigen oder zu verbrennen pflegen. Während Wagner dabei offenbar eine Art von Volksbildung im Auge hat, wie sie die Aufklärer wollten, denkt Faust, den „Pöbel" verachtend, an eine Erkenntnis, die den Charakter einer gefühlsbetonten Schau hat und sich nur wenigen ,offenbart'.

Fausts Erkenntnis- und Aufklärungs- pessimismus (587)

Faust bricht das Gespräch hier ab, während Wagner, trotz der Abfuhr, die er erlitten hat, um Fortsetzung „am ersten Ostertage" bittet.

Neben der Funktion, das akademische Lehrer-Schüler-Verhältnis zu problematisieren und eine gegenseitige Charakterisierung der Figuren zu ermöglichen, hat die Szene auch die Aufgabe, die Handlung weiterzuführen. Die innere Entwicklung Fausts ist zu zeigen, welche ihn Mephisto zuführt. Sein Verhalten gegenüber Wagner ist nur ein Schritt zur Verfluchung aller Lebenswerte (1587 ff.) als Konsequenz seiner radikalen Ich-Bezogenheit, in der er seine idealen Forderungen erfüllt haben möchte, ohne etwas dafür zu tun. Hier zeigt sich ein moderner Zug an Faust: Man wird an den Narzißmus-Begriff der heutigen Kulturkritik erinnert, zu dem das Motiv der Ungeduld in ähnlicher Weise gehört („Wir wollen alles, und zwar sofort").

Funktion des Wagnergesprächs

Fausts ,Narzißmus'

Im folgenden Monolog (602−685) versucht Faust, die Zurückweisung durch den Erdgeist zu verarbeiten. Er fragt sich, warum ihn, ein „Ebenbild der Gottheit" (614), der schon im Begriff war, ,ewige Wahrheit' zu erfassen, „ein Donnerwort ... hinweggerafft" hat. Er erkennt, daß er den Erdgeist zwar

Das Thema: ‚Was ist der Mensch?'

‚anziehen', aber nicht ‚halten' konnte, daß dieser ihn „ins ungewisse Menschenlos" (629) zurückgestoßen hat. Und dieses ‚Menschenlos', die Existenzweise des Menschen, wird ihm nun schlagartig bewußt: „Unsre Taten" und „unsre Leiden ... hemmen unsres Lebens Gang" (6332/3). Das Entscheidende des ‚Menschenloses' sieht Faust also in der Bindung des „Geistes" an den „Stoff", der dem Geist „fremd" ist, weil er ihn am Fluge in die Gefilde der ewigen Wahrheit hindert. Diese Bindung zieht die menschliche Phantasie, die sich gern „hoffnungsvoll zum Ewigen" aufschwingen möchte, in Mitleidenschaft, indem sie zum Werkzeug der Sorge wird, die den Menschen in immer „neuen Masken" (647) in Unruhe versetzt: Er macht sich unaufhörlich Gedanken um „Haus und Hof", um seine Angehörigen, um drohende Gefahren. So wird Faust klar, was der Erdgeist meinte, als er ihm die göttliche Geistnatur absprach und ihn einen Wurm nannte (498).

„Da steh' ich nun, ich armer Tor" (358)

Sein Blick fällt nun auf die Bücher und Gerätschaften seines Studierzimmers, die schon sein Vater in Gebrauch hatte (677). Er hält sie für genauso nutzlos, wie er im Eingangsmonolog das Wissen der Fakultäten eingeschätzt hatte. In den Büchern stände doch nur, „daß überall die Menschen sich gequält" hätten, und mit Hilfe der Instrumente lasse „sich Natur des Schleiers nicht berauben". Überkommenes sei eine nutzlose Last, wenn man es sich nicht

Absage an alles Überkommene

neu aneignet und in Gebrauch nimmt. Diese vielzitierte Weisheit (682/3) wird im Vers 685 in eine maßlos überspitzte Umkehrung gebracht:

> „Nur was der Augenblick erschafft, das kann er nützen".

Damit wird der Wert verfügbarer Werkzeuge, vorhandener Einrichtungen, im Grunde der Sinn kultureller Kontinuität überhaupt geleugnet.

Wie schon 386 kündigt 689 der „Mondenglanz" an, daß Faust aus der Depression wieder in Euphorie gerät. Er hat unter dem „alt Geräte" (676) eine Giftschale entdeckt und sieht plötzlich die Möglichkeit vor sich, mit ihrer Hilfe unmittelbar auf das „hohe Meer" zu gelangen, von dem der Erdgeist gesprochen hatte:

„Zu neuen Ufern lockt ein neuer Tag" (701).

Er steigert sich in die Selbstmordbereitschaft hinein, indem er sich einredet, auf diese Weise aus dem Dasein als „Wurm" zur „Götterhöhe" aufsteigen zu können, „und wär' es mit Gefahr, ins Nichts dahinzufließen" (719). Das Bedenken der nihilistischen Alternative gehört zur modernen Diesseitigkeit mit dazu.

Selbstmord als Flucht aus der Begrenztheit

Der letzte Teil der Nachtszene (737–807) führt Faust aus seinen Götterphantasien wieder auf die Erde zurück. Osterglocken und Chorgesang ziehen ihm „mit Gewalt das Glas" vom Munde (743). Da er „an diesen Klang von Jugend an gewöhnt" ist (769), „ruft er" ihn „auch jetzt zurück" ins Leben. Faust ist sich klar darüber, daß er nicht gläubig ist:

Osterchöre rufen ins Leben zurück

> „Die Botschaft hör' ich wohl, allein mir fehlt der Glaube" (765).

Fausts Unglauben

Dennoch spricht er von „Himmelstönen" und von „holder Nachricht", von „süßen Himmelsliedern". Die Erinnerung an seine Kindheit, in der er durch den Glauben in sich „eine Welt entstehn" fühlte (778), hat ihn nun „mit kindlichem Gefühle" „vom letzten, ernsten Schritt" zurückgehalten (780/1). Es wird deutlich, daß Faust gefühlsmäßig und wunschhaft noch besitzt, was Verstand und Selbstbewußtsein ihm zu glauben verbieten.

Der Text der Chorstrophen ist auf eigenartige Weise aus mittelalterlichen Teilen von Hymnen und lateinischen Osterspielen und aus goetheschen Vorstellung wie „Werdelust", „schaffende Freude" und „tätig preisen" gemischt, so daß offen bleibt, inwieweit das, was Faust da hört, zu einem als real vorgestellten liturgischen Vorgang gehört oder als Projektion der inneren Gefühls- und Gedankenbewegung verstanden werden muß, die in Faust abläuft und die erwähnte religiöse Sentimentalität veranschaulichen soll.

Äußerer Vorgang oder Projektion innerer Vorgänge?

Mit welchen Charakterzügen ist die Faust-Figur in dieser großen Eingangsszene ausgestattet worden? Zunächst wurde Fausts überdurchschnittlicher Wissensdrang gezeigt, der in der Universität keine Erfüllung fand. Deshalb geht er neue Wege, versucht

Charakterzüge der Faust-Figur

sich durch Magie die Natur zugänglich und gehorsam zu machen (s. o. S. 26). Er beweist eine elitäre Auffassung vom Wissen (590 ff.), äußert die Meinung, daß aus der Geschichte nichts zu lernen sei (575 ff.), und zeigt eine deutliche Verachtung des ‚Erbes‘, der Tradition (680 ff.). Auffällig ist seine emotionale Unausgeglichenheit, der ständige Wechsel von Euphorie und Depression (s. o. S. 26). Das „Menschenlos" erfährt er als Eingeengtsein und Sorge (629 ff.). Auf der anderen Seite neigt er zu Gefühlsüberschwang; „Gefühl" ist ein Schlüsselwort in seinen Äußerungen (432, 478 ff., 511, 534, 592, 638, 652, 778). Eine starke Ich-Bezogenheit zeichnet ihn aus, so daß man fast von ‚Narzißmus‘ sprechen kann (s. o. S. 29). Er zeigt die religiöse Sentimentalität des modernen Menschen, der gern glauben möchte, aber nicht glauben kann, jedoch in Grenzsituationen in sich Rudimente des Glaubens wiederfindet. Er wehrt sich allerdings gegen eine Glaubensbindung, weil er „zu jenen Sphären . . . nicht zu streben" wagt (767).

Mephisto tritt in Fausts Leben: Die Wette

(5) Vor dem Tor (808–1177):

Zweiteilung der Szene

Die Szene gliedert sich deutlich in zwei Hälften, den eigentlichen Osterspaziergang (808–1010) und das Gespräch zwischen Faust und Wagner, durch das Mephistos Erscheinen vorbereitet wird (1011–1177).

Kontrast zur Nachtszene

Die erste Hälfte mit ihrem revue-artigen Charakter stellt das Gegenbild zur Nachtszene dar: Der helle Tag kontrastiert mit der Nacht, die Weite der Landschaft mit der Enge des gotischen Zimmers, die Fülle der auftretenden Personen mit Fausts Einsamkeit, der Realismus des Geschehens mit der von ihm beschworenen Geisterwelt.

Fausts soziale Umwelt

Die Massenszene zu Anfang (808–902) ist geeignet, von Fausts sozialer Umwelt ein Bild ohne Illusionen zu geben: Handwerksbursche wie Studenten wünschen sich Bier, Mädchen und Raufereien. Dienstmädchen wie Bürgermädchen sind auf Liebhaber aus. Die Bürger stellen sich mit dem Gemeinplatz vor, daß alles immer schlechter werde. Sie sind gegen jede Veränderung und erhöhen den Genuß ihrer Ruhe durch das Bewußtsein, daß weit entfernt „die Völker aufeinander schlagen" (863). Die Mädchen wollen die „Alte", deren Wahrsagerei in Liebesdingen sie heimlich in Anspruch nehmen, in der Öffentlichkeit nicht kennen. Sie sind besorgt um ihren Ruf (872–83). Die Soldaten lieben es, nach der Eroberung von Burgen und Mädchen immer wieder davonzuziehen (884–902).

Bürger gegen jede Veränderung

Auf dem Hintergrund dieser Genre-Szene wirkt die schöne Rede, in der Faust die festlich geputzten Menschen als farbliche Bereicherung der Frühlingslandschaft lobt und ihr Tun dadurch erklärt, daß sie „selber auferstanden" seien (922), reichlich lebensfremd. Er deutet sein eigenes Erlebnis der Befreiung aus der Enge in die Menschen hinein, ohne zu ahnen, daß diese keine Ahnung von seinen Problemen haben. Sein Gefühl mitmenschlicher Gemeinschaft ist eine Illusion:

Fausts idealistische Osterrede

Illusion mitmenschlicher Gemeinschaft

> „Hier bin ich Mensch, hier darf ich's sein" (940).

Wagner schließt sich Fausts Interpretation des Treibens nicht an, weil er „ein Feind von allem Rohen" sei. Die Menschen kommen ihm vor „wie vom bösen Geist getrieben" (947), ein erster Hinweis auf Mephistos Erscheinen.

Im Gegensatz zur ersten Massenszene erscheint in der nächsten (949–1010) ländliche Bevölkerung. Vier Strophen eines Schäferliedes erzählen balladenartig von der Verführung eines Mädchens, eine Vorausdeutung auf die Gretchentragödie. Die eingestreute Personenrede, welche das Geschehen aus der Perspektive des Mädchens zeigt (973–75), macht nämlich deutlich, daß es trotz der Vorahnung, verlassen zu werden, den Schmeicheleien des Liebhabers nachgibt.

Bauern unter der Linde

Schäferlied vom verführten Mädchen

Ein Bauer spricht nun den „Herrn Doktor" an, bringt einen Toast auf ihn aus und erzählt den Leuten, die sich um sie sammeln, vom ärztlichen Wirken Fausts und seines Vaters während einer Seuche. Ganz im Einklang mit dem frommen Volk gibt Faust ihren Dank an Gott weiter (1009/10). Als sie allein

Dank der Bauern an den Arzt Dr. Faust

33

Selbstvorwürfe Fausts

weitergehen, preist Wagner seinen Lehrer ob seiner Prominenz, während dieser – davon ungerührt – Einzelheiten aus seiner damaligen Tätigkeit preisgibt und gesteht, er und sein Vater, dieser „dunkle Ehrenmann", hätten damals „weit schlimmer als die Pest getobt" (1052), als es ihm nicht gelungen war, durch Beten und Fasten das Ende der Pest „vom Herrn des Himmels zu erzwingen" (1029). Wartenkönnen war also auch damals nicht seine Sache.

Herstellung eines Medikaments in der Alchemie

Aus Fausts Rede erfährt der Leser in der Sprache der Alchemisten des Spätmittelalters, wie damals ein Medikament hergestellt wurde. Im Labor („schwarze Küche" 1039) wurde rötliches Quecksilberoxyd HgO („roter Leu" (1042) im Wasserbad mit weißlicher Salzsäure HCl („Lilie" 1043) zusammengebracht, erhitzt und aus einer Retorte in eine andere („aus einem Brautgemach..." 1045) befördert, bis daraus Quecksilberchlorid $HgCl_2$ („die junge Königin" 1047) entstand. Weil das ein sehr gefährliches, giftiges Mittel ist, das schon im Mittelalter gegen Hautkrankheiten verwendet wurde, wirft Faust seinem Vater und sich selbst vor, verantwortungslos gehandelt zu haben. Das ist vom Wissenschaftsstand der Chemie im 18. Jahrhundert aus gesehen.

Fortschritt der Wissenschaft nach Wagner

Wagner begegnet Fausts Selbstvorwurf mit dem Hinweis auf den allmählichen Fortschritt der Wissenschaft von Generation zu Generation – wie er es schon im Nachtgespräch mit der Sentenz des Hippokrates getan hatte:

> „Die Kunst ist lang, und kurz ist unser Leben" (558/9).

Erkenntnis nach Fausts Auffassung

Für Faust ist dieser Fortschritt jedoch ein „Meer des Irrtums", und er nimmt Wagners Einwand nur als Stichwort für einen neuen Ausbruch seines Höhendranges, der ihn aus der Depression wieder in die Euphorie führt. Das Erlebnis der „Abendsonneglut" (1070) veranlaßt ihn zu einem Hymnus auf die Sonne, dessen lyrische Kraft deutlich von der eher dozierenden Naturbetrachtung „Vom Eise befreit sind Strom und Bäche ..." (903 ff.) absticht. Er

Vision vom Flug mit dem Tage

träumt vom Flug hoch über Land und Meer, der Sonne nach, vor sich den Tag und hinter sich die Nacht, befreit vom irdischen Wechsel zwischen

Licht und Finsternis (1070–99). Wagner weist Fausts Behauptung, daß dieser Drang „jedem eingeboren" sei (1092), für sich zurück und setzt die „Geistesfreuden" dagegen, die er beim Studium der Bücher erlebe (1100–09). Um so mehr wird sich Faust nun seiner inneren Zerrissenheit zwischen Allsehnsucht und irdischem Menschenlos bewußt. Seine Euphorie weicht wieder dem Gefühl der Begrenztheit. Er spricht von den „zwei Seelen" in seiner Brust, von denen ihn die eine nach unten, in das sinnliche Leben, die andere nach oben zieht. Doch diesmal überläßt sich Faust nicht seiner Verzweiflung, sondern ruft nach „Geistern in der Luft", die ihn „zu neuem, buntem Leben" wegführen, ihm einen „Zaubermantel" schenken sollen (1110–25). Damit hat er – ohne es zu wissen – Mephisto ein Zeichen gegeben. Die nun folgende Rede Wagners (1126–44) ist die einzige Warnung vor dem Teufel und seinen Geistern, die Faust erhält. Er kennt die Eigenart der dämonischen Geister aus seinen Büchern, wie man an der systematischen Einteilung sieht („Norden"–„Morgen"–„Mittag"–„West"). Faust achtet nicht darauf, sondern starrt auf einen „schwarzen Hund" (1147), an dem nun wiederum Wagner nichts Besonderes finden kann, als wolle er Mephistos Spruch bestätigen:

> „Den Teufel spürt das Völkchen nie,
> Und wenn er sie beim Kragen hätte" (2181/2).

„Zwei Seelen wohnen, ach! in meiner Brust"

Erscheinung eines schwarzen Hundes

Ironische Wendung

So wird auf ironische Weise noch einmal die Wissensthematik des Eingangsmonologs aufgenommen, ehe Wagner aus der Handlung verschwindet. Sein theoretisches Wissen von den Dämonen hat sich als untauglich erwiesen, den nahen Teufel zu erkennen. Dadurch, daß er Faust sogar die Gesellschaft des Pudels empfiehlt, verkehrt sich seine Warnung ins Gegenteil. Ahnungslos spricht er von den Diensten, die das Tier ihm leisten kann („er wartet auf") und weist damit, ohne es zu wissen, auf die künftige Handlung voraus. Doch Faust erkennt das magische Wesen des Pudels, lenkt aber ein („du hast wohl recht") und verschwindet mit Famulus und Hund im Stadttor.

Durch den Kontrast zu Wagner wird die Aufgabe

Faust verkörpert Doppelnatur des Menschen

der Faustfigur, die Stellung des Menschen zwischen Geist und Materie zu verkörpern, betont: Normalerweise erlebt ja der Mensch, auf Endlichkeit und Zeit in seinem Leben beschränkt, doch der Unendlichkeit und Ewigkeit bewußt, den Gegensatz zwischen ihnen nicht dauernd, empfindet ihn nicht einmal, sondern überbrückt ihn in der Religion. Der Mensch ist an die Spannung zwischen Gott und Welt, Geist und Stoff, Licht und Finsternis gewöhnt, er hat sich an diese Erde angepaßt. Faust aber erleidet diese Spannung in ihrer Unvereinbarkeit; der Gegensatz zerreißt ihn innerlich. Wenn er leben will,

Fausts Entscheidung

muß er ihn zugunsten eines Pols beseitigen. Daher entscheidet er sich gegen das „Drüben" (1660, 11442), für das Jetzt und Hier, nicht nur theoretisch wie bei der Beschwörung des Erdgeistes, sondern praktisch, indem er nun die Sehnsucht nach den „Gefilden hoher Ahnen" (1117) durch Reiselust ersetzt („in fremde Länder" 1123) und nach Mephistos „Zaubermantel" ruft. Die Mephisto-Handlung beginnt also 1118 mit Fausts Entscheidung für ein „neues, buntes Leben".

Ein „neuer Lebenslauf" (1622, 2072)

(6) Studierzimmer I (1178–1529):
Die „zwei Seelen", unter deren Widerstreit Faust leidet, finden zu Beginn dieser Szene in dem Wechsel von Monolog und Ansprache des Pudels ihren Ausdruck. In den monologischen Versen zeigt Faust, angeregt durch die heimische Abendstille, eine ruhige Stimmung wie weder vorher noch nachher wieder in der Handlung des Dramas. Die „wilden Triebe" schlafen, Liebe zu Gott und den Menschen regt sich in ihm, die enge Zelle gibt ihm Geborgenheit, Vernunft, Hoffnung und Sehnsucht „nach des Lebens Quelle" erfüllen ihn. Als die Befriedigung nachläßt, wendet er sich, um sie festzuhalten, an „das Überirdische", die „Offenbarung", und beginnt, das Johannisevangelium zu übersetzen. Immer wieder aber unterbricht der Pudel durch seine Unruhe und seinen „tierischen Laut" (1204) die „heiligen Töne", die Fausts „ganze Seel' umfassen". Doch zeigt die Folge der Begriffe, deren Eignung für die Wiedergabe des griechischen ‚Logos' der Übersetzer prüft:

Faust kommt vorübergehend zur Ruhe

Religiöse Gefühle

36

Wort → Sinn → Kraft → Tat,

daß der Unruhe des Pudels in Faust Ungeduld, Unruhe, Aktionismus antworten. Die mit dem Ruf nach
dem „Zaubermantel" getroffene Entscheidung, sich
„zu neuem, buntem Leben" wegführen zu lassen
(1118 ff.), wird von Faust nicht widerrufen. Deshalb
wendet er sich nun ganz dem Pudel zu und bereitet
sich vor, dem offensichtlich dämonischen Wesen,
dem die Geister Hilfe versprechen, mit „Salomonis
Schlüssel" (1258) zu Leibe zu rücken. Mit allerlei
Zaubersprüchen geht er nun auf das Tier los, in dem
er die „Höllenbrut" vermutet. Wie es sich für einen
richtigen Teufel der christlichen Tradition gehört, ist
Mephisto erst mit Hilfe des Kreuzzeichens (1301)
dazu zu bringen, seine Tiergestalt zu verlassen. Er
zeigt sich „gekleidet wie ein fahrender Scholastikus",
d. h. Faust gesellschaftlich angepaßt und seinen
Reiseplänen entgegenkommend, mit den Worten:

**Fausts Unruhe
bricht wieder durch**

**Faust zaubert
Mephisto hervor**

**Mephisto bietet
seine Dienste an**

„Was steht dem Herrn zu Diensten?" (1322)

Das der komischen Zauberepisode entsprechende
Anfangsgeplänkel zwischen den beiden:

„Das also war des Pudels Kern!
. . .
Ich salutiere den gelehrten Herrn!"

geht schnell in ein gewichtiges Gespräch über Gut
und Böse (1336), Entstehen und Zugrundegehen
(1339), Teil und Ganzes (1348), Licht und Finsternis
(1351), Etwas und Nichts (1363) über. Die beiden
sind also sofort bei der Sache, dem Sinn der Welt
und des menschlichen Lebens. Auf die Frage, wer er
sei, erwidert Mephisto:

**Gespräch über
Sein und Nichts**

„Ein Teil von jener Kraft, die stets das Böse will und
stets das Gute schafft" (1335).

**Selbstdarstellung
Mephistos**

und:

„Ich bin der Geist, der stets verneint" (1338).

Mit diesen Worten wird die Selbstdarstellung Mephistos auf jene Stelle des ‚Prologs' bezogen, an welcher der Herr Mephisto charakterisiert und seine
Rolle gegenüber dem Menschen beschreibt:

Charakterisierung im ‚Prolog'

„Von allen Geistern, die verneinen,
Ist mir der Schalk am wenigsten zur Last.
Des Menschen Tätigkeit kann allzu leicht erschlaffen,
Er liebt sich bald die unbedingte Ruh;
Drum geb' ich gern ihm den Gesellen zu,
Der reizt und wirkt und muß als Teufel schaffen."
(338–343)

Sieht Mephisto sich selbst genauso, wie der Herr ihn hier charakterisiert, versteht er unter ‚Gut' und ‚Böse' dasselbe wie der Herr, wenn er vom ‚guten Menschen' und vom ‚rechten Wege' spricht (328/9)? Hier definiert sich ja „der Geist, der stets verneint", selber. Die Perspektive wechselt, die Vorzeichen **Vertauschung** sind vertauscht. Diese Umkehrung wird im Text **der Vorzeichen** selbst expliziert, wenn Mephisto das ‚Gute' durch die Worte:

„Drum besser wär's, daß nichts entstünde" (1341),

definiert, während er die Definition des ‚Bösen' den Menschen überläßt:

„... was ihr Sünde, Zerstörung, kurz das Böse nennt ..."

Wenn man das, was Mephisto „sein eigentliches Element" nennt (1344), dem gegenüberstellt, was „die echten Göttersöhne" preisen (344), ergibt sich folgende Tafel der Werte:

Wertetafel Mephistos und der Engel des Herrn

Entstehen (1339)	Zugrundegehen (1340)
Licht (1351)	Finsternis (1350)
Das Werdende (346)	Zerstörung (1343)
Liebe (347)	Sünde (1342)
Ganzes (1348)	Teil (1349)
Etwas (1364)	Nichts (1363)

Mephistos höchstes Gut ist das Nichts

Von Mephisto aus gesehen, erscheint nun nicht mehr die linke Seite als gut, als Ziel, das erreicht werden soll, sondern die auf der rechten Seite stehenden Gegenbegriffe gelten ihm als ‚gut'. Er sieht „diese plumpe Welt" (1364) als etwas an, das es eigentlich nicht geben dürfte, weil sie sich „dem Nichts entgegenstellt". Mephisto schildert sein Wirken in der Natur- und Menschengeschichte als dauernden, allerdings bisher erfolglosen Versuch, das ewige Wer-

38

den durch Katastrophen zu annullieren (1363–78). Mephisto verkörpert das Nein zur Schöpfung, das Prinzip der ‚Anti-Schöpfung', d. h. der Rückführung des Seins ins Nichts. Die Bestimmung seiner Rolle durch den Herrn im ‚Prolog', in der eine Förderung der Tätigkeit des Menschen vorgesehen ist, der sonst zu leicht erschlaffe, nimmt also in Mephistos Selbstverständnis keinen Raum ein. Während in der Sicht des Herrn beide Wertetafeln in der Weise zusammengehören, daß das Negative im Positiven aufgehoben ist, während Faust, d. h. der Mensch, in der Spannung zwischen beiden Polen existieren muß, ist Mephistos Perspektive auf das Negative beschränkt. Dadurch wird erklärt, daß sich Mephisto an Faust im Bewußtsein heranmacht, eine wirkliche Chance gegenüber dem Herrn zu haben, wenn er ihn auf seinem „Wege mit herab" (326) führt. Zugleich aber wird dadurch deutlich, daß Mephisto Fausts Streben nicht erfassen kann, das ja in das Schöpferische, Göttliche, Positive zielt. Wie der Herr schon im Prolog diese Möglichkeit ausschließt (325), bezweifelt auch Faust, ob Mephisto das Ganze begreifen kann:

Mephistos Wirken in der Welt

Mephistos eingeschränkte Perspektive

Mephisto versteht das Ganze nicht

> „So setztest du der ewig regen,
> Der heilsam schaffenden Gewalt
> Die kalte Teufelsfaust entgegen,
> Die sich vergebens tückisch ballt!
> Was anders suche zu beginnen,
> Des Chaos wunderlicher Sohn!" (1379–84)

Auch Faust gibt also dem ‚Gesellen' keine Chance bei der Verfolgung seiner zerstörerischen Absichten.

Im Zeitalter der großen philosophischen Entwürfe (Kant, Hegel, Schopenhauer usw.) stellt Goethe hier im Spiel auf dem Theater in ironischer Weise die Frage nach Gut und Böse, d. h. das Problem der Theodizee, zur Diskussion. Dieses Problem besteht in der Schwierigkeit, an einen guten Gott zu glauben, obwohl es das Böse gibt und die Welt voller Untaten, Katastrophen und Leiden ist.

Der Rest der Szene (1385–1529) trägt komödienhafte Züge. Der Magier Faust und der Teufel treten in einen Wettstreit der Zauberkunst ein. Dabei wird mit Elementen des Teufelsaberglaubens (das bannende Pentagramm: 1396) und der Faustsage (Teufelspakt: 1414) ironisch gespielt. Während Faust seine Überlegenheit durch die Bemerkung betont, er habe ihm „nicht nachgestellt", sondern Mephisto sei ja von sich aus gekommen, zeigt dieser seine Macht dadurch, daß er Faust durch seine Geister in einen idyllischen Traum versetzt. Die „schönen Bilder" gaukeln ihm eine arkadische Landschaft vor, erfüllen seinen Traum vom Fliegen, weisen ihm Liebende, Trinkende, Tanzende (1447–1505). Mephisto hat fürs erste gesiegt:

Der Arkadien-Traum

> „Du bist noch nicht der Mann, den Teufel festzuhalten" (1509).

Während die Geister Faust „in ein Meer des Wahns", eine Art Drogenrausch, „versenkt" halten, kann Mephisto Fausts Zauber durchbrechen: Mäuse nagen die bannende Spitze des Pentagramms ab. Faust aber fühlt sich – erwachend – „abermals betrogen" (1526), d. h. wie bei seinen früheren magischen Versuchen, und fragt sich, ob die Begegnung mit dem Teufel vielleicht nur „ein Traum" gewesen sei.

War alles nur ein Traum?

(7) Studierzimmer II (1530–2072):
Diese lange Szene, in der die Exposition des Gesamtdramas mit zahlreichen Rückverweisen und Vorausdeutungen zu Ende geführt wird, gliedert sich in folgende vier Abschnitte:

Gliederung der Szene

1. Fausts Wendung vom Erkenntnis- zum Genußstreben: Seine Wette mit Mephisto (1530–1850),
2. Mephistos Monolog „in Fausts langem Kleide": Sein Plan mit Faust (1851–1867),
3. Mephistos Gespräch mit dem Schüler über Wissenschaft und Leben: Mephistos Rat, der Schlange zu folgen (1868–2050) und
4. Dialog Faust–Mephisto: Aufbruch „zum neuen Lebenslauf" (2051–2072).

1. Die Wette

Im Gegensatz zu der ruhigen, ausgeglichenen Stimmung, in der er sich zu Beginn der ersten Studierzimmerszene befand, ist Faust bei Mephistos er-

Faust in tiefer Depression

40

neutem Erscheinen in tiefer Depression. Dessen Aufforderung, wie er selbst Reisekleidung anzulegen,
damit er, „losgebunden, frei", erfahren könne, „was
das Leben sei", hält Faust ein pessimistisches Bild
von der „Pein des engen Erdenlebens" entgegen, das
seine Klage über das „ungewisse Menschenlos (629)
aus der Nachtszene wiederaufnimmt. Es heiße
immer nur entbehren, kein einziger Wunsch werde
einem erfüllt. Kurz: er möchte lieber tot als am Leben
sein. Als Mephisto darauf erwidert, daß er trotzdem
in der Osternacht den Todestrank „nicht ausgetrun-
ken" habe (1580), bricht Faust in eine Litanei von
Flüchen aus gegen die Religion, jenen „Rest von
kindlichem Gefühle", das ihn damals ins Leben zurückgebracht hatte (769 ff.), und überhaupt gegen
alles, „was die Seele mit Lock- und Gaukelwerk
umspannt" (1587). Dazu zählt er die Hochschätzung
des Geistes genauso wie die Schönheit der sinnlichen Erscheinungen, die Träume genauso wie den
persönlichen Ruhm, Besitz an Menschen, Gerät und
Geld genauso wie den Wein, schließlich sogar die
göttlichen Tugenden Glaube, Liebe, Hoffnung (Pau-
lus: 1. Kor 13, 13) und die Geduld (Röm 5, 3). In der
Litanei sind also all jene Dinge als „Blendwerk" bezeichnet, die sozusagen zur Kultur gehören und dem
Leben einen Sinn geben.

In diesem Eingang der Szene wird die überlange
Exposition der Handlung vom ersten Faustmonolog
an rekapituliert: Die Rede vom „Gott, der mir im
Busen wohnt" (1566) nimmt das Selbstgefühl des
Magiers wieder auf (439, 516, 614). Die Klage über
die Enge des Lebens (1545) wiederholt seine Worte,
in einem „Kerker" zu stecken (398). Die Fluchlitanei
über die „Blend- und Schmeichelkräfte" (1590) entspricht den Versen über die menschliche Phantasie
(640 ff.), die sowohl das Innere zu weiten vermag wie
der Sorge ihre „Masken" leiht. Schließlich stellt der
Todeswunsch eine Wiederholung des Osternachtge-
schehens dar, an das Mephisto spottend erinnert
(732 ff.). Durch die Bündelung all dieser Motive
wird Fausts Überzeugung bekräftigt, daß das Leben
ihm nichts mehr zu bieten habe, solange eine Erfüllung seiner Wünsche nicht möglich sei. Aus dieser
Stimmung heraus läßt er sich mit Mephisto ein. Die-

**Faust klagt über
das elende Leben**

**Fluch über alles,
was das Elend
überdeckt**

**Motive der
bisherigen Szenen
werden gebündelt**

ser ergreift die Gelegenheit, die sich ihm bietet. Die Ironie des Geschehens liegt darin, daß die Absage an all dieses „Blendwerk", das zum Menschen gehört, Faust ausgerechnet in die Arme des Lügenmeisters treibt, der ihm nur Illusionen zu bieten hat. Mit Hilfe seiner Geister versucht nun Mephisto, dem Verzweifelten einen „neuen Lebenslauf" (1622) schmackhaft zu machen, seinen „Gram" auf Mangel an Gesellschaft zurückzuführen, ihm dafür seine Dienste als „Geselle", „Diener", „Knecht" anzubieten (1646–8). Faust geht sogleich, den Teufelspakt der Sage parodierend (1651/2), geschäftsmäßig darauf ein und erweist die Bedingung Mephistos, er müsse dafür „drüben" dem Teufel gehören, als ohne jede Bedeutung. Faust bekennt sich zu entschiedener Diesseitigkeit und schiebt die Frage,

Mephistos Angebot

> „ob man auch künftig haßt und liebt
> und ob es auch in jenen Sphären
> ein Oben oder Unten gibt" (1668–70),

Wette statt Pakt

weit von sich. Welche Wendung das alte Teufelspakt-motiv damit nimmt, wird nun daran deutlich, daß Faust daraus eine *Wette* macht und seinerseits die Bedingung stellt. Er bezweifelt – wie der Herr im Prolog 325 –, daß der Teufel „des Menschen Geist in seinem hohen Streben" (1676) überhaupt erfassen kann. Deshalb verlangt er nach paradoxen Dingen, bei denen der Genuß sogleich in neue Begierde übergeht. Denn er begehrt, weil er das Göttliche im Erdenleben sucht, verwirft aber den Genuß, weil Irdisches nicht göttlich sein kann. Mephisto versteht ihn nicht, verspricht jedoch alles. Da nun nennt Faust seine Bedingung: Mephisto soll gewonnen haben, wenn Faust sich je „auf ein Faulbett" legt, selbstgefällig wird, sich „mit Genuß betrügen" läßt. Er schlägt auch ein Stichwort für die Wette vor. Er will verloren haben, wenn er „zum Augenblicke" sagen sollte: „Verweile doch! Du bist so schön!" (1700).

Der Mensch vom Teufel nicht zu erfassen

Genuß in der Begierde statt in der Erfüllung

Formulierung der Wette

Unterschied zwischen Pakt und Wette

Warum wird überhaupt gewettet? Und worum wird gewettet? Beim alten Teufelspakt setzte der Mensch sein ewiges Heil ein und gewann dafür Lebensgenuß. Der Teufel ließ dafür seine Zauberkünste spielen und hatte am Ende Gott eine Seele abgenommen. Hier überlistet der Mensch den Teufel mit seinem Angebot der Wette, wie Mephisto im Prolog den Herrn mit seinem „Was wettet ihr?" (312) zu überlisten meinte. Fausts Risiko besteht in Mephistos Möglichkeit, ihn mit Genuß des Augenblicks zu betäuben, so daß sein Drang, die Grenzen zu überschreiten, seine Sehnsucht nach dem Göttlichen zur Ruhe kommt. Wenn Mephisto das gelingt, hat er bewiesen, daß der Mensch doch nicht mehr als ein Tier ist. Aber in diesem Fall wäre nicht nur Fausts Erwartung, daß Mephisto das Erstrebte nicht bieten kann, sondern auch die Erwartung des Herrn, daß der Mensch „in seinem dunklen Drange ... sich des rechten Weges wohl bewußt" sei (328/29), widerlegt, der Wettstreit der Menschenbilder (s. S. 24) gegen Gott und den Menschen entschieden. Mit seinem Einsatz aber macht Faust – im Bewußtsein der Unstillbarkeit seines Verlangens – aus seiner Schwäche, der menschlichen Ruhelosigkeit, einen Vorteil gegenüber Mephisto, der für diese Ruhelosigkeit kein Gefühl hat. So bleibt hier – im Gegensatz zum Teufelspakt, wo der Mensch mit seiner Unterschrift bereits verloren hatte – ein gewisses Gleichgewicht zwischen den Vertragspartnern und damit die Spannung erhalten, wie das Spiel wohl ausgehen mag.

Einsatz der Partner

Fausts Vorteil

Nach Abschluß der Wette gibt es wieder eine komische Einlage, in der mit der Blutunterschrift der alten Sage gespielt wird und Faust – wie im Gespräch mit Wagner – gegen das „Pergament" (1726) und für das dahinströmende Leben streiten kann. Faust verspricht vielsagend, „das Streben" seiner „ganzen Kraft" in den Bund einzubringen, womit er das Stichwort aus dem ‚Prolog' (317) zitiert. Er will nun – als Konsequenz seiner Zurückweisung durch den Erdgeist (1746:512) – auf Erkennen, Denken und Wissen verzichten und in die Sinnlichkeit hinabtauchen. Doch unversehens bricht die metaphysische Sehnsucht in ihm wieder durch. Er möchte die Erfahrungen der ganzen Menschheit in seinem „innern Selbst genießen" und mit seinem „Geist das Höchst' und Tiefste greifen" (1770 ff.). So zeigt Fausts Verhalten sogleich nach der Unterschrift, daß Mephisto wenig Aussichten hat, die Bedingung der Wette zu erfüllen. Als wolle er das bestätigen, nimmt

Unterschrift

Stichwort: „Streben"

Faust will wieder das Ganze fassen

Mephisto das Weltbild des ‚Prologs' und seiner Selbstdarstellung wieder auf, daß „dieses Ganze ... nur für einen Gott gemacht" sei, der „in einem ew'gen Glanze" lebe, während die Dämonen „in die Finsternis gebracht" seien und der Mensch im Wechsel von „Tag und Nacht" existiere (1780 ff.):

Weltbild des Faust-Dramas

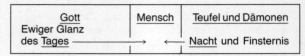

Fausts Darlegung seines großartigen neuen Lebensplans geht am Ende wieder in ironisches Spiel über, als Mephisto ihn, da er alles Menschliche in sich vereinigen will, als Fiktion eines Poeten und „Herrn Mikrokosmus" bezeichnet. Fausts Streben, „der Menschheit Krone zu erringen", hält er die nüchterne Wahrheit entgegen: „Du bleibst doch immer, was du bist" (1809). Nur das Geld könne an dieser Identität etwas ändern: Wenn man sich schnelle Pferde kaufen kann, dann *ist* man schnell (1816–27). Faust solle das Grübeln, das Spekulieren lassen. Und auf Fausts Frage, wie er aus der Welt des Nachdenkens herauskommen solle, antwortet Mephisto: „Wir gehen eben fort" (1834). Er würde die Abschiedsvorstellung bei dem Studenten übernehmen, der eben geklopft habe. Faust solle sich inzwischen reisefertig machen.

Reisepläne

2. Mephistos Monolog

In Fausts Gelehrtenkleid erneuert nun Mephisto seinen Plan, den er schon im Prolog verkündet hat. Wie der Wechsel des Anredepronomens zeigt:

> „So hab' ich dich schon unbedingt –
> Ihm hat das Schicksal einen Geist gegeben,
> Der ungebändigt immer vorwärts dringt ..."

Wendung an die Zuschauer

wendet er sich dabei, zur Rampe tretend, an die Zuschauer. Er wiederholt die Charakteristik, die er 330–35 von Faust gegeben hat, und sein Vorhaben, ihn „durch das wilde Leben" zu schleppen. In der Wendung, daß Faust „doch zugrunde gehn" müßte, auch wenn er sich „nicht dem Teufel übergeben" hätte, und dem Umstand, daß Mephisto sie in Fausts Gewand spricht, ist ein vorsichtiger Hinweis darauf enthalten, daß beide Figuren enger zusammengehören, als die dramatische Handlung vermuten läßt, ja daß Mephisto sozusagen Fausts Nachtseite verkörpert.

Verhältnis der beiden Firguren

Diese Nachtseite versteht aber offensichtlich nicht, von welcher Art Fausts „Unersättlichkeit" (1863) ist.

3. Schülergespräch

Zum Abschluß von Fausts Gelehrtenleben wird dieses von Mephisto im Gespräch mit einem Studienanfänger, der den Rat des berühmten Professors sucht, parodiert. Der Schritt, den Faust gerade zu tun im Begriff ist, wird in der Form der Gegenüberstellung der „grauen Theorie" mit „des Lebens goldnem Baum" (2038) genannt. Mephisto bemüht sich, die Wissenschaft als trocken und lebensfremd, das Leben aber als erstrebenswert darzustellen. Der Schüler ist durchaus verführbar; denn er bemängelt, daß man „nichts Grünes, keinen Baum" sieht (1885), und möchte auch „ein wenig Freiheit und Zeitvertreib" haben (1906). Mephisto weiß deshalb auch den Topos von „der Weisheit Brüsten" ins Sinnlich-Verfängliche hinüberzuziehen („mit Lust", „gelüsten": 1893). Die Reihenfolge der Fakultäten ist gegenüber dem Eingangsmonolog (354 ff.) geändert: Die Medizin steht am Schluß, da mit ihr zum Leben der Sinnlichkeit übergeleitet wird. In der Philosophie preist Mephisto die Logik als Mittel der Ordnung, mit dem sich „Zeit gewinnen" (1909) läßt, und persifliert den Gebrauch unerklärter Fachausdrücke, mit dem die Professoren ihre Überlegenheit wahren und die Studenten verunsichern:

Parodie von Fausts Universitätsleben

Lebensfremdheit der Wissenschaft

Werbung Mephistos für das sinnliche Leben

Zeitgewinn statt Erkenntnisgewinn

> „Mir wird von alledem so dumm,
> Als ging' mir ein Mühlrad im Kopf herum" (1946).

Verhaltensregeln betreffen Pünktlichkeit (1957), Vorbereitung (1958 ff.) und Mitschreiben (1962): Ein angepaßter Student entspricht den Erwartungen.

Verhaltensregeln für Studenten

Bei der juristischen Fakultät wird die Vernachlässigung des Naturrechts gegenüber dem formalistischen positiven Recht getadelt. Wie schon bei der Metaphysik (1953) macht Mephisto auch bei der Theologie klar, daß es sich um eine Wissenschaft bloßer Worte handelt. Da die Grenze zwischen Rechtgläubigkeit („Arzenei" 1987) und Ketzerei („Gift" 1986) schwer zu finden ist, heißt Mephistos Empfehlung, sich an „des Meisters Worte" zu halten. Bei der Medizin ist er „des trocknen Tons nun satt" und will „den Teufel spielen" (2009) – als ob er das nicht vorher auch schon getan hätte! Es häufen sich nun die erotischen Anspielungen. Mephisto stellt die Medizin nicht mehr als Wissenschaft dar, sondern als eine Kunst, in der man es zu etwas bringen kann, wenn man Selbstvertrauen hat (2021). Als Mephisto am Schluß ganz deutlich wird, findet er durchaus den Beifall des Schülers, dem die Sentenz:

Besonderheit der Medizin

> „Grau, teurer Freund, ist alle Theorie,
> Und grün des Lebens goldner Baum."

völlig einleuchtet. Als der Schüler ihm sein Stammbuch reicht, schreibt Mephisto hinein:

> „Eritis sicut Deus scientes bonum et malum."
> („Ihr werdet sein wie Gott und wissen, was gut und böse ist" AT Gen 3, 5)

und ruft ihm nach:

> „Folg' nur dem alten Spruch und meiner Muhme, der Schlange,
> dir wird gewiß einmal bei deiner Gottähnlichkeit bange!"

Der Rückverweis auf den Prolog (334/5) kündigt an, daß jetzt Mephistos Versuch beginnt, Faust auf den Weg des Nichts zu führen.

4. Aufbruch zum neuen Leben

Faust setzt seine Frage von vorhin fort:

> „Wohin soll es nun gehn?"

und Mephisto knüpft an seine damalige Antwort an:

„Wohin es dir gefällt.
Wir sehn die kleine, dann die große Welt."

Damit ist das Programm im Hinblick auf die beiden Teile des ‚Faust' angesagt. Im ersten Teil geht es in die kleine, die bürgerliche Welt. Im zweiten Teil wird Faust die große Welt des Adels und des Kaiserhofs kennenlernen. Auch im historischen und geographischen Sinn wird sich die Welt für ihn ausweiten.

Die beiden Teile des Dramas

Fausts Hinweis auf sein ungeeignetes Äußeres und seine fehlende „Lebensart" motiviert den Verjüngungszauber in der ‚Hexenküche'. Auf die Frage nach einem Reisefahrzeug nennt Mephisto den „Mantel", nach dem Faust gerufen hatte (1122), und beschreibt ihn als einen Heißluftballon (2069). Mit einem solchen hatten 1793 in Paris die Brüder Montgolfier gerade die Realisierung des alten Menschheitstraums vom Fliegen begonnen.

Erste Reisestationen

Die nächsten beiden Szenen sind für den Handlungsverlauf – bis auf Fausts Verjüngung – relativ unwichtig. In ihnen werden – wie teilweise schon ‚Vor dem Tor' – menschliche Milieus gezeichnet, politische Anspielungen gemacht oder allegorische Spiele getrieben, Ausweitungen des Blickfeldes, die den ‚Faust' zur Weltdichtung machen.

(8) Auerbachs Keller in Leipzig (2073–2336):
Vergleichbar mit dem Osterspaziergang steht auch diese Szene im Kontrast zu den vorhergehenden. Nach einer Reihe von Monologen und Dialogen gibt es nun wieder eine revue-artige Gruppenszene mit Gesangseinlagen. Nach den philosophischen Erörterungen wird in Gewöhnlichkeit, ordinärem Verhalten, Zote und Zank geschwelgt. Es ist ein Schritt in die Niederungen des animalischen Lebens, nichts von arkadischer Idylle, mit der Mephisto eine erste Probe seines Könnens gegeben hatte (1436 ff.). Wir wundern uns daher nicht, daß Faust ganz im Hinter-

Kontrast zu den vorhergehenden Szenen

Niederungen der Gewöhnlichkeit

47

Mephistos Absicht schlägt fehl

grund bleibt, nur ‚Guten Tag' (2183) sagt und bald wieder fort möchte (2296). Mephistos Absicht, der ihn „in lustige Gesellschaft bringen" will, damit er sieht, „wie leicht sich's leben läßt" (2160), schlägt also fehl. Aber Faust erhält einen ersten Anschauungsunterricht, wie es „in den Tiefen der Sinnlichkeit" (1750) aussieht, die er unbedingt kennenlernen wollte.

Angehörige der Unterschicht

Während ‚Vor dem Tor' Bürger, Handwerker, Studenten und Bauern auftreten, werden hier Angehörige der Unterschicht, ja Menschen am Rande der Gesellschaft vorgeführt. In beiden Szenen zusammen ist also ein Querschnitt durch die sozialen Schichten der „kleinen Welt" gegeben, in die die Reise zunächst führen soll (2052). Das Bild fällt nicht sehr schmeichelhaft aus. Zunächst sind die vier Gesellen unter sich und keineswegs lustig: Frosch hat schlechte Laune; Siebel ist böse auf ihn, weil er ihm sein Mädchen weggenommen hat. Brander mag nichts von Politik hören und stimmt ein scheußliches Lied an, das mit den Qualen eines vergifteten Tieres spielt, die als Metapher für Liebeskummer herhalten müssen. Was in Mephistos Klischee „Lustige Gesellschaft", ‚leichtes Leben', „jeder Tag ein Fest" heißt (2158ff.), ist in Wirklichkeit eine armselige und humorlose Sache. Man macht Krach, wartet aus Langeweile auf eine „Dummheit" oder „Sauerei" (2078), ist nur mit sich selbst beschäftigt (2162ff.), ohne Perspektive (2165ff.), ohne Gemeinsinn oder politisches Interesse, dafür unreflektiert nationalistisch eingestellt (2265, 2272). So sind die Menschen! Ihr Vergnügen ist tierisch (2293), wie es Mephisto schon im Prolog behauptet hat (285/6). Ihre Instinktlosigkeit und Primitivität sind die Voraussetzung für Mephistos erfolgreiches Wirken:

Eine keineswegs lustige Gesellschaft

So sind die Menschen!

> „Den Teufel spürt das Völkchen nie,
> Und wenn er sie beim Kragen hätte" (2181/2).

Umschlagen der Stimmung

Bezeichnend ist auch das Umschlagen der Stimmung: Solange sie das Ergebnis des „Hokus-pokus" (2307), den von Mephisto aus dem Tisch gezauberten Wein genießen konnten, waren sie einverstanden damit, nun, da es mit dem vergossenen Wein Probleme gibt, zeigt man sich als anständiger Christenmensch

48

empört und wird gegen den Wohltäter aggressiv.
Nachdem sich der Teufel vorgestellt hat (2321), verurteilt man das, was man so bereitwillig mitge-
macht hat, als „Betrug . . ., Lug und Schein" (2333).
Den Teufel aber kennt man aus dem alten Faust-
Buch, nach dessen Vorbild nun der Abgang Mephistos nachträglich gedeutet wird:

> „Ich hab' ihn selbst hinaus zur Kellertüre –
> Auf einem Fasse reiten sehn – –" (2329/30).

Politische Anspielungen

Im Hinblick auf die nächste Szene, die ‚Hexenküche', ist es wichtig, die politischen Anspielungen zu
beachten, die Mephisto durch sein Flohlied eröffnet
hat, das die Günstlingswirtschaft bei Hofe kritisiert
(2207 ff). Altmayer reagiert darauf mit dem revolutionären Ruf: „Es lebe die Freiheit!" (2244), während Mephisto das Verhalten der Gesellen als Beispiel dafür hinstellt, welche „Bestialität" das Volk
mit seiner Freiheit zu verbinden weiß:

Gebrauch der Freiheit durch das Volk

> „Das Volk ist frei, seht an, wie wohl's ihm geht!"
> (2295).

Wenn man Mephistos Schlußwort: „Und merkt euch,
wie der Teufel spaße" (2321) als Aufforderung auffaßt,
die Anspielungen explizit zu machen, wäre Mephistos
Lehrstück etwa folgendermaßen zu verstehen:

Hinweis auf die Französische Revolution

> Lernt daraus, wie's dem Volk geht, wenn es dem
> Demagogen folgt, der Freiheit und kostenlosen Ge-
> nuß verspricht! Am Ende steht die selbstzerstöreri-
> sche Bestialität, wie sie die Zeitungsberichte von
> der Französischen Revolution zeigen. Von solcher
> Politik könnt ihr sagen: ‚Betrug war alles, Lug und
> Schein'.

(9) Hexenküche (2337–2604):

Die Szene bildet zum einen den Übergang von der
Gelehrtentragödie zur Gretchentragödie; aus dem
gealterten Professor Faust wird der jugendliche
Liebhaber. Zum anderen wird das Bild von Mephistos Gegenwelt, die auf der Umkehrung der Vorzeichen beruht (s. o. S. 38), weiter entfaltet. Während
sich in ‚Auerbachs Keller' die Menschen wie Tiere
aufführen, verhalten sich die Tiere hier wie Menschen.

„Er ... braucht's allein, um tierischer als jedes Tier zu sein" (296).

Um die mit Affen meist verbundene Assoziation der Menschenähnlichkeit zu vermeiden, dennoch aber menschenähnliche Tiere einzuführen, hat Goethe „Meerkatzen" gewählt. Das männliche Tier bezeichnet er mit dem Neologismus „Meerkater", obwohl diese Tiere nichts mit Katzen zu tun haben. Es handelt sich um Eindeutschung des Sanskrit-Worts ‚markata‘, welches „Affe" bedeutet.

Umkehrung der Perspektive

Während in ‚Auerbachs Keller‘ Menschen ihre Vernunft gebrauchen, um sich wie Tiere zu benehmen, ist hier die Perspektive umgekehrt: Tiere bringen dadurch, daß sie sich wie Menschen verhalten, Widervernunft, d. h. Unsinn, in die Welt. Die Fortsetzung des Bildes der Unsinnswelt bringt dann die ‚Walpurgisnacht‘, auf die am Ende ausdrücklich hingewiesen wird: Mephisto verabredet sich mit der Hexe für das Fest (2590).

Für die Bauform der Szene ist bezeichnend, daß Faust – wie in ‚Auerbachs Keller‘ – außerhalb des Geschehens bleibt. Das wird dadurch erreicht, daß

Zwei Handlungsebenen

die Handlung gleichzeitig auf zwei verschiedenen Ebenen läuft, zwischen denen nur Mephisto wechselt. Während auf der einen Ebene Faust im Spiegel

Fausts Schönheitserlebnis und Verjüngung

„das schönste Bild von einem Weibe" erblickt (2436) und einen Verjüngungstrunk erhält (2583), also die Gretchenhandlung exponiert wird, findet auf der anderen Ebene ein allegorisches Spiel statt, in dem

Mephistos Königsspiel

– mit Mephisto in der Königsrolle – die Ereignisse der Französischen Revolution kommentiert werden. Im graphischen Überblick sieht das so aus:

Faust bekommt die schönste Frau zu sehen und wird verjüngt:				
2337–2377		2429–2447		2518–2604

Mephisto spielt den reaktionären König, der die Zeichen der Revolution nicht bemerkt, zeigt aber als Hexenmeister die Führungsstärke eines Monarchen:				
	2378–2428		2448–2464 und 2465–2517	

Trotz Fausts Widerstreben gegen diesen „Wust von Raserei" (2339) zieht Mephisto ihn in seine Hexenwelt hinein und gibt gleich wieder eine Probe seiner Fähigkeit, die Dinge auf den Kopf zu stellen. Als Alternative zum Verjüngungstrank nennt er ein „natürlich Mittel", das „in einem andern Buch" steht und „ein wunderlich Kapitel" bildet (2348–50). Ein Leben auf dem Lande mit agrarischer Betätigung – ganz im Sinne von Rousseaus ‚Zurück zur Natur!' – sei „das beste Mittel" für Faust, sich „auf achtzig Jahr ... zu verjüngen" (2361). Da Faust „das enge Leben" nicht gewöhnt ist, bleibt nur die Hexe übrig (2365).

Sowie er die Tiere erblickt, schlüpft Mephisto aus der Rolle des spöttischen Kommentators in die eines leutselig-wohlwollenden Herrschers, der sich unter sein Volk begeben hat, aber dessen Rede vom Gewinnen-wollen (2369), vom beständigen Rollen der Glückskugel (2402 ff.), von seiner Unkenntnis des Kessels (2423) nicht versteht, die angekündigte Gefahr nicht sieht, daß er bald zu Fall kommen kann. In den Affen sind die geistig unzulänglichen Wortführer des dritten Standes persifliert, die nicht imstande sind, die gemeinten Redensarten korrekt zu formulieren (z. B. „Glück und Glas – wie bald bricht das!" 2406).

Allegorisches Spiel zwischen Mephisto-König und Affen-Bürger

Faust steht währenddessen gebannt vor einem „Zauberspiegel" und gibt sich dem Anblick einer schönen Frau hin, wozu Mephisto – nun für einige Verse in der Teufelsrolle – seinen Kommentar gibt und verspricht, Faust „so ein Schätzchen auszuspüren" (2445). Gleich danach sitzt Mephisto wieder „wie der König auf dem Throne" (2448) und fragt nach seiner Krone. Diese aber zerbricht den Tieren in zwei Stücke, d. h. die Autorität des Königs hat bereits gelitten. Er ist schon als „Dieb" erkannt worden (2420), also als der Herrscher, der Steuern, Abgaben, Frondienste erzwingt. Auch „kennt" er „nicht den Kessel" (2425), d. h. die Bewegung im Volk, die jederzeit ‚überlaufen' kann, was sie am Ende auch tut (nach 2464). Aber als nun die Hexe zum Schornstein hereinfährt und flucht, schlägt ihr Mephisto die Töpfe entzwei (2475). Er hat plötzlich die Rolle gewechselt und spielt den Teufel als Herrn und Meister der Hexen. Durch das Motiv des „We-

Faust vor dem Zauberspiegel

Mephisto wieder auf dem Königsthron

Mephisto in der Hexenmeisterrolle

dels" sind die drei Handlungsteile auf dieser Ebene miteinander verknüpft:

> 2427: Der Kater drückt Mephisto den Wedel in die Hand und setzt ihn auf den Thron.
> 2449: Mephisto hält den Wedel als „Zepter" und spielt den König.
> 2475: Mephisto kehrt den Wedel um und schlägt auf die Töpfe ein.

Mephisto gibt sich als Herr im Hause

Was bedeutet diese Wendung für das Königsspiel? Mephisto zeigt, wie ein wahrer König handeln würde. Er gebraucht sein Zepter als Waffe, weist die Untertanen zurecht und behält das Regiment im Hause (2481–88). Die Hexe entschuldigt sich, d. h. reagiert als Untertanin. Die Machtverhältnisse sind wieder in Ordnung gebracht.

Die Entschuldigung der Hexe besteht in dem Hinweis, daß Mephisto „keinen Pferdefuß" habe und ohne seine „Raben" gekommen sei. Die Antwort leitet einen Themenwechsel ein:

> „Auch die Kultur, die alle Welt beleckt,
> Hat auf den Teufel sich erstreckt" (2495/6).

Der Teufel habe deshalb nicht mehr seine alte Gestalt, verbitte sich auch den Namen „Satan", ja eigentlich gebe es ihn gar nicht mehr:

> „Er ist schon lang' ins Fabelbuch geschrieben;
> Allein die Menschen sind nichts besser dran,
> Den Bösen sind sie los, die Bösen sind geblieben."
> (2507–9)

Die Gebärde

Abschluß der Königsallegorie

Zum Abschluß dieser Richtigstellung „macht" er „eine unanständige Gebärde", worin die Hexe seine Identität erkennt: Es handelt sich um das ‚faire le fiche', d. h. er läßt den Daumen zwischen Zeige- und Mittelfinger der geballten Hand hervorragen. Die so entstehende Figur erinnert an das Lilienwappen der Bourbonen, der französischen Könige. Die Gebärde und die abschließenden Worte Mephistos: „Dies ist die Art, mit Hexen umzugehn" (2517), verknüpft die beiden Handlungsebenen.

Lehre aus dem Königsspiel

Was Goethe mit dem Königsspiel bezweckt hat, ist umstritten. Schöne hält die These von Arens (Bd. I, S. 246), „daß

Mephisto in der ‚Hexenküche' ständig vorführe, wie sich der französische König nach Goethes Ansicht bei Beginn der Revolution richtig verhalten hätte", für unzutreffend (Kommentarband S. 286). Mann solle die Karikatur nicht überinterpretieren.

Nun beginnt der Hokuspokus der Zubereitung des Verjüngungstranks, der durchsetzt ist mit Kritik an katholischen Dogmen und Riten. Die Warnung der Hexe, Faust dürfe den Trank nicht „unvorbereitet" trinken, klingt an die christliche Mahnung an, nicht „unwürdig" zum Tisch des Herrn zu gehn. Mephisto vergleicht das Hexeneinmaleins mit der Trinitätslehre, nach der die drei göttlichen Personen ein Gott sind („durch Drei und Eins und Eins und Drei Irrtum statt Wahrheit zu verbreiten" (2561/2). Die Verse, in denen die Hexe von einer verborgenen Wissenschaft spricht, die dem geschenkt werde, der „nicht denkt" (2570), spielt auf die von der Kirche geforderte Unterordnung der eigenen Einsicht in Glaubensfragen unter das Urteil der Kirche (sacrificium intellectūs) an. Doch für Faust ist das Gerede der Hexe „Unsinn". Er trinkt, und Mephisto zieht ihn mit sich fort, kündigt ihm an, er werde bald empfinden, „wie sich Cupido regt und hin und wider springt" (2598). Die letzten, beiseite gesprochenen Worte, die Mephisto unmittelbar vor dem Einsetzen der Gretchenhandlung spricht, lauten:

Pervertierung kirchlicher Riten und Glaubenssätze

Vorausdeutung auf Gretchenhandlung

> „Du siehst, mit diesem Trank im Leibe,
> Bald Helenen in jedem Weibe."

Der Leser darf nun erwarten, daß die Fausthandlung mit einer Liebesgeschichte weitergehen wird. Faust hat sich vorgenommen, in die „Tiefen der Sinnlichkeit" hinabzutauchen (1750). Der Verjüngungstrank hat nun die Sinnlichkeit in ihm so sehr entfacht, daß er „Helenen in jedem Weibe" sehen wird. D. h. es wird nicht die andere Person, der er begegnet, sein Liebeserlebnis bestimmen, sondern sein Bild von ihr, das von „diesem Trank im Leibe", also von seiner Sinnenlust, hervorgerufen wird. Die Frage im nächsten Handlungsabschnitt wird sein, ob Faust bloße Sexualität erleben wird oder ob es dazu kommen wird, daß er eine persönliche Beziehung eingehen wird, kurz: daß er die Liebe erfährt.

Die Gretchentragödie

*Mit einem scharfen Schnitt folgen auf Mephistos bei-
seite gesprochene Bemerkung, Faust werde „bald
Helenen in jedem Weibe" sehen (2604), dessen Worte
„Mein schönes Fräulein, darf ich wagen . . ." (2605).
Damit ergibt sich für die so unvermittelt beginnende
Gretchenhandlung die Frage, inwieweit Faust in
dem ihm begegnenden Weibe bloß „Helenen" sehen
oder aber Margarete erkennen wird.*

Mephisto führt Faust und Gretchen zusammen

(10) Straße I (2605–2677):

Erste Begegnung mit Gretchen

Die erste Begegnung zwischen Faust und einem
weiblichen Wesen wird in vier Versen vorgeführt.
Faust verrät seine Lebensfremdheit und seinen un-
geduldigen Charakter dadurch, daß er sogleich be-
sitzergreifend Kontakt zu einem Menschen aufneh-
men will, den er noch nicht kennt. Sein Benehmen
ist plump, seine Sprache der Situation nicht entsprechend. Er tituliert Gretchen wie eine Adlige, hängt
sich aber sogleich dreist bei ihr ein, was der Anstand
verbietet. Daher läßt sie ihn, wie zu erwarten, ste-

Verliebter Monolog

hen, so daß Faust seine Gefühle nur in einem lyrischen Monolog äußern kann. Sein Entzücken beruht
weniger darauf, daß er einer unvergleichlichen
himmlisch-irdischen Schönheit begegnet wäre, wie
das Spiegelbild sie ihm gezeigt hatte (2429 ff.), sondern einfach auf der völligen Neuheit des Erlebens
für ihn. Deshalb neigt er dazu, „Helenen in jedem
Weibe" (2604) zu sehen.

Mephisto erscheint

Mit Mephistos Erscheinen erfolgt ein krasser Um-
schwung in Fausts Verhalten. Sprach er eben noch
wie ein verliebter Jüngling, so äußert er sich nun
wie jemand, der nur sinnliche Abenteuer sucht. Ihm
wird plötzlich klar, daß er ja nur zu befehlen brauche, um ohne eigene Bemühung zu erhalten, was er
begehrt. Und das kommt seinem Charakter entgegen. Mephisto dreht sofort den Spieß um und nimmt

den Standpunkt der bürgerlichen Moral ein, weil er seinem Herrn nicht problemlos zu Diensten sein kann. Margarete ist nämlich „ein gar unschuldig Ding" (2624), mit der auch ein Mephisto seine Schwierigkeiten hat. Daher hält er Faust erst einmal mit tadelnden Worten hin, er spreche „ja wie Hans Liederlich" (2628), ja „schon fast wie ein Franzos" (2645). Der Genuß sei doch viel größer, wenn der Liebhaber nicht gleich zum Ziel käme, sondern vorher „das Püppchen geknetet und zugericht't" habe (2651), wobei er auf die galante Literatur der Franzosen anspielt. In diesem Sinne entwickelt er auch sogleich eine Strategie, Faust allmählich mit Margarete zusammenzubringen. Faust versteht dies in seiner üblichen Ungeduld zunächst falsch:

Mephistos Strategie

Liebe darf nicht gleich Erfüllung finden

> „Will Euch noch heut in ihr Zimmer führen. –"
> „Und soll sie sehn? sie haben? –"
> „Nein!" (2666 ff.)

Durch sein NEIN erreicht Mephisto nicht nur, daß Faust seine Strategie akzeptiert, sondern auch, daß seine Begierde mit dem Aufschub wächst, er sich „in ihrem Dunstkreis satt . . . weiden" kann (2671). Zum Schluß erhält Mephisto den Auftrag, ein Geschenk für Margarete zu beschaffen.

Ein Geschenk soll besorgt werden

Der Anfang der Liebesgeschichte ist also dadurch gekennzeichnet, daß Faust keine eigenen Anstrengungen zur Eroberung der Geliebten macht, daß er Mephisto das Gesetz des Handelns überläßt und ihm damit Gelegenheit gibt, die sich anbahnende Beziehung in seinem Sinne zu beeinflussen.

(11) Abend (2678–2804)
Die Szene gliedert sich in drei Auftritte:
1. Monolog Margaretes (2678–83),
2. Dialog Faust–Mephisto (2684–2752), darin Faust-Monolog (2687–2728), und
3. Monolog Margaretes (2753–2804), darin Ballade vom König in Thule (2759–82).

Gliederung der Szene

Margarete bringt ihre Haare in Ordnung, um einen Besuch bei der Nachbarin zu machen, und verrät in einem kurzen Monolog, daß sie von der Begegnung mit Faust nicht unbeeindruckt ist. Als sie das Zimmer verlassen hat, erscheinen Faust und Mephisto. Faust möchte allein sein, um sich „in ihrem Dunstkreis" zu „weiden" (2671). In einem längeren Monolog reflektiert er dieses Erlebnis und wird sich dabei bewußt, daß zwei ganz verschiedene Empfindungen in ihm einander widerstreiten. Was ihn an dieser kleinen, ordentlichen und friedvollen Welt – dem Gegenbild zu seiner eigenen Unruhe – beglückt, findet in religiösen Bildern Ausdruck: „Heiligtum" (2688), „Seligkeit" (2694), „göttergleich" (2707), „Himmelreich" (2708) u. a. Er malt sich ein ideales Bild vom Familienleben (2697–2706), das von wenig eigener Erfahrung zeugt. Ausdrücke wie „Liebespein" (2689), „schmachtend" (2697) oder „Wonnegraus" (2707) weisen darauf hin, daß sich in seine Rührung über Margaretes Lebenskreis Regungen der sinnlichen Begierde mischen, die ihn hergeführt hat. Der Widerstreit der Gefühle verunsichert ihn in seinem Selbstverständnis:

Widerstreitende Empfindungen in Fausts Monolog

Faust ist verunsichert

> „Armsel'ger Faust! ich kenne dich nicht mehr" (2720).

Mephisto unterbricht den Monolog, als er mit dem Schmuck auftaucht, den sie in Gretchens Schrank unterbringen. Er versteht nicht, was mit Faust vorgegangen ist, weil er sich nicht vorstellen kann, daß Liebe und Sinnenlust einander widerstreiten können. Sein Spott (2748–51) bleibt am äußerlichen Eindruck hängen, Fausts Unschlüssigkeit („Ich weiß nicht, soll ich?" 2738). Aber er begegnet Fausts Skrupeln mit Frivolität („Eurer Lüsternheit" 2740), unterstützt in dessen Konflikt zwischen Liebe und Sinnlichkeit die Seite der bloßen Sexualität.

Mephistos Spott

Der dritte Auftritt der Szene bringt die für das Verständnis der weiteren Handlung entscheidenden Vorausdeutungen. Gretchen fühlt, heimkehrend, daß jemand da gewesen ist, der nicht in ihre Welt gehört, „ein Schauer" läuft ihr „übern ganzen Leib". Es ist der erste Hinweis auf Margaretes entschiedene Ablehnung Mephistos (3471) und ihre Rolle als seine Gegenspielerin. Vielleicht um sich zu beruhigen, singt sie beim Auskleiden das Lied vom König von Thule. Es ist ihre Möglichkeit, Gefühle zu äu-

Das Lied vom König von Thule

56

ßern und sich darüber klarzuwerden, während Faust, der ihr sicher in der Fähigkeit der Analyse und Reflexion überlegen ist, seine Gefühle im Monolog zur Sprache gebracht hat. Doch heißt das nicht, daß sie nichts Gewichtiges zu sagen hätte. Mit dem hohen Lied von der Treue des Mannes zur Geliebten über den Tod hinaus gibt Margarete zu Beginn ihrer Liebesgeschichte den Maßstab an, an dem diese gemessen werden soll, vor dem sich am Ende Fausts Verrat und Gretchens Opfer vergleichen lassen. Daß der König im Lied ein alter Zecher und harter Bursche war, daß von einer Geliebten, nicht von einer Gattin die Rede ist, rückt die Treue erst ins rechte Licht: Sie ist durch und durch freiwillig, von beiden Seiten geschenkt, Ausdruck und Konsequenz der Liebe. Durch die Entrückung in die Welt des Märchens, das nicht wirklich, dafür aber auf höhere Weise wahr ist, gewinnt das Treuemotiv seine Bedeutung für die Handlung des Dramas. Es bezeichnet Gretchens höhere Wahrheit, die den Schluß des zweiten Faust-Teils bestimmt. Ihre Liebe erweist sich am Ende als stärker. Faust wird zwar aufgrund seines andauernden Strebens erlöst (11934/5), doch die erlösende Kraft ist die Liebe. Die Szene schließt mit der Entdeckung des Schmuck-kästchens und Gretchens Monolog, in dem die inneren Vorgänge zum Ausdruck kommen, die der Fund auslöst (2783–2804). Zuerst erstaunt sie, wird dann neugierig auf den Inhalt des Kästchens, sucht nach Gründen, die ein Öffnen rechtfertigen könnten, und ist schließlich überwältigt von der Pracht des Schmucks. Sie weiß sofort, daß er nicht zu ihrem sozialen Stande paßt, probiert ihn aber gleichwohl vor dem Spiegel an. Im gleichen Augenblick kommt ihr die eigene Armut zum Bewußtsein. Unzufriedenheit mit dem eigenen Los stellt sich ein. Damit ist eigentlich schon zerstört, was Faust eben noch so gepriesen hatte, die „Ordnung" und „Zufriedenheit" (2692) in ihrer Umwelt:

> „In dieser Armut welche Fülle!
> In diesem Kerker welche Seligkeit!"

Mephisto hat einen ersten Sieg errungen: Auch Gretchen ist dabei, ihre bergende „Hütte" (2708) zu

Maßstab für die Gretchen-Handlung

Liebe ist freiwillig geschenkte Treue

Bedeutung des Treuemotivs für die ganze Faust-Handlung

Entdeckung des Schmuckkästchens

Bewußtsein der Armut, Regung der Unzufriedenheit

Ein erster Sieg Mephistos

Kursarbeit

verlassen – wie vorher Faust sein Studierzimmer. Der Kampf zwischen Mephisto und Margarete um Faust ist eröffnet.

(12) Spaziergang (2805–2864):

Diese Szene zeigt wieder komödienhafte Züge. Mephisto spielt den Zornigen, der – als Teufel – Mühe hat, wie jeder gewöhnliche Mensch „Zum Teufel!" zu fluchen. Was bringt ihn so in Rage? Es geht um den Schmuck, den er für Margarete besorgt hatte.

Schwankmotiv vom ‚geprellten Teufel'

Nun geht dieser Schmuck ausgerechnet in den Besitz der Kirche über: Eine Variante des alten Schwankmotivs vom ‚geprellten Teufel'.

Parodie auf den Kirchengehorsam der Leute

Mephisto erzählt den Vorfall in Form einer Geschichte, in der er zunächst Margaretes Mutter als Karikatur einer frommen Frau einführt (2815–22), sie dann auch in direkter Rede zu Wort kommen läßt („rief sie ..." 2823–26), einer Parodie auf die religiöse Sprache der Leute. Gretchens Reaktion ist als innerer Monolog wiedergegeben („dacht' sie ..." 2827–30), mit der ironischen Wendung, daß sie dem Beschaffer des Schmucks, also dem Teufel, das Prädikat „nicht gottlos" beilegt. Nach kurzem Erzählerbericht (2831–33) folgt wieder direkte Rede. Die Befriedigung des Pfaffen über die Hergabe des Schmucks wird mit satirischer Zuspitzung formuliert:

Satirische Zuspitzung

> „Die Kirch' allein, meine lieben Frauen,
> Kann ungerechtes Gut verdauen" (2834–40).

Mit pointiert formuliertem Erzählerbericht schließt das kleine Meisterwerk (2843–48).

Nachdem Mephisto weitere Aufträge erhalten hat, vor allem für neuen Schmuck zu sorgen, beendet er die Szene mit einer Wendung an die Zuschauer, daß „so ein verliebter Tor" die ganze Welt „zum Zeitvertreib dem Liebchen in die Luft" jagen würde.

Fausts Bild von Gretchen: 2609–18, 2687–2728

Im Kontrast zu dem Bild, das Faust sich von Margarete gemacht hat, erscheint sie in Mephistos Erzählung als durchschnittlicher Teenager („... zog ein schiefes Maul" 2827). Der neue Schmuck wird sie diesmal nicht zur Mutter, sondern zur Nachbarin treiben (2875 ff.), so daß Mephisto dort alles weitere arrangieren kann.

(13) Der Nachbarin Haus (2865–3024):

Eine neue Figur wird benötigt. Mephisto will Faust den Weg zu Margarete über die Nachbarin bahnen. Diese ist aus zwei Gründen für seinen Plan geeignet: Einmal ist sie eine Person, die es nicht so genau nimmt wie Gretchens Mutter („ein Weib wie auserlesen zum Kuppler- und Zigeunerwesen" 3029/30). Zweitens aber ist sie eine verlassene Frau; und man kann sich bei ihr als Gefährte ihres verschwundenen Mannes ausgeben. So erklärt sich die doppelte Exposition der Szene: Marthe stellt sich zunächst allein vor, als ‚Strohwitwe' (2868), deren Hauptproblem darin besteht, „einen Totenschein" für den Verschollenen zu erhalten. Dann erscheint Margarete in Aufregung über den neuen Schmuck. Marthe versteht es geschickt, ihren geheimen Wünschen entgegenzukommen: Sie könne den Schmuck ja bei ihr lassen, ihn hier hin und wieder anlegen und „so nach und nach den Leuten sehen" lassen (2890). Damit ist das Terrain für Mephisto vorbereitet. Er tritt höflich ein und fragt nach „Frau Marthe Schwerdtlein". Dann wendet er sich sogleich an Gretchen, indem er den Schmuck zum Anlaß nimmt, sie als vornehme Dame zu titulieren. Er versteht es, seine Aufmerksamkeit auf beide Frauen zu verteilen:

Einführung einer neuen Figur

Marthes Ratschlag für Margarete

Mephisto tritt ein

Mephisto spricht mit:	Margarete	2902–12		2941–50		3006–24
	Marthe		2913–40		2951–3005	

In zwei Teilen gibt Mephisto mit meisterhafter Erzählkunst einen Bericht vom Ende des Herrn Schwerdtlein. Dabei parodiert er die religiösen Elemente, die solche Berichte zu haben pflegen, und spielt mit den Erwartungen der Zuhörerin, die vor allem an materieller Hinterlassenschaft interessiert ist („Habt Ihr sonst nichts an mich zu bringen?" 2929). So betont Mephisto einmal – Herr Schwerdtlein kommt in direkter Rede ausführlich zu Wort – die Reue des Verstorbenen (2955 ff.), dann wieder läßt er ihn seine Frau für schuldig erklären (2960), erwähnt einmal seinen Familiensinn (2972), um dann wieder von einem schönen Fräulein in Neapel zu erzählen (2981 ff.). Den Umstand, daß alles reine

Der Bericht von Herrn Schwerdtleins Ende

Erfindung ist, gleicht er durch zahlreiche authentisch klingende Details aus. Kurz, er gibt eine vollendete Probe seiner Schwadronierkunst. Am Ende hat er Marthe so weit, daß sie ihn als Zeugen für den Tod ihres Mannes akzeptiert. Das ist die Gelegenheit, Faust als zweiten Zeugen einzuführen und sein Kommen anzukündigen.

Margarete gegenüber deutet Mephisto zunächst an, es brauche ja nicht gleich ein Ehemann zu sein, es tue „derweil" auch „ein Galan" (2946), worauf sie abwinkt, das sei „des Landes nicht der Brauch". Doch ihr Interesse an dem angekündigten „viel gereist(en)" Herrn, der „Fräuleins alle Höflichkeit erweist" (3020), ist geweckt. Man verabredet sich für „heut' abend" im Garten „hinterm Haus". Mephistos Strategie ist erfolgreich.

Verabredung für den Abend

(14) Straße II (3025–3072):

In diesem Gespräch zwischen Faust und Mephisto geht es nur um ein Detail seines Plans, nämlich um Fausts Beitrag zur Todesbeurkundung des Herrn Schwerdtlein. Doch damit hängt ein Grundthema des Dramas zusammen, Fausts ‚Verachtung' des Wortes, wie sich Mephisto 1328 im Hinblick auf seine Übersetzung des Satzes „Im Anfang war das Wort" ausgedrückt hat. Jetzt ist das Thema plötzlich wieder aktuell, weil von Faust ein Wort verlangt wird, „ein gültig Zeugnis" nämlich, daß Herr Schwerdtlein „in Padua an heil'ger Stätte" ruhe (3055). Empört wehrt sich Faust nun plötzlich, ein solches Wort zu sagen, „ohne viel zu wissen" (3038). Geschickt weiß ihn Mephisto in seiner eigenen Schlinge zu fangen. Er nennt die „Definitionen", die Faust als akademischer Lehrer „von Gott, der Welt und was sich drin bewegt" (3043) gegeben hat, ebenfalls „falsch Zeugnis" und erinnert damit an seine Universitätskritik, wie er sie im Gespräch mit dem Schüler geübt hatte:

Grundthema des Dramas

Faust wehrt sich, falsch Zeugnis zu geben

Reden von Gott und der Welt in Metaphysik und Theologie sind auch ‚falsch Zeugnis'

Rückverweis auf das Schülergespräch

> „Für was drein geht und nicht drein geht,
> Ein prächtig <u>Wort</u> zu Diensten steht" (1952/3),

oder:

> „Denn eben wo Begriffe fehlen,
> Da stellt ein <u>Wort</u> zu rechten Zeit sich ein" (1995/6).

Von den Dingen, über die er als Professor gesprochen, habe er doch auch nicht mehr gewußt „als von Herrn Schwerdtleins Tod" (3049).

Als ihm Faust vorwirft, „ein Lügner, ein Sophiste" zu sein, nimmt Mephisto sein zweites Beispiel nicht mehr aus der Vergangenheit, sondern aus der Zukunft, um ihm zu zeigen, daß er nichts Unbilliges von ihm verlange. Morgen werde er „das arme Gretchen ... betören" (3053) und auch da reden, „ohne viel zu wissen" (3038).

**Auch Liebes-
schwüre sind
‚falsch Zeugnis'**

Weil Faust Margarete durch „seiner Rede Zauberfluß" (3398) verführen wird, soll an dieser Stelle noch einmal auf diesen Zug seines Charakters aufmerksam gemacht werden. Gerade der Verächter des Wortes erweist sich ja als der Mann der großen Worte, der seine rhetorische Überlegenheit über Gretchen dazu benutzt, sie zu verführen. In ähnlicher Weise hatte er diese Überlegenheit schon Wagner gegenüber ausgenutzt, um ihn zu verunsichern:

> „Und wenn's euch Ernst ist, was zu sagen,
> Ist's nötig, <u>Worten</u> nachzujagen?" (552/3).

Vom Standpunkt einer Verantwortungsethik aus wäre diese rhetorische Frage durchaus zu bejahen: Je mehr es einem „Ernst ist, was zu sagen", desto mehr kommt es darauf an, das rechte Wort zu treffen, um Mißverständnisse zu vermeiden. Mephisto aber nimmt den Standpunkt einer solchen Ethik hier nur ein, um Faust zu zeigen, daß er sich in das „Lügenspiel" (3066) schon so weit eingelassen hat, daß er nicht mehr zurück kann: Er hat als Universitätslehrer große Worte gemacht, er wird als Liebhaber große Worte machen, um zum Ziel zu gelangen. Er hat deshalb auch keinen Anlaß, ein „falsch Zeugnis" in Sachen Schwerdtlein abzulehnen, vor allem, weil über dieses Hindernis der Weg zur Geliebten führt.

(15) Garten (3073–3204):
Das von Mephisto arrangierte Rendezvous läuft so ab, daß die beiden Paare spazierend im Wechsel auftreten:

Faust/ Margarete	3073–84		3096–3148		**3163–94**	
Mephisto/ Marthe		3085–95		3149–62		3195–3204

Gegensätze zwischen den Paaren und innerhalb der Paare

Während das Liebespaar 96 Verse zur Verfügung hat, kommt das Kontrastpaar nur in 35 Zeilen zu Wort. Die völlige Verschiedenheit des Wesens und der Lebenslage der beiden Paare bewirkt einen komischen Gegensatz zwischen Idealismus und Realismus, Liebe und Berechnung, Jugend und Alter. Außerdem wird innerhalb der Paare aneinander vorbeigeredet: Faust erweist sich als unfähig, Gretchens Lebenswirklichkeit zu erfassen, während sie den gesellschaftlichen Abstand betont. Marthe sieht in Mephisto einen geeigneten Ehepartner, während dieser sich wohl in acht zu nehmen weiß, indem er so tut, als verstehe er nicht (3161).

Standes- und Bildungsunterschied zwischen Faust und Gretchen

Das Gespräch zwischen Faust und Gretchen setzt an dem kritischen Punkt ihrer Beziehung ein, dem Bildungs- und Standesunterschied, den Gretchen halb instinktiv, halb bewußt als beunruhigend empfindet. Faust meint, er könne diesen Unterschied durch Aufwertung ihrer „Einfalt", „Demut" und „Niedrigkeit" (3102 ff.) und Abwertung des Gegenteils aus der Welt schaffen:

> „... was man so sehr verständig nennt,
> Ist oft mehr Eitelkeit und Kurzsinn."

Faust bedenkt dabei nicht, daß es für den Höhergestellten leichter ist, sich herabzulassen und sich von der gesellschaftlichen Rangordnung kritisch zu distanzieren, als für den Niedriggestellten, seine Befangenheit zu überwinden. Die von Faust gelobten Tugenden „Einfalt" und „Demut" sind ganz aus der Perspektive ‚von oben' gesehen, da sie ja das niedere Volk zu idealen Untertanen machen. Margarete aber kann das Lob der „Niedrigkeit" deshalb nicht verstehen, da sie sich ja nach einem höheren Stande sehnt. Auch ist sie sich keiner „Niedrigkeit" bewußt, sondern hat ihren eigenen Stolz. Aber Faust versteht nicht, daß die Erzählung über ihre Familie, ihre

Arbeit, ihre Pflichten (3109–3148) der Darstellung ihres Selbstwerts gilt, daß der Hinweis auf vorhandenes Vermögen (3117/8) signalisieren soll, daß man sie heiraten könne, daß sie ‚eine Partie‘ sei, daß die Erwähnung ihrer Hausfrauenrolle und ihrer Mutterrolle beim „Schwesterchen“ (3121) auf ihre Ehetüchtigkeit hindeuten soll.

Diese Selbstdarstellung Margaretes hat auch die Funktion, sie als Teil des sozialen Gefüges zu zeigen, das durch Fausts leidenschaftlichen und egoistischen Einbruch in ihre Welt mit vernichtet werden wird. Faust ist ja der Freie, absolut Ungebundene, der „Unbehauste“ (3348) – das ist das Moderne an ihm –, während Gretchen einen festen Platz in der sozialen Ordnung einnimmt.

Margarete als Glied des sozialen Gefüges

Während Gretchens Erzählung diese soziale Welt von innen zeigt, erscheint sie in Marthes Worten als eine Umgebung, welche Kontrolle und Anpassungsdruck auf den einzelnen Menschen ausübt:

Soziale Kontrolle

> „. . . man kommt ins Gered’, wie man sich immer stellt“ (3201).

Mit diesem Wechsel der Perspektive wird auf die weitere Entwicklung vorausgedeutet.

Höhepunkt der Szene ist der Gesprächsabschnitt mit der Liebeserklärung (3163–94). Ganz im Sinne ihrer Selbstdarstellung will Margarete deutlich machen, daß sie von sich aus nichts getan habe, was Fausts „Frechheit“ bei ihrer ersten Begegnung (2605 ff.) hätte rechtfertigen können. Aber dieser versteht den in ihren Worten enthaltenen Tadel nicht:

> „. . . ich war recht bös’ auf mich,
> Daß ich auf Euch nicht böser werden konnte“
> (3177/8).

Daß Gretchen sich aber bereits gegen die in ihrer Welt geltenden Normen entschieden hat, zeigt das Blumenspiel, das symbolhaft auf das Ende der Tragödie vorausweist: Es bedeutet unzweideutig den Verlust der Jungfernschaft. Zweitens aber wird dabei die Blume selbst zerstört – wie Margarete selbst, deren Namen die Sternblume trägt (‚Margerite‘). Gretchen gesteht übrigens auf diese Weise als erste

Das Blumenorakel

Vorausdeutung auf das Ende der Tragödie

63

ihre Liebe, während Faust nur ein Echo ihrer Worte gibt: „Er liebt dich!" (3185) Und als sie bei seiner Berührung „Mich überläuft's!" ruft, bricht Faust in die Beteuerung aus, die Mephisto vorausgesagt hat. Er behält auch das letzte Wort in dieser Szene, um das Geschehen mit seinem spöttischen Kommentar zu relativieren und zu desillusionieren: „Das ist der Lauf der Welt."

(16) Ein Gartenhäuschen (3205–3216):

Funktion des Schauplatzes

Das Gartenhäuschen stellt unter den bürgerlichen Verhältnissen des 18. Jahrhunderts die nächstliegende Möglichkeit dar, der Aufsicht der Gesellschaft für eine Weile zu entgehen, ohne das Haus verlassen zu müssen. Hier findet die einzige Szene statt, in der Faust und Gretchen sich unbeschwert wie jugendliche Liebesleute benehmen: Sie neckt ihn, er geht auf das Spiel ein; sie duzen sich bereits; die Küsse, die sie tauschen, scheinen nicht die ersten zu sein. Es ist nicht mehr das Gretchen, das schaudernd weglief, nicht mehr der „in Gedanken" (nach 3194) zögernde Faust. Das ganze dauert nicht länger als zwei Verse (3205/6). Es ist die einzige Liebesszene des ganzen Dramas.

Die einzige Liebesszene

Mephisto stört das Idyll

Mephisto bricht in das Idyll ein und mahnt zum Aufbruch. Die Alternative, daß Faust zur Mutter mitgeht (3208) und um Margaretes Hand bittet, fällt nach allem Vorangegangenen aus. Sie würde aus der tragischen Figur Faust eine komische machen.

Margaretes Schlußmonolog (3211–16) stellt noch einmal den intellektuell überlegenen Mann dem „arm unwissend Kind" gegenüber und endet mit der Frage, was er an ihr finde. Der Leser bzw. Zuschauer kann diese Frage aufgrund der bisherigen Handlung, mit seiner Kenntnis von Fausts Charakter und durch das Wissen um Mephistos Rolle in dem Spiel, bereits beantworten. Gretchen kann es nicht und wird – als Opfer ihrer Liebe und Unwissenheit – ein tragisches Ende nehmen.

Hinweis auf ein tragisches Ende

Vereinigung und Schuldigwerden
der Liebenden

Die zweite Phase der Gretchenhandlung, in der es zur Liebesnacht kommt und sowohl Faust wie Margarete Schuld auf sich laden, beginnt mit zwei Szenen, die gleichzeitig verlaufend zu denken sind und zeigen, wie die beiden Liebenden ihr Erlebnis verarbeiten und wie ihnen die Zukunft erscheint. Während Faust dazu aus der Enge der Stadt in die Natur hinausgegangen ist, bleibt Gretchen in ihrer kleinen Welt.

(17) Wald und Höhle (3217–3373):

Warum findet der Zuschauer Faust hier draußen? Im Gegensatz zu Margarete gibt es in seinem Leben eine Dimension, an der die Geliebte keinen Anteil hat, in die er sie nicht hineinläßt, sein Streben nach Erkenntnis der absoluten Wahrheit. Ihr meint er durch sein Liebeserlebnis nähergekommen zu sein, das ihn in Euphorie versetzt hat. Wir müssen uns Faust in einer Höhle, dem Symbol bergenden Raumes („zur sichern Höhle" 3232), sitzend vorstellen, wo er ein Dankgebet an den Erdgeist richtet, der ihn einst abgewiesen hatte, als Faust ihn durch Magie zwingen wollte (460ff.), der ihm nun aber das Gefühl des Einklangs mit der Natur geschenkt hat:

Fausts Dank an den Erdgeist

> „Gabst mir die herrliche Natur zum Königreich,
> Kraft, sie zu fühlen, zu genießen . . ." (3220/1).

Zur Natur, die er nun zu „genießen" meint, gehören für ihn auch die „geheimen, tiefen Wunder" der eignen Brust (3233) und „der Vorwelt silberne Gestalten" (3238), also Selbsterkenntnis und Geschichte. Vor den zerstörerischen Gewalten der Natur, „wenn der Sturm im Walde braust und knarrt" (3228), fühlt er sich in der Höhle sicher.
Plötzlich jedoch schlägt Fausts Euphorie in Depression um:

> „O daß dem Menschen nichts Vollkommnes wird,
> Empfind' ich nun" (3240).

Widerstreit zwischen Sinnlichkeit und Liebe

Der „Gefährte" Mephisto kommt ihm in den Sinn, der ihm in der Brust „ein wildes Feuer" anfacht „nach jenem schönen Bild" (3247/8), d. h. die Sinnlichkeit anstachelt, welche das Gefühl der Harmonie mit der Natur, das ihm die Liebe eingegeben hatte, zerstört. Er weiß jetzt, daß auch das Liebeserlebnis mit Gretchen, das ihm jenes Harmoniegefühl beschert hat, seine Sehnsucht nicht zu stillen vermag:

> „So tauml' ich von Begierde zu Genuß,
> Und im Genuß verschmacht' ich nach Begierde"
> (3249/50).

Mephisto erscheint

Zwei Phasen von Mephistos Strategie

Den größeren Teil der Szene bildet ein Dialog zwischen Mephisto und Faust. Er ist durch die Abbruchsformel „Genug damit!" (3303) in zwei Teile gegliedert, welche den beiden Phasen der Strategie entsprechen, mit der Mephisto zuerst Fausts „Wonne" der Naturbetrachtung (3241) stören und dann das „wilde Feuer" (3247) schüren will, mit dem es Faust zur Erfüllung seiner Sinnenlust drängt. Zunächst tadelt Mephisto Fausts Ausflug in die Natur als Rückfall in die alte Lebensweise:

> „Dir steckt der Doktor noch im Leib" (3277).

Wie schon früher erinnert er ihn daran, daß er ihm ja das Leben gerettet und ihn vom „Kribskrabs der Imagination ... kuriert" (3269) habe. Dann macht er Fausts Naturbetrachtung als Selbsttäuschung („zu einer Gottheit sich aufschwellen lassen" (3285) und Heuchelei schlecht. Es laufe ja letzten Endes doch immer auf das gleiche hinaus: Er macht die „unanständige Gebärde", die der Hexe gegenüber als „Wappen" gelten sollte (s. o. S. 52). Als Faust mit „Pfui über dich!" reagiert, prangert Mephisto die

Doppelte Moral

doppelte Moral der Menschen an, die darin besteht, daß man über Sexualität nicht reden dürfe, obwohl keiner sie entbehren könne (3295/6). So beweist er einmal mehr, daß er des „Menschen Geist in seinem hohen Streben" nicht erfassen kann (1676), daß ihm nur die Triebsphäre des Menschen zugänglich ist.

Mephisto gibt Bericht von der wartenden Geliebten

Der Bericht, den Mephisto dann von Fausts „Liebchen" (3303) gibt, parodiert im vorhinein die nächste Szene (18), in der Gretchen am Spinnrad sitzt

66

und ihrer Liebessehnsucht Ausdruck gibt. Er will Fausts Begierde anstacheln, die nach Erfüllung drängt.

Mit dem Gegensatz zwischen der Naturbetrachtung im einleitenden Monolog (3217–39), die Fausts höheres Streben versinnbildlicht, und Mephistos Aufforderung zum bedenkenlosen Sinnengenuß, ist genau diejenige Entscheidungssituation aufgebaut, auf deren Hintergrund die folgenden Äußerungen Fausts zu verstehen sind. Er hat Bedenken, Gewissensbisse:

Fausts Entscheidungssituation

> „Fühl' ich nicht immer ihre Not?" (3347).

Er erkennt, daß er, „der Flüchtling ... der Unbehauste ... der Unmensch", der Geliebten eigentlich nur Unglück bringen, ihre „kleine Welt" (3355) zerstören kann. Doch er zieht keinerlei sittliche Konsequenzen aus dieser Erkenntnis. Vielmehr redet er sich ein, daß alles Weitere mit der Notwendigkeit eines Naturereignisses kommen müsse. Es findet kein Akt des Willens statt. Er wird durch eine Art von Schicksalsglauben ersetzt (3363ff.). Faust nimmt bewußt in Kauf, daß Gretchen zugrunde geht, ein „Opfer" wird (3361), wenn er nicht darauf verzichtet, bei ihr Erfüllung seiner Begierde zu suchen. Mephistos Schlußwort zeigt, daß er nicht verstehen kann, was sich da in Fausts Innerem abspielt. Ihm, der nur immer eine Seite der menschlichen Dinge erfassen kann, kommt Fausts Rede wie eine Äußerung sinnlicher Leidenschaft vor:

Gretchen wird geopfert

Mephistos Unverständnis für Fausts Konflikt

> „Wie's wieder siedet, wieder glüht!" (3366).

Was ihm jedoch daran unverständlich erscheint, faßt er in die paradoxe Formel, ein „Teufel, der verzweifelt", sei das ‚Abgeschmackteste' auf der Welt, d. h. etwas völlig Unpassendes.

(18) Gretchens Stube (3374–3413):
Die Szene gehört als Ergänzung zur vorigen, weil sie Gretchens Zustand während Fausts Aufenthalt in der Natur und damit die ernsthafte Grundlage von Mephistos spöttischem Bericht vorführt. Im Kontrast zu Fausts Möglichkeit, in der Natur Ruhe und Abstand vom eignen Erleben zu finden, er-

Margaretes Beschränkung und Stärke	scheint Margarete „umfangen in der kleinen Welt" – wie Faust es 3355 ausdrückt – und allein erfüllt von ihrem Gefühl für Faust. In ihren „kindlich dumpfen Sinnen" (3352) hat sie keine Freiheit zur Verwandlung. Dies ist ihre Beschränkung und zugleich ihre Stärke: sie ist *ganz*, was sie ist und fühlt.
Gretchens Selbstgespräche 2678, 2753, 2783	Wie ihre früheren Selbstgespräche ist auch dieses von einer Tätigkeit begleitet, diesmal von einer ganz mechanischen, bei der die Gedanken freien Lauf haben und sich abgewandelt wiederholen, wie es der Bewegung des Spinnrades entspricht. Eine wiederkehrende Strophe („Meine Ruh' ist hin...") leitet die drei Teile des Liedes ein: Die zweite und dritte Strophe sagen, daß es keine Freude für sie gibt, wenn der Geliebte nicht bei ihr ist. In der fünften
Sehnsucht nach Vereinigung mit dem Geliebten	bis siebenten Strophe ruft sich Gretchen das Bild des Geliebten vor die Seele. Schließlich spricht sie in der neunten und zehnten Strophe ihre Sehnsucht nach Vereinigung mit dem Geliebten aus. Das „arm unwissend Kind" (3215) ist zur reifen Frau geworden.

(19) Marthens Garten (3414–3543):

Mit dieser Szene beginnt die fallende Handlung. Sie muß in die Katastrophe führen, weil die von den beiden Liebenden ersehnte Vereinigung nicht geschehen kann, ohne daß beide Schuld auf sich laden. Während Gretchen diese Schuld mit ihrem Leben büßen wird, weicht Faust ihren Folgen aus. Die vier

Gliederung der Szene	Abschnitte, in die sich die Szene gliedern läßt, zeigen die unterschiedlichen Perspektiven, unter denen das Geschehen dargestellt wird:
Religionsgespräch	– Das einleitende Religionsgespräch (3414–68) macht nicht nur deutlich, daß die beiden Liebenden von der Konfession her nicht zueinanderpassen, sondern veranschaulicht auch den charakterlichen Unterschied zwischen ihnen.
Ablehnung Mephistos durch Margarete	– Der folgende Dialog über Margaretes „Antipathie" gegen Mephisto (3469–3501) macht klar, wer die eigentlichen Gegenspieler in diesem Menschheitsdrama um Faust sind.
	– Im dritten Abschnitt (3502–20) erfolgt die Exposition der nächsten Handlungsphase, nämlich die Verabredung für den nächtlichen Besuch

des Liebhabers, der durch Verabreichung eines Schlafmittels an Gretchens Mutter ermöglicht werden soll.

- Schließlich werden in einem Dialog Faust–Mephisto (3521–43) sowohl das Religionsgespräch wie die bevorstehende Liebesnacht von Mephisto in seinem (nihilistischen) Sinne kommentiert.

Der erste Teil beginnt mit der ‚Gretchen-Frage‘: „Wie hast du's mit der Religion?" Faust antwortet ausweichend mit zwei Klischees, mit der Versicherung, für seine Angehörigen – er hat aber keine! – einstehen zu wollen, und dem Toleranzprinzip:

> „Will niemand sein Gefühl und seine Kirche rauben" (3420).

Seine Einstellung ist ausgesprochen modern: Man hat keine Religion, achtet aber die der anderen. Außerdem hält man sie für eine Sache des Gefühls. Margarete genügt das jedoch nicht; für sie gehört zur Religion das „Glauben" und der Empfang der „heil'gen Sakramente". Daher formuliert sie ihre Frage noch einmal: „Glaubst du an Gott?" (3426). Wieder versucht Faust auszuweichen, indem er die Frage als problematisch bezeichnet: „Wer darf sagen: Ich glaub' an Gott?" Aber Margarete gibt sich nicht zufrieden und formuliert ihre Frage ein drittes Mal: „So glaubst du nicht?" Damit scheint sie den entscheidenden Punkt getroffen zu haben, denn Faust reagiert mit einer ganzen Litanei von (rhetorischen) Gegenfragen, in denen die alte theologische Diskussion über ‚die Namen Gottes‘ aufgenommen wird. Doch im Unterschied zu jener Diskussion verflüchtigt sich bei Faust der Gottesgedanke immer mehr zu einem unbestimmten „Gefühl", in das auch das Liebesverhältnis zu Gretchen gleichsam als ‚Gottesbeweis‘ einbezogen wird (3446 ff.). Wie soll diese aber die Rede des Geliebten verstehen? Sie kann nur verwirrt sein, daß dieser auf ihre klare Frage mit einer Art von lyrischem Gedicht antwortet, in dem alles, du und ich, Himmel und Erde, Herz und Gefühl, Glück und Liebe, ‚Gott‘ heißen kann und alles in einem Gefühlsnebel untergeht. Diese Verwirrung vollendet Faust dadurch, daß er auf Gretchens Hinweis, so ungefähr sage das der Pfar-

Vorbereitung der Liebesnacht

Mephistos Kommentar

Die ‚Gretchen-Frage‘

Ausweichende Antwort Fausts

Gretchens Vorstellung von Religion

Fausts Gefühlsreligion

69

rer auch, erwidert, daß in dieser Frage „jedes in seiner Sprache" rede (3464), d. h. Worte hier nichts zählen. Darauf schließt Margarete die Erörterung dieses Themas mit der lapidaren Feststellung ab: „Du hast kein Christentum" (3468). Mehr hatte sie nicht wissen wollen. In seinem geistigen Hochmut geht Faust mit der Geliebten ähnlich überheblich um wie früher mit seinem Famulus Wagner, vermag aber hierdurch nicht ihre religiöse Sicherheit zu erschüttern.

Faust als Mann der großen Worte

Als Margarete nun folgerichtig zum Thema ,Mephisto' übergeht, wird der wortgewaltige Faust auffallend schweigsam. Sie hält Mephisto für einen Menschen (3071, 75, 80), spürt aber, welche Gefahr von ihm ausgeht, erkennt den Feind der Liebe in ihm:

Mephisto, der Feind der Liebe

> „Man sieht, daß er an nichts keinen Anteil nimmt" (3488).

In seiner Gegenwart hat sie sogar das Gefühl, Faust nicht mehr zu lieben (3497). Daher möchte sie, daß es ihm mit Mephisto so gehe wie ihr, d. h. daß er ihre „Antipathie" gegen ihn teile. Fausts Wortkargheit bei diesem Thema hat ihren Grund darin, daß er befürchten muß, Gretchen könnte hinter sein Geheimnis kommen und sich von ihm abwenden. Im Gegensatz zu Faust zieht also Margarete einen klaren Trennungsstrich, ist daher auch nicht durch Mephisto gefährdet. Ihre bedenkenlose Liebe und Hingabe wird sie zwar zum Unrechttun verleiten. Doch hat Mephisto keine Macht über sie, da sie nicht gespalten ist wie Faust. Die Einheitlichkeit ihres Wesens, die sie zur vorbehaltlosen Liebe fähig macht, bewahrt sie davor, mit dem Bösen zu paktieren.

Margarete ist Mephistos Gegenspielerin

Mephisto hat keine Macht über sie

Als Margarete sich verabschieden will, geht Faust direkt auf sein Ziel los, umschreibt es aber – ganz im Sinne von Mephistos Vorhaltungen, die bürgerliche Anständigkeit betreffend – mit den Worten: „ein Stündchen ruhig dir am Busen hängen" (3503). Gretchen, die alles für den Geliebten tun will, nimmt das Fläschchen mit dem Schlafmittel in Empfang, das er also vorsorglich schon mitgebracht hatte. Damit ist alles für die liebende Vereinigung vorbereitet.

Verabredung der Liebesnacht

Im vierten Abschnitt der Szene wird alles in Mephistos Perspektive gerückt, womit die Fronten noch einmal deutlich werden: Für ihn ist die ‚Gretchen-Frage' nicht durch das Bedürfnis motiviert, mit dem Geliebten in den wichtigsten Dingen einig zu sein, sondern durch den Willen, das Heft in der Hand zu behalten:

Mephistos Perspektive

> „Sie denken: duckt er da, folgt er uns eben auch"
> (3527).

Dann gibt er mit spöttischen Worten zu, daß Margarete ihn richtig eingeschätzt habe (3537–41), und schließt mit einer Anspielung auf die bevorstehende Liebesnacht, die er ganz in seinem Sinne deutet:

> „Hab' ich doch meine Freude dran!" (3543)

Für das, was an der Vereinigung von Faust und Gretchen Liebe ist, hat Mephisto kein Verständnis.

(20) Am Brunnen (3544–3586):
Es ist die erste derjenigen Szenen, die das leidende Gretchen zeigen. Die Zwänge werden deutlich, unter denen sie steht und die ihre Handlungs- und Entscheidungsfreiheit einschränken. Es sind die Zwänge, die durch die geltende Moral und die Kirche ausgeübt werden, in denen sie doch so fraglos zu Hause gewesen ist.

Das leidende Gretchen

Die Szene hat zwei Teile, den Dialog zwischen Lieschen und Gretchen über Bärbelchens Schicksal (3544–76) und Margaretes anschließenden Monolog (3577–86), in dem ihr das eigene Schicksal erst so recht bewußt wird.

Gliederung der Szene

Der Brunnen ist der Treffpunkt der Mädchen und Frauen, an dem die lokalen Nachrichten ausgetauscht werden. Lieschen möchte gern eine Neuigkeit loswerden und ist froh, daß Gretchen noch nicht Bescheid weiß: Bärbelchen hat ein uneheliches Kind bekommen (3549). Lieschens Erzählung verrät, daß sie mit einer Mischung aus Neid und Genugtuung auf das Geschick der Freundin blickt. Was sie an Bärbelchens Liebesgeschichte tadelt, „das Vornehmtun", das „überall die Erste sein", die „Geschenke", das „Geschleck", das hätte sie sicher ebenfalls alles gern gehabt. Aber sie wurde ja zu

Eine uneheliche Mutter

Neid und Genugtuung

71

Hause kurz gehalten, mußte arbeiten, durfte nicht hinaus. So ist sie nun schadenfroh darüber, daß Bärbelchen die Folgen tragen, die Kirchenbuße auf sich nehmen muß, daß ihr Liebhaber sie sitzen gelassen hat, und tröstet sich im Falle, daß er sie doch heiratet, mit dem Gedanken an den Brauch, der für die Hochzeit unehelicher Mütter vorgesehen ist.

So gibt diese Klatschszene ein deutliches Bild von jener trostlosen Mischung von heuchlerischer Bürgermoral, kirchlicher Praxis, die eine öffentliche Demütigung der ledigen Mutter verlangte, und kleinlicher Aufpasserei auf den Mitmenschen, die jetzt auf Margarete wartet.

Gretchens neue Situation in der Gesellschaft

Für sie hat sich ihre Situation in der Gesellschaft völlig geändert: Bisher konnte sie sich an solchen Schmähungen beteiligen, nun muß sie sich mit der Geschmähten identifizieren. Sie ist nun zur Schicksalsgenossin geworden. Jenes Gesetz der sozialen Kontrolle und Ächtung, das sie bisher unreflektiert zu exekutieren half, hat sie nun zum Opfer ausgewählt:

> „Und bin nun selbst der Sünde bloß!" (3584).

Liebe und Schuld

Dabei hat sie nur ihre Liebe in diese Situation gebracht. Das kann sie nicht verstehen:

> „Doch – alles, was mich dazu trieb,
> Gott! war so gut! ach war so lieb!"

(21) Zwinger (3587–3619):

‚Zwinger' hieß der Raum zwischen den Häusern am Rande der Stadt und der Mauer. Hier ist eine Nische mit einem Andachtsbild zu denken, das Maria als die „schmerzensreiche Mutter" darstellt. Da Gretchen – wie die vorige Szene gezeigt hat – von ihren Mitmenschen keine Hilfe zu erwarten hat, wendet sie sich im Gebet an die Gottesmutter. Die Gliederung ist die bei Gebeten übliche:
– Anrede und allgemeine Bitte (3587–89),
– Betrachtung der Schmerzen Mariens (3590–95),
– Schilderung der eigenen Not (3596–3615) und
– Bitte um Rettung „von Schmach und Tod" (3616–19).

Warum bleibt Gretchen in ihrer Not allein?

Warum wendet sich Margarete in ihrer Not nicht an den Geliebten, den Vater ihres Kindes? Es wäre ein naheliegender Gedanke, sich an Faust zu wenden und von ihm zu erwarten, daß er sie irgendwie vor der gesellschaftlichen Diskriminierung bewahre. Sie tut es nicht, weil sie trotz ihrer verzweifelten Lage nichts von dem Geliebten verlangen will, wovon ihr Gefühl ihr sagt, es würde seinen Vorstellungen nicht entsprechen, würde ihn unter Zwang setzen. Das ist eine heroische Haltung, zu der sie ihre Bildung und Erziehung nicht befähigt, sondern die aus der Unbedingtheit ihres Gefühls erwächst, die sie zwar auf dieser Erde in den Untergang treibt, „drüben" aber Rettung bedeutet. Sie leistet damit ein stellvertretendes Leiden aus Liebe zu einem Menschen, der sie vielleicht nur ‚vom Herrn' her gesehen wirklich verdient. So kann sie am Ende des zweiten Teils der Tragödie zur Ursache der Rettung von „Faustens Unsterblichem" werden. Ihre Worte dort weisen auf dieses Gebet zurück:

Verbindung mit dem Schluß des Faust-Dramas

> „Neige, neige,
> Du Ohnegleiche,
> Du Strahlenreiche,
> Dein Antlitz gnädig meinem Glück!" (12069 ff.).

(22) Nacht. Straße vor Gretchens Tür (3620–3775): Die seit Beginn der Gretchenhandlung (2605) andauernde Folge von Dialogen und Monologen wird nun durch eine Szene von großer inhaltlicher und formaler Vielfalt unterbrochen. Sie bringt eine wachsende Zahl von Personen auf die Bühne und läuft nach Art einer Oper in einzelnen ‚Nummern' ab. Margaretes Liebe erscheint noch einmal in unterschiedlicher Beleuchtung, ehe sie ihren Weg in Kerker und Tod antritt. Eine neue Figur, der Soldat Valentin, Gretchens Bruder, eröffnet die Szene und beschließt sie sterbend mit seinen letzten Worten.

Eine Szene großer Vielfalt

Eine neue Figur

Die Szene hat folgende ‚Nummern':
1. Monolog Valentins: Enttäuschung über die Schwester (3620–49),
2. Dialog Faust–Mephisto: Auf dem Weg zu Gretchen (3650–77),
3. Mephistos „moralisch Lied" (3678–97),
4. Kampfszene: Valentin verwundet; Faust und Mephisto fliehen (3698–3715) und
5. Volksauflauf, Valentins Verfluchungsarie und Tod (3716–75).

Gliederung der Szene

**Faust läßt
Gretchen allein**

Valentins Auftritt

*Gretchens
Schuld*

**Auftritt Fausts
und Mephistos**

**Faust in dunkler
Stimmung**

**Valentins Duell
mit Faust und
Mephisto**

Durch die Szene wird Fausts Entfernung aus der
Stadt motiviert und Gretchens Verzweiflungstat,
der Kindsmord, verständlich gemacht.
Valentin gibt in seinem Monolog das Zeugnis einer
primitiven Mentalität. Er ist ein Angeber, preist
aber mangels eigener Qualitäten die Vorzüge seiner
jungfräulichen Schwester, um Geltung bei seinen
Kameraden zu gewinnen. Nun ist er verzweifelt, daß
diese Möglichkeit für ihn weggefallen ist. Das
persönliche Schicksal Margaretes interessiert ihn
nicht. Er will sein verlorenes Ansehen dadurch
wiedergewinnen, daß er den Verführer seiner
Schwester umbringt („Soll nicht lebendig von der
Stelle!").
Im Dialog zwischen Faust und Mephisto wird der
Abstand, der den „Geist, der stets verneint" (1338)
vom liebenden und leidenden Menschen trennt, betont. Ein von dunkler Stimmung erfüllter Faust
begibt sich hier zu Margarete. Sein Lebensgefühl ist
auf einem Tiefpunkt angelangt: „Finsternis drängt
ringsum bei! So sieht's in meinem Busen nächtig"
(3653/4). In Mephisto erzeugt die Finsternis eine
ganz andere Stimmung. Ihm „spukt ... schon durch
alle Glieder die herrliche Walpurgisnacht" (3660/1).
Ungerührt spricht er, als Faust wieder nach einem
Geschenk fragt, von „Perlenschnüren" (3673), obwohl er doch wissen müßte, daß Perlen Tränen bedeuten und sich Liebende deshalb keine schenken.
Mit dem Hinweis, daß Faust lernen müsse, „umsonst
... zu genießen", kündigt er den Vortrag eines Lie-
des an, „um sie gewisser zu betören". Doch ist die
Kanzone, die Ophelias Lied zum St. Valentins-Tag
in Shakespeares ‚Hamlet' nachgebildet ist:

> „Sie sprach: Eh' Ihr gescherzt mit mir, gelobt Ihr
> mich zu frein" Hamlet, IV, 5.

der blanke Hohn auf Gretchens Schicksal. Denn die
Möglichkeit, vor der Liebesnacht Hochzeit zu halten,
gibt es für sie nicht mehr.
Valentin tritt nun hervor, ruft „Zum Teufel!", ohne
zu ahnen, daß er mit ihm bereits zu tun hat, und
kämpft gegen den Liebhaber seiner Schwester, bis
dieser ihm, von Mephisto geführt, den Todesstoß versetzt. Doch nun müssen die beiden verschwinden,

weil Mephisto nicht Herr über den „Blutbann"
(3715) ist.

Sogleich füllt sich die Straße mit Volk, darunter
auch Marthe und Gretchen. In seiner großen Ster-
bearie nennt Valentin nun seine Schwester vor aller
Ohren eine „Hur'" (3730) und behauptet, sie werde
es bald mit allen treiben. Seine Worte „Ich sag' dir's
im Vertrauen nur" sind reiner Hohn, denn es können
alle hören. Valentin hat absichtlich solange mit seiner Anklage gewartet (3725). Mit einer Wonne, die
Lieschens Genugtuung (3551) noch übertrifft, malt
Valentin der Schwester aus, was ihr an öffentlicher
Ächtung und Kirchenbuße bevorsteht. Die einzige
Person, die christlich empfindet und Valentins Verhalten als gekränkte Eitelkeit richtig einschätzt, ist
ausgerechnet Marthe. Sie rät zur einzigen Sache,
die jetzt noch not tut: „Befehlt Eure Seele Gott zu
Gnaden!" (3764) Doch Valentin befolgt den Rat
nicht. Er gibt vielmehr ein abschreckendes Beispiel
von Selbstgerechtigkeit und mißverstandenem
Christentum, indem er meint, durch Rache an der
Kupplerin seiner „Sünden Vergebung reiche Maß zu
finden" (3768/9). Er gibt Gretchen die Schuld an
seinem Tod und stirbt in dem Bewußtsein, gerade-
wegs vor Gott zu gelangen, d. h. seine Gnade nicht
nötig zu haben.

**Valentin verflucht
seine Schwester**

**Marthe rät ihm, um
Gottes Gnade zu
beten**

**Gegenbeispiel
christlicher
Haltung**

(23) Dom (3776–3834):

Gretchen wohnt einem Seelenamt bei. Die Mitleid-
losigkeit ihrer christlichen Umgebung, die sie in der
letzten Szene zu spüren bekam, und ihre eigene Verzweiflung haben sich in einem ‚Bösen Geist' verkörpert. Er erinnert sie an die kindliche „Unschuld",
mit der sie früher in die Kirche gekommen sei, und
stellt ihr die „Missetat" entgegen, die nun auf ihr
laste, den von ihr verschuldeten Tod der Mutter, das
Blut des Bruders auf ihrer Schwelle, das neue Leben, das sich schon unter ihrem Herzen rege. Diese
„Gedanken" haben zur Folge, daß sie von der Toten-
sequenz des Thomas von Celano nur die bedrücken-
den, nicht aber die hoffnungsvollen Strophen ver-
nimmt. Nach dem Eingangssatz: „Jener Tag des
Zornes wird die Welt in Asche legen" verdolmetscht
ihr der ‚Böse Geist' die weiteren Strophen, wobei er

**Bedeutung des
‚Bösen Geistes'**

Bilder vom Jüngsten Gericht

die Schreckensbilder hervorhebt (3800–7), so daß Gretchen in Atemnot gerät. Dann hört man die 6. Strophe:

„Wenn der Richter dann Platz nimmt,
wird alles Verborgene offenbar,
nichts wird ohne Strafe bleiben" (3813–15).

Gretchen fühlt sich beengt

Gretchen fühlt sich beengt, während der ‚Böse Geist' das Bild vom Jüngsten Gericht ausmalt. Inzwischen ist der Chor bei der 7. Strophe:

„Was werde ich Armer dann sagen,
welchen Anwalt mir nehmen,
wo doch nicht einmal ein Gerechter ohne Sorge sein kann" (3825–27)?

Wieder verstärkt der ‚Böse Geist' durch seine Interpretation die Trostlosigkeit, die Gretchen empfindet. Bevor sie auch diejenigen Strophen der Sequenz hört, in denen dem Sünder aufgrund des Kreuzestodes Jesu Christi Gottes Erbarmen in Aussicht gestellt wird, fällt Gretchen in Ohnmacht.

Die Hoffnung des Evangeliums verdeckt

In dem Erlebnis der Einengung und Atemnot und den Worten des ‚Bösen Geistes' spiegelt sich die irdische Verdammung des Sünders durch die christliche Gesellschaft, welche den Blick auf die erlösende und befreiende Kraft des Evangeliums verstellt, d. h. sich als unchristlich erweist.

Die Katastrophe: Fausts Verrat und Gretchens Tod

(24) Walpurgisnacht (3835–4222):

Wie Gretchen in Mephisto den Feind ihrer Liebe zu Faust erkannt (3497) und diesen gebeten hatte, des-

Gretchen und Mephisto als Gegenspieler

sen Gesellschaft aufzugeben, so weiß umgekehrt auch Mephisto, daß Gretchen sein Gegenspieler ist und Faust von der „Straße" (314), die er ihn führen will, abbringen kann. Deshalb zieht er ihn aus dem Lebenskreis der Geliebten (3712) und bringt ihn in

Mephistos Gegenwelt

seine Welt, die Gegenwelt der Finsternis, Verkehrtheit, Triebhaftigkeit und Nichtigkeit, die durch das Hexentreiben der Walpurgisnacht symbolisiert wird.

Es ist eine Nachtszene, in der – vom halbdunklen Mond (3851) bis zu den sprühenden Funken (3903) – nur spärliches Licht leuchtet; es ist eine Wandelszene, in der Faust und Mephisto durch eine Berglandschaft streifen und ständig ihren Ort wechseln; es ist vor allem eine traum- und zauberhafte Szene, von der man nicht weiß, ob in ihr eine Realität vorgestellt oder nur Fausts Seelenzustand gespiegelt werden soll. Diese Frage hatte sich Faust selbst bei seiner ersten Begegnung mit Mephisto gestellt, ob ihm „ein Traum den Teufel vorgelogen" habe (1528).

Reich der Finsternis

Traum und Realität?

In der Gliederung der Szene lassen sich vier Abschnitte erkennen, die nach dem Prinzip der Steigerung angeordnet sind:

Gliederung der Szene

Walpurgisnacht = Nacht zum 1. Mai

– Faust und Mephisto wandern mit Hilfe der Irrlichter durch die Finsternis (3835–3911);
– Faust und Mephisto erleben den Sturm, den das wilde Heer der Hexen hervorruft (3912–4015);
– Mephisto zeigt Faust die Banalität des Bösen und fühlt „zum jüngsten Tag ... das Volk gereift" (4092) (4016–4117) und
– Tanz mit den Hexen, Auftritt des Aufklärers und Fausts Gretchenvision (4118–4209).

Die restlichen Verse 4210–4222 dienen der Überleitung zum Intermezzo des ‚Walpurgisnachtstraums'.

Überleitung zum Intermezzo

Daß wir uns in einer ‚verkehrten Welt' befinden, zeigt sich schon zu Anfang darin, daß Faust sich am Frühling erfreut, Mephisto aber „winterlich" zumute ist (3849), jener zu Fuß wandern möchte, dieser sich jedoch „Besenstiel" und „Bock" als Fortbewegungsmittel wünscht (3835). Um die Finsternis zu erleuchten, wird ein „Irrlicht" engagiert (3855), das nun auch noch gegen seine Natur (3862) geradeaus gehen soll (3864). Mephisto spielt mit seiner Bemerkung, daß die Irrlichter mit ihrem „zickzack" die Menschen nachahmen, auf die Worte des Herrn im Prolog an: „Es irrt der Mensch, solang, er strebt" (317). In dieser Anspielung liegt der Hinweis, daß diese Gegenwelt in ihrer Spannung zu dem verstanden werden soll, was „der Herr" mit dem Menschen vorhat. Weil die Irrlichter den Weg weisen, wird die Wanderung – wie der Wechselgesang zeigt – seltsam:

Anspielung auf das irrende Streben des Menschen

Wanderung unter Führung der Irrlichter

Die Wanderer wissen nicht, ob sie stehen oder gehen (3906); alles scheint sich zu drehen; die Natur schneidet Fratzen. Aber in den Versen 3883–88 scheint sich Fausts Sehnsucht nach Gretchen zu Wort zu melden.

Auf dem weiteren Weg durch die Berglandschaft leuchten Goldadern im Berg auf, für Faust ein erhebendes Naturbild, für Mephisto Zeichen des „Herrn Mammon" (3933), des Geldes, das Reichtum und Macht bringt. Als ein Sturm in den Wald einbricht, hat Mephisto seine Freude an den Zerstörungen, die er anrichtet. Er hat seine Ursache in der Wildheit der Hexen, die zum Brocken ziehen, wo „Herr Urian", d. h. der Satan, Mephistos ‚Chef', thront – das Gegenbild zum „Herrn" des Prologs, dem die Teufelszunft als „Gesinde" (274) dient. Die Äußerungen der Hexen verraten Schamlosigkeit und Obszönität. Sie verkünden – im Gegensatz zur Rede von der „engen Gnadenpforte" 52; 716; 1991 –, daß der Weg breit sei, der zum Satan führt (3974), und daß „ewig ein verlorner Mann" sei, wer sich nicht mit Hilfe von „Besen", „Stock", „Gabel" oder „Bock" zum Gipfel „heben" könne (4000–03), auf dem „Herr Urian" sitzt. Hiermit ist die christliche Lehre in ihr Gegenteil verkehrt. Faust und Mephisto haben Mühe, dem Hexentrubel zu entkommen (4016 ff.). Im Gegensatz zu Mephisto aber wähnt sich Faust noch nicht am Ziel. Er möchte hinauf zum Brocken, um hinter das Geheimnis des Teufels zu kommen:

> „Dort strömt die Menge zu dem Bösen;
> Da muß sich manches Rätsel lösen" (4039/40).

Doch genau das will Mephisto verhindern; deshalb hält er ihn auf halbem Wege dort fest, wo man in Grüppchen am Feuer sitzt und:

> „Man tanzt, man schwatzt, man kocht, man trinkt, man liebt" (4058).

Er verspricht Faust auch eine neue Verbindung (4054), um ihn ganz von Margarete wegzuziehen. Und er meint, Faust unter dem Motto zum Lebensgenuß bringen zu können:

> „Die Müh' ist klein, der Spaß ist groß" (4049).

„Das Tor ist weit, das ins Verderben führt, und der Weg dahin ist breit"
Mt 7, 13

Faust möchte das Geheimnis des Bösen lüften

Walpurgisnachtstreiben

Kostenloser Genuß

Auch hierin ist die ‚Walpurgisnacht' eine Gegenwelt: Während Liebesbeziehungen im Menschenleben in fremdes Leben eingreifen, Spuren hinterlassen, Folgen haben kann, kann man in Mephistos Reich ‚zugreifen', ‚naschen', ‚sich ergötzen' (1760 ff.), ohne irgendwelche Konsequenzen
fürchten zu müssen. Aber wo alles erlaubt ist,
hat im Grunde nichts mehr einen Wert. Dieses   **Banalität des Bösen**
Banale und Wertlose des triebhaften Verhaltens,
bei dessen Erfüllung sich der Mensch allerdings
grenzenlose Genüsse zu versprechen pflegt, wird
hier veranschaulicht. Die Szene zeigt, daß buch-   **Es steckt ‚Nichts'**
stäblich ‚Nichts' dahintersteckt. Und eben dies   **dahinter**
soll Faust nach Mephistos Absicht nicht herausfinden.

Bei einem Blick auf die Geschichte wird dieser Ein-   **Blick in die**
druck bestätigt: Vier Vertreter des ‚Ancien régime',   **Geschichte**
ein General, der sich vom revolutionierenden Volk
verraten fühlt, ein Minister, der „die rechte, goldne
Zeit" betrauert (4083), ein Höfling, dem nun der
Lohn für seine Schurkereien entgeht, sowie ein
mäßiger Schriftsteller, der sich plötzlich der Kritik
ausgesetzt sieht, sind die Beispiele für Mephistos
These, daß die Menschen „zum jüngsten Tag" reif
seien, die Welt „auf der Neige" stehe (4092). Eine
Trödelhexe macht sozusagen einen ‚Ausverkauf der
Geschichte', indem sie Dolche, von denen Blut ge-
flossen, Kelche, aus denen Gift getrunken, Schwer-
ter, die dem Meuchelmord gedient, oder Schmuck,
mit denen Weiber verführt wurden, anbietet. Mit
dem Rat, sich „auf Neuigkeiten" zu verlegen, leitet
Mephisto zum nächsten Abschnitt über. Da erscheint Lilith, die Urverführerin (in der jüdischen
Sage Adams erstes Weib). Faust tanzt mit einer   **Hexentanz**
jungen, Mephisto mit einer alten Hexe, d. h. die
Konstellation der Paare aus der Szene (15) wiederholt sich. Die beiden Welten, die Faust und Mephisto
verkörpern, werden kontrastiert: Während der elegante Wortwechsel Fausts mit der „Schönen" in der
erotischen Metapher ein Bild der heilen Natur enthält (4128–29), geben die unflätigen Verse des anderen Paares den Eindruck zerstörter Natur (4136–
43). Auch singt Faust von einem „schönen", Mephisto aber von einem „wüsten Traum".

Die Lücken in den Versen sind folgendermaßen zu füllen:
„Der hatt' ein ungeheures Loch, so groß es war ..." –
„Halt' er einen rechten Pfropf bereit, wenn er das große
Loch nicht scheut."

Auf der Höhe des sexuellen Genusses weht Faust die
von ihm verachtete (1851) Vernunft in Gestalt des
‚Proktophantasmisten‘, d. h. „Arschgespenstlers",
an. Es gibt eine komische Einlage, in der die Frage
nach der Realität des Bösen aus der ‚Hexenküche‘
(2507) wiederaufgenommen wird.

Es handelt sich um den aufklärerischen Schriftsteller
Friedrich Nicolai (1733–1811), der – obwohl er alle über-
natürlichen Erscheinungen leugnete – das Mißgeschick
hatte, von quälenden Phantasien heimgesucht zu werden.
Er führte sie auf starken Blutandrang im Kopf zurück und
bekämpfte diesen durch das Ansetzen von Blutegeln am
Gesäß. Daher erklärt sich der griechische Spitzname.
Auch durch einen Bericht über einen Spuk im Schloß Tegel
(4161) hatte er sich lächerlich gemacht.

Gibt es Teufel und Hexen wirklich?

Der Aufklärungsautor sieht nun – wie der Zuschauer – die Teufel und Hexen auf der Bühne her-
umspringen und erklärt getreu seiner Regel, daß
nicht sein kann, was nicht sein darf (4151/2):

> „Verschwindet doch! Wir haben ja aufgeklärt!"
> (4159)

Aber er fühlt sich durch das, was er sieht, doch verunsichert und verspricht, dagegen vorzugehen; d. h.
er erkennt den fiktiven Figuren auf der Bühne doch
eine gewisse Realität zu.

Fausts Ernüchterung

Die Ernüchterung, die Faust durch das Dazwischen-
treten des ‚Proktophantasmisten‘ erfahren hat,
bringt ihn in Distanz zum Hexentreiben. Er sieht
„aus dem Munde" der ‚Schönen‘ „ein rotes Mäus-
chen" springen (4179). Gleichzeitig hat er die Vision
von einem ‚blassen, schönen‘ Mädchen, deren Einzelheiten – die er genau beschreibt – er sich nicht

Gretchenvision

erklären kann. Er meint, „daß sie dem guten Gretchen gleicht" (4188). Der Zuschauer aber weiß sehr
wohl, daß das „rote Schnürchen", das so „sonder-
bar" ihren „schönen Hals" ziert, „nicht breiter als

Vorausdeutung auf das Ende

ein Messerrücken" (4205), auf Gretchens Hinrichtung vorausdeuten soll.

Mephisto schleppt Faust, um ihn abzulenken, nun ins Theater, das – weil es hier nur Nonsens geben darf – als durch und durch „dilettantisch" angekündigt wird, von einem ‚dienstbaren Geist' (Servibilis), der auch nur „dilettiert".

Besuch des Dilettantentheaters

(25) Walpurgisnachtstraum (4223–4398):
Während die beiden Wanderer sich bisher von Ort zu Ort fortbewegten, nehmen sie nun als Theaterzuschauer einen festen Platz ein. Vor ihren Augen läuft ein höfischer Maskenzug ab, den die Festgäste zur goldenen Hochzeit des elfischen Königspaares aufführen. Der Theatermeister weist auf die Harzlandschaft als Kulisse, der Herold in holpriger Sprache und Metrik auf den Inhalt des ‚Stücks'. Die spielerische Verschachtelung im Aufbau des ‚Faust' erreicht hier ihren Höhepunkt:

Ein Maskenzug zu Ehren des Elfenpaares

Theater: Reales Publikum einer ‚Faust'-Aufführung:

‚Vorspiel auf dem Theater': Fiktives Publikum wartet auf das vom Dichter noch zu schreibende Stück:

‚Prolog im Himmel': Der Herr und die Engel schauen zu, ob es Mephisto gelingt, Faust seine Straße zu führen:

‚Walpurgisnacht': Faust und Mephisto werden innerhalb der Dramenhandlung zu Zuschauern eines Dilettantenstücks:

‚Intermezzo': Oberon und Titania schauen einem Maskenzug ihrer Festgäste zu:

Die Festgäste führen vor dem Jubelpaar einen Maskenzug auf.

Die 44 vierzeiligen Strophen sind den unterschiedlichsten Gegenständen gewidmet. Der Eindruck von einem „„Ragout", wie es der Direktor dem Theaterdichter empfohlen hatte (100), ist beabsichtigt und wird in einigen Strophen auch thematisiert. Im einzelnen handelt es sich um folgendes:

1. Erste und zweite Strophe (4223–30): Ankündigung des Spiels
2. Dritte bis siebte Strophe (4231–50): Oberon lädt zum Fest; Puck, sein Begleiter, kündigt Gäste an; Ariel, der Luftgeist, sorgt für Musik; Oberon und Titania zeigen sich als vorbildliches Ehepaar (Anspielung auf Faust und Gretchen): „Wenn sich zweie lieben sollen, braucht man sie nur zu scheiden".
3. Achte bis elfte Strophe (4251–66): Der Dilettantismus des Ganzen wird illustriert; die Einzelheiten passen nicht zueinander.
4. Zwölfte bis achtzehnte Strophe (4267–94): Das Thema der Darstellung des Nackten in der klassischen Kunst wird abgehandelt. Während sie von der Orthodoxie abgelehnt wird, will sie der nordische Künstler studieren. Der akademische Maler findet sie anstößig. Die prüde Matrone schimpft auf die schamlose junge Hexe, bei deren Anblick die Musiker aus dem Takt kommen.
5. Neunzehnte bis vierundzwanzigste Strophe (4295–4318): In satirischen Anspielungen auf Schriftsteller der Zeit wird deren Unentschiedenheit kritisiert und der literarische Betrieb angeprangert, in dem ein Mann darüber entscheidet, wer auf den „deutschen Parnaß" gelangen, d. h. als bedeutender Dichter gelten darf.
Xenien: Satirische Epigramme von Schiller und Goethe, erschienen 1797.
August von Hennings (1746–1826) war Herausgeber der Zeitschrift ‚Der Musaget', in der Goethes Dichtungen herabgesetzt worden waren. Sie hieß früher (= cidevant) ‚Genius der Zeit'.
6. Fünfundzwanzigste bis siebenundzwanzigste Strophe (4319–30): Religiöse Engherzigkeit wird gegeißelt und als etwas hingestellt, das auf den „Blocksberg hier" (4329), d. h. in das Reich des Bösen, gehört.
Mit dem ‚Kranich' ist der schweizerische Schriftsteller Joh. Kaspar Lavater (1741–1801) gemeint (Eckermann 17. 2. 1829).
7. Achtundzwanzigste bis fünfunddreißigste Strophe (4331–62): Ein Philosophenchor wird angekündigt, der nun die Diskussion über die Realität des Bösen (4144 ff.) wieder aufnimmt. Während der Dogmatiker an der Existenz des Teufels festhält, der Idealist sich genarrt fühlt, der Realist angesichts dessen, was er hier sieht, „zum ersten Mal" seine empirische Grundlage gefährdet sieht, schließt der Supernaturalist einfach von der Existenz des Teufels auf die Existenz Gottes. Der Skeptiker erkennt natürlich im Teufel, der alles bezweifelt, einen Genossen.
Es geht also einigen Philosophen wie dem ‚Proktophan-

Frage nach der Realität des Bösen

tasmisten', für den der Teufel zwar nicht existiert, der aber in der ‚Walpurgisnacht' dieses Nichts' ansichtig wird und so die Erfahrung jener Menschen teilt, die trotz dieser Nichtigkeit des Teufels in der Welt die Macht des Bösen erfahren.

8. Sechsunddreißigste bis einundvierzigste Strophe (4363–86): Ein letztes Thema sind die unterschiedlichen Schicksale nach der Französischen Revolution. Da gibt es diejenigen, die sich anpassen können, „die Gewandten", dann verarmte Flüchtlinge, die sich nicht helfen können, weiter Leute, die in den Wirren nach oben gekommen sind, solche, die aus hoher Stellung, sozusagen ‚vom Himmel' gefallen sind, schließlich aber die revolutionären Massen, die „Platz" fordern.

Revolutions-schicksale

9. Zweiundvierzigste bis vierundvierzigste Strophe (4387–98): Die „Massiven" werden im Ausklang zurechtgewiesen. Ariel zieht sich mit seinen Musikern zurück, während das Orchester – „pianissimo" – verkündet, daß die Finsternis vorbei und der ganze Spuk „zerstoben" sei.

Ausklang: Der Spuk ist vorbei

Der Stoff, den Goethe Shakespeares ‚Sommernachtstraum' entnommen hat, erlaubt es, die Trennung von Faust und Gretchen in Kontrast zu einem (mythologisch verkleideten) bürgerlichen Happy-End zu setzen, das als Frucht einer solchen Trennung gepriesen wird (4243 ff.). So wird die tragische Handlung banalisiert, die schlimme Welt der ‚Walpurgisnacht' in ein harmloses, irreales Spiel verwandelt. Mit dem Pianissimo des Orchesters kommt das Tageslicht, ein Luftzug vertreibt Nebel und Qualm: „Alles ist zerstoben", als sei es nie gewesen. Es ist, als habe am Ende der ‚Proktophantasmist' recht mit seinem Ruf:

Die Frage nach der Realität des Bösen ist offen

> „Verschwindet doch! Wir haben ja aufgeklärt!"
> (4159).

Doch die nächste Szene wird sogleich zeigen, daß die bösen Geister nicht aus der Welt verschwunden sind.

(26) Trüber Tag – Feld (ohne Verszählung):
Diese Szene ist die einzige, die Goethe nicht nachträglich in Verse gesetzt, sondern in Prosa belassen hat, weil ihre Wirkung auf dem Kontrast zwischen Fausts leidenschaftlicher Rede in freien Rhythmen

Gegensatz im Sprechstil der beiden Figuren

Gliederung der Szene

Gretchens Leiden

Vorwürfe gegen Mephisto

Blindheit für persönliche Schuld

Des Teufels Wirken in der Menschheit

und Mephistos kühler und sachlicher Argumentation beruht. Die Szene hat zwei thematisch unterschiedliche Teile:
– Fausts Vorwürfe gegen Mephisto und seine Entgegnung,
– Fausts Aufforderung zu Gretchens Rettung und Mephistos Einwände.

Während der erste Teil auf die gesamte bisherige Handlung und bis in den ‚Prolog im Himmel' zurückverweist, deutet der zweite Teil auf die Kerkerszene voraus. Zunächst erfährt der Leser aus Fausts entsetztem Aufschrei, was inzwischen – während sich Faust auf dem Blocksberg herumtrieb – mit Gretchen geschehen ist: Sie ist „erbärmlich" umhergeirrt, „als Missetäterin" in den Kerker geworfen und nun „bösen Geistern übergeben und der richtenden gefühllosen Menschheit". Die Einzelheiten der ‚Missetat' werden später in der Kerkerszene angedeutet, Kindesmord (4552 ff.), Gifttod der Mutter (4566 ff.). Faust drückt nun nicht etwa seinen Schmerz über das durch ihn verursachte Unglück, über den Tod seines Kindes aus, sondern er überhäuft Mephisto mit Vorwürfen, er habe ihn „in abgeschmackten Zerstreuungen" festgehalten, er habe „ihren wachsenden Jammer" vor ihm verborgen, er lasse sie „hülflos verderben". Von freier Entscheidung und persönlicher Schuld will Faust nichts wissen. Wie jetzt die Folgen, hatte er vorher den Entschluß zum Handeln Mephisto zugeschoben:

„Du, Hölle, mußtest dieses Opfer haben!" (3361).

Mit seiner Entgegnung „Sie ist die Erste nicht" weitet Mephisto das Thema von Gretchens Einzelschicksal auf das Geschick der Menschheit überhaupt aus. Da erst packt Faust das Entsetzen über des Teufels Wirken. Er möchte alles rückgängig gemacht haben; Mephisto solle in seine Hundegestalt (1323) zurückkehren, vor ihm wieder „auf dem Bauch kriechen" (1164). Als ob dadurch die Tatsache aus der Welt zu schaffen wäre, daß „mehr als ein Geschöpf in die Tiefe dieses Elends versank"! Damit ist das Problem der Theodizee erneut angesprochen, d. h. der Rechtfertigung eines gütigen Gottes ange-

84

sichts des Bösen in der Welt (s. o. S. 39). Im Prolog war es in der Perspektive ‚von oben' entfaltet worden (340 ff.). Nun erscheint es in der Perspektive des Einzelmenschen Faust, der nur „das Elend dieser Einzigen" beklagt und die Frage stellt, warum nicht schon das Elend der „Ersten" vor Gott, dem „ewig Verzeihenden", ausgereicht hat „für die Schuld aller übrigen". Er wirft Mephisto vor:

Kosmische und einzelmenschliche Perspektiven

> „Du grinsest gelassen über das Schicksal von Tausenden hin!"

Die Gegenfrage, die Mephisto nun stellt, erinnert an Fausts Zurückweisung durch den Erdgeist (512):

> „Warum machst du Gemeinschaft mit uns, wenn du sie nicht durchführen kannst?"

Und nun verbindet er das Theodizee-Problem mit der Frage der Ethik: „Drangen wir uns dir auf, oder du dich uns?" Mit anderen Worten: Wenn du dich beklagst, daß du durch die Gemeinschaft mit dem Teufel am Elend der Vielen und der weltweiten Zerstörung teilhast, mußt du dich fragen, ob du nicht die Freiheit hattest, auf diese Gemeinschaft zu verzichten – wie Margarete, könnte der Leser hinzufügen. Diesen Zusammenhang sieht Faust jedoch nicht. Er ist weiterhin – wie schon bei seinem Ausflug in die Natur in ‚Wald und Höhle' – der Meinung, der Erdgeist habe ihn „an den Schandgesellen" geschmiedet (3241 ff.).

Zusammenhang von Theodizee und Ethik

Mit der Abbruchsformel „Endigst du?" leitet Mephisto zum zweiten Teil der Szene über, in dem es um Gretchens Rettung aus dem Kerker geht. Während im ersten Teil Fausts Redeanteil überwiegt, hat hier Mephisto die Führung. Seine vielen Einwände zeigen, daß er die Rettung nicht will. Sie würde ja auch gegen seine Wertordnung verstoßen, in der das ‚Gute' in der Zerstörung besteht. Mephisto will nur den Wärter gefechtsunfähig machen und die „Zauberpferde" bereithalten, handeln soll Faust. Mephisto benutzt dieses Arrangement, um noch einmal klarzustellen, daß Faust für alle seine Taten verantwortlich ist. Er hat Gretchen „ins Verderben" gestürzt, hat durch Valentins Tod „Blutschuld" auf sich geladen. Auf Fausts zornige Ausbrüche hat er nur

Fausts Bitte um Gretchens Rettung

Mephistos Einwände

Fausts Verantwortung

den – sachlich nicht von der Hand zu weisenden –
Einwand:

> „Das ist so Tyrannenart, sich in Verlegenheiten Luft
> zu machen."

Auf diese Weise schließt die Szene mit dem doppel-
ten Hinweis, wie beschränkt Mephistos Möglichkeiten sind und wie groß die Chance des Menschen ist,
die Gemeinschaft mit dem Bösen zu meiden.

(27) Nacht – Offen Feld (4399–4404):

Fausts düstere Stimmung

In dieser kürzesten Szene des ganzen Dramas sind
Faust und Mephisto auf den Zauberpferden unterwegs, um den Rettungsplan auszuführen. Fausts
innere Verfassung und die Vorahnung des bitteren
Endes werden durch das Halbdunkel und die un-
heimliche Stimmung der Szene symbolisiert. Man
kommt an einem Richtplatz vorbei, um die sich irgendwelche Wesen – Mephisto nennt sie natürlich
„Hexenzunft" – bewegen. Klarheit ist nicht beabsichtigt. Es kommt nur auf die Stimmung an, die
hier vor allem durch den Klang der Sprache hervor-

Klangwirkungen

gerufen wird:

> „weben", „kochen", „schaffen", „schweben auf,
> schweben ab", „neigen", „beugen", „streuen",
> „weihen", dazu das abschließende „vorbei, vorbei".

Zwischen zwei inhaltlich bedeutsamen Szenen findet sich hier also eine kurze Episode, die gar keinen
rationalen Gegenstand, kein ‚Thema', hat.

Die Vermutung, es könne sich um Gretchens Richtplatz
handeln, ist deshalb abwegig, weil sie, wie ihre Vision in
der Kerkerszene andeutet (4587–95), auf dem Marktplatz
der Stadt unter dem Fallbeil sterben wird. Auf einem
Richtplatz außerhalb der Stadt blieben dagegen die Leichen der Gehenkten und aufs Rad Geflochtenen.

(28) Kerker (4405–4612):

Fausts Monolog und Gretchens Lied

Diese dramatischste Szene des ganzen ‚Faust' hat
eine Einleitung, die aus einem Monolog Fausts und
einem Lied Gretchens besteht. Faust hat „ein längst
entwohnter Schauer" ergriffen; denn in Gretchens
Schicksal kommt ihm „der Menschheit ganzer Jammer" entgegen. Er hat Angst vor dem Wiedersehen.

Von drinnen hört man Gretchen singen. Sie ist in ihren Gedanken schon weit fort, in einem neuen Leben.

Das Lied stammt aus dem Märchen ‚Vom Machandelboom‘ (Brüder Grimm KHM Nr. 47), das Goethe schon als Kind vertraut war. Sein Inhalt: Die böse Stiefmutter tötet das Brüderchen. Sie zerhackt die Leiche und macht daraus ein Gericht, das sie dem Vater vorsetzt. Das Schwesterchen sammelt die Knochen und begräbt sie unter dem lebenspendenden Wacholderbaum, der dann in Flammen aufgeht. Das Brüderchen fliegt aus ihm als leuchtender Vogel empor. Mit ihm identifiziert sich Gretchen.

Im folgenden lassen sich vier Abschnitte der Szene unterscheiden:

Gliederung der Szene

1. Margarete glaubt, der Henker käme sie bereits holen. In ihren Gedanken vermischen sich Hinrichtungstag und Hochzeitstag, an dem ihr als lediger Mutter der Brautkranz zerrissen wird, wie es Lieschen ankündigte. Sie meint auch, ihr Kind lebe noch. Als Faust sich vor ihr theatralisch niederwirft, fordert sie ihn zum gemeinsamen Gebet auf, um der drohenden Verdammung zu entgehen (4423–59).

2. Eine Wende tritt ein, als Faust ihren Namen ruft. Nun erst glaubt sie an seine Gegenwart. „Alle Qual“ fällt von ihr ab, und sie glaubt an Rettung. Szenen ihrer Liebesgeschichte treten ihr wieder vor die Augen, die Straße, auf der sie ihn zum ersten Mal sah (4475/6), der Garten, in dem sie sich trafen (4477/8). Doch als sie sich nun an ihn drängt, spürt sie seine Kälte und wendet sich von ihm (4460–97).

3. Dann aber bekennt sie, als Faust sie bittet, mit ihm zu kommen, vor ihm ihre Schuld und erinnert ihn an seine Schuld. Doch Fausts Antwort lautet:

Gretchen nimmt ihre Schuld auf sich

„Laß das Vergangne vergangen sein“ (4518).

Aber eben dies ist für Margarete unmöglich. Sie trägt dem Geliebten die Pflege der Gräber auf und weigert sich, ihm zu folgen, um „mit bösem Gewissen“ weiterzuleben und verfolgt zu werden. Je mehr Faust drängt (4563/4), desto intensiver treten ihr die Bilder der toten Angehörigen vor die Seele (4498–4573).

4. Margarete weiß, daß der beginnende Tag ihr

letzter sein wird. In einer Vision nimmt sie ihre Hinrichtung vorweg, spürt schon die dann folgende Todesruhe:

„Stumm liegt die Welt wie das Grab!" (4595)

Gretchens Weg zu Gott, Fausts Rückkehr zu Mephisto

Als Mephisto draußen zur Eile mahnt, wehrt sich Margarete mit allen Kräften gegen seine Gegenwart und gibt sich dem „Gericht Gottes" anheim, erbittet Rettung von Gott und seinen Engeln, schaudert vor Faust zurück, der sich – während „von oben" eine Stimme Gretchens Rettung verkündet – wieder zu Mephisto schlägt (4574–4612).

Funktion der Szene im Ganzen des Dramas

In dieser Schlußszene des ersten Teils der Tragödie hat sich die Bühne wieder – wie im ‚Vorspiel auf dem Theater' angekündigt (242) – zum kosmischen Welttheater geweitet:

Himmel:	„Gericht Gottes! dir hab' ich mich übergeben" (4605); „Ihr Engel! Ihr heil'gen Scharen, lagert euch umher, mich zu bewahren!" (4608/9)
Welt:	„Bist du ein Mensch, so fühle meine Not!" (4425)
Hölle:	„Sieh! unter diesen Stufen, unter der Schwelle siedet die Hölle . . ." (4454 ff.); „Was steigt aus dem Boden herauf? Der! der! Schick ihn fort!" (4601 ff.)

Es ist bezeichnend, daß Gretchens Sinn für die Welt schon verwirrt ist. Hinrichtung und Hochzeit gehen in ihren Gedanken durcheinander. Ihr Sinn für Himmel und Hölle aber ist geschärft. Doch weiß nur Gretchen, daß hier Himmel, Erde und Hölle miteinander zu tun haben. Für Faust, der ja nach dem Willen des Dichters jenseitsblind sein soll,

„Das Drüben kann mich wenig kümmern" (1660)

Unvereinbarkeit von Fausts und Gretchens Situation

sieht die Situation völlig anders aus. Er ist noch dem Leben verhaftet, hat noch mit Dingen zu tun, über die Margarete längst hinaus ist. Für sie geht es buchstäblich um ‚die letzten Dinge'. Die Dramatik der Szene ist deshalb nur für sie und den Zuschauer, nicht aber für Faust faßbar. Er kann nicht erkennen, wie belanglos für Gretchen sein Versuch sein muß, sein Gewissen dadurch zu beschwichtigen, daß er sie rettet, um „das Vergangne vergangen sein" lassen zu können (4518). Sie möchte nicht „mit bösem Gewissen" weiterleben (4547).

So ist also der Dialog zwischen Faust und Margarete in der Kerkerszene – der längste, der jemals zwischen ihnen stattgefunden hat – ein Aneinandervorbei. Auch die Wege, die sie in der Dramenhandlung gegangen sind, waren gegenläufig: Während Fausts „neuer Lebenslauf" (2072) zu einem Abstieg in die Sinnlosigkeit reinen Genußlebens wurde, hat Margarete ihre Schuld und ihr Elend in einen Aufstieg verwandelt. Aus der Enge der Unfreiheit des unreflektierten Kirchenglaubens, den sie als tugendstolzes Bürgermädchen gehabt hatte, ist sie zu der geistigen Klarheit, moralischen Freiheit und reifen Frömmigkeit gelangt, die es ihr ermöglichten, ihre Schuld zu erkennen und – auch stellvertretend für den Geliebten – alle Folgen ihres Handelns auf sich zu nehmen. So schließt der erste Teil der Tragödie mit Fausts Niederlage vor der von ihm geliebten Frau. Margarete ist das erste Beispiel für die Worte des Herrn im Prolog:

Fausts und Gretchens Entwicklung verschieden

Fausts Niederlage vor Gretchen

> „Ein guter Mensch in seinem dunklen Drange
> Ist sich des rechten Weges wohl bewußt" (328/9).

Faust Zweiter Teil

Voraussetzungen zum Verständnis des zweiten Teils

Der erste Teil des ‚Faust' kann als ein Charakterdrama angesehen werden, in dem die Entwicklung der Titelfigur in bedeutsamen Stationen dargestellt wird. Das ist beim zweiten Teil anders. Er muß als eine Reihe von Metaphern verstanden werden, deren Zusammenhang weniger durch die Faustgestalt als vielmehr durch bestimmte Grundvorstellungen zur Problematik der Moderne hergestellt wird. Die Personen, sei es Faust oder der Kaiser, Helena oder Philemon und Baucis, seien es Gärtnerinnen oder Nereiden, Fürsten oder die drei Gewaltigen, fungieren nicht als handelnde Charaktere, sondern als Träger von Ideen, die sie – teils allegorisch, teils symbolisch – in ihrer Rede darstellen und erläutern. Man darf also von den Vorgängen und Handlungen des zweiten Teils keine dramatische Folge erwarten im Sinne herkömmlicher Bühnendichtungen, sondern Elemente eines sinnbildlichen Verweisungszusammenhangs. An der tiefsinnigen Umgestaltung, welche die Faustfigur in diesem Zusammenhang erfährt, nimmt Mephisto nicht teil. Er vertritt im zweiten Teil das Prinzip des Einwandes, der Gegenstimme, des Kontrastes, z. B. als Geiz gegenüber Fausts Maske als Gott des Reichtums, als häßliche Phorkyas gegenüber dem Schönheitssymbol Helena usw. Die Figuren selbst und ihre Worte stecken voller Anspielungen auf die ganze Fülle der abendländischen Geschichte, Dichtung, Mythologie, Kunst, Religion, zwischen deren Symbolen viele Sinnbezüge hergestellt werden. Der Text setzt also einen Leser von hohem Bildungsstand und großer Belesenheit voraus. Der zweite Teil des Faust ist sozusagen ein enzyklopädisches Werk, in das sein Dichter alle Gebiete des zeitgenössischen Wissens hineingenommen hat, und ein Spiegelwerk weltlite-

rarischer Traditionen, deren Inhalte und Formen überall im Text anzutreffen sind. Goethe hat im ,Faust' einen Wissensbestand von überschaubarer und geordneter Vielfalt, wie er in der Kultur um 1800 bereitgehalten wurde, dichterisch gestaltet. In der Folgezeit wurde das Wissen abstrakt, unübersichtlich, unverständlich, eher befremdend als sinnvermittelnd. Es verlor die gesellschaftliche Verbindlichkeit, die es damals noch hatte. Auch wenn wir heute vieles davon im Lexikon nachschlagen müssen, ist uns dieser Bestand noch zugänglich und verständlich.

Überblick über die Handlung des zweiten Teils

I. Akt: Fausts Genesung – Eintritt in die höfische Welt – Maskenball

(1) Anmutige Gegend	4613–4727	Bad des Vergessens – Läuterung seines Strebens – „Am farbigen Abglanz haben wir das Leben"
(2) Kaiserliche Pfalz – Saal des Thrones	4728–5064	Mephisto verspricht dem Kaiser Abhilfe in dessen Finanznot – Anarchie im Reich – Fausts Kommen angekündigt
(3) Weitläufiger Saal mit Nebengemächern	5065–5986	Karneval: Mitglieder der mittelalterlichen Lehnsordnung stellen in antikem Gewand die Lebensformen der bürgerlichen Gesellschaft dar – Faust als Plutus (Gott des Reichtums)
(4) Lustgarten	5987–6172	Mephistos Papiergeld hat zu wirtschaftlicher Blüte geführt
(5) Finstere Galerie	6173–6306	Fausts Abstieg zu den ‚Müttern' – Er soll den Dreifuß holen, Sinnbild des Dichtertums
(6) Hellerleuchtete Säle	6307–6376	Kaiser und Fürsten, Damen und Herren des Hofes wandeln durch den Palast – Mephisto als Wunderdoktor in Liebesdingen
(7) Rittersaal. Dämmernde Beleuchtung	6377–6565	Faust und Mephisto lassen Paris und Helena erscheinen, die vor dem Hof ein pantomimisches Schäferspiel aufführen

II. Akt: Fausts Weg zu Helena – Das Fest des Werdens der Natur am Ägäischen Meer – Faust, Mephisto und Homunculus erreichen ihr Ziel

(8) Hochgewölbtes enges gotisches Zimmer	6566–6818	Mephisto, in Fausts ehemaligem Studierzimmer, angetan mit dessen altem Pelz, spricht mit Wagners Famulus und einem Baccalaureus (dem Schüler aus dem ersten Teil 1868–2048)
(9) Laboratorium	6819-7004	Dr. Wagner hat den Homunculus gemacht – Dieser bringt Faust und Mephisto in die Antike

(10) Klassische Walpurgisnacht (7005–8487)

(10.1) Pharsalische Felder	7005–7079	Die Hexe Erichtho erinnert an die historische Antike – Faust, Mephisto und Homunculus wollen aber ins Fabelreich der Antike
(10.2) Am oberen Peneios	7080–7248	Mephisto begegnet urtümlichen Mischwesen – Faust wird zu Chiron geleitet
(10.3) Am unteren Peneios	7249–7494	Chiron bringt Faust zur Seherin Manto, die ihn zu Helena in den Hades geleiten soll
(10.4) Am oberen Peneios wie zuvor	7495–8033	Erdbeben verändert die Landschaft – Mephisto findet die Phorkyaden, Inbilder der Häßlichkeit, und wird einer der ihren
(10.5) Felsbuchten des Ägäischen Meeres	8034-8487	Höhepunkt des mythischen Festes – Nereus verweist den Homunculus an Proteus, der sich ständig verwandelt – Das Gefäß des Homunculus zerschellt an Galatees Wagen, er selbst geht im Meer auf – Hymnus auf Eros

III. Akt: Helena-Akt (Mephisto inszeniert Fausts und Helenas Hochzeit, Vereinigung von Antike und Abendland)

(11) Vor dem Palaste des Menelas zu Sparta	8488–9126	Helena, aus Troja heimkehrend, findet Mephisto (=Phorkyas) im verlassenen Palast – Sie braucht nur die Zeit, nicht den Ort zu wechseln, um gerettet zu werden
(12) Innerer Burghof	9127–9573	Faust empfängt Helena in der mittelalterlichen Burg bei Sparta, macht sie zur ,Herrin' und wehrt Feinde ab
(13) Der Schauplatz verwandelt sich durchaus	9574–10038	In Arkadien, der Landschaft antiker Schönheit, wird Euphorion, Sohn des Faust und der Helena, geboren – Er stürzt zu Tode, als er in die reale Welt hinaustreten will – Helena folgt ihm in den Hades – Faust bleibt mit ihrem Kleid zurück, das ihn emporträgt

IV. Akt: Faust besiegt den Gegenkaiser und gewinnt politische Macht

(14) Hochgebirg	10039–10344	Helena und Gretchen als Wolkenvision – Mephisto führt Faust in Versuchung, der nicht bloß Macht ausüben, sondern eine politische Vision verwirklichen will – Eingreifen in die Reichswirren
(15) Auf dem Vorgebirg	10345–10782	Mit magischer Hilfe Mephistos wird der Gegenkaiser besiegt – Widersinn des Krieges
(16) Des Gegenkaisers Zelt	10783–11042	Der Kaiser nimmt den Thron wieder ein und reorganisiert das Reich – Verleihung der Erzämter – Belehnung Fausts mit Küstenland

V. Akt: Fausts Landgewinnung – Zerstörung der Welt des Philemon und Baucis – Fausts Erblindung, Tod, Grablegung – Engel tragen sein Unsterbliches (= Entelechie) empor

(17) Offene Gegend	11043–11142	Philemon und Baucis zeigen dem Wanderer Fausts neue Welt – Abendgebet
(18) Palast	11143–11287	Fausts Ärger über das Idyll nebenan: Er möchte, daß ihm alles gehört – Mephisto meldet wirtschaftliche Erfolge
(19) Tiefe Nacht	11288–11383	Beim Versuch der Zwangsumsiedlung finden Philemon, Baucis und der Wanderer den Tod; alles geht in Flammen auf
(20) Mitternacht	11384–11510	Aus der Trümmerstätte sind die vier grauen Weiber zu Faust gekommen – Die Sorge bringt Faust zur Einsicht und läßt ihn erblinden
(21) Großer Vorhof des Palasts	11511–11603	Mephisto läßt Fausts Grab schaufeln – Faust gibt Anweisungen zur Arbeit – Schlußmonolog vom freien Volk auf freiem Grund – Faust stirbt, Mephisto meint, gewonnen zu haben
(22) Grablegung	11604–11843	Engel und Teufel kämpfen um Fausts Unsterbliches – Die Engel überlisten den Teufel
(23) Bergschluchten	11844–12111	Fausts Unsterbliches wird immer weiter emporgetragen, bis Maria mit dem Chor der Büßerinnen es empfängt und Gretchen den „früh Geliebten" aufnimmt

Die einzelnen Akte

I. Akt: Fausts Genesung und Eintritt in die höfische Welt

Anknüpfung an den ersten Teil

In der ersten Szene ‚Anmutige Gegend' wird die Verbindung zwischen dem ersten und dem zweiten Teil des Dramas hergestellt. Der Luftgeist Ariel spricht in seinem Gesang von dem „grimmigen Strauß des Herzens", von den „bittren Pfeilen des Vorwurfs" und „von erlebtem Graus". Damit kann nur Fausts Erlebnis in Gretchens Kerker gemeint sein, der innere Konflikt zwischen seiner Liebe und seinem egoistischen Lebenshunger, die Gewissensunruhe über seinen Verrat an der Geliebten. Es ist also der Faust des ersten Teils, der hier ermüdet auf dem Rasen liegt. Doch soll er seine Schuld nicht aufarbeiten, er soll vielmehr vergessen. Denn der Dichter hat noch viel vor mit ihm. Der heilende Schlaf, der ihm mit Hilfe der Elfen Vergessen, Genesung und Stärkung bringen soll, wird durch vier Chorstrophen symbolisiert, welche den vier Nachtwachen entsprechen:

Heilschlaf und Vergessen

> Abenddämmerung (4634–41)
> Nacht (4642–49)
> Morgendämmerung (4650–57)
> Sonnenaufgang (4658–65)

Kosmischer Rahmen

Wie der ‚Prolog im Himmel' mit Raphaels Hymnus an die Sonne begann, so steht hier Ariels Preis der Geburt des neuen Tages (4768) am Anfang. Wieder wird also ein kosmischer Rahmen ausgespannt, bevor sich Faust in einem längeren Monolog äußert. Damit ist der Monolog „des Lebens Pulse schlagen frisch lebendig" (4679) deutlich mit dem Monolog der Nachtszene „Habe nun, ach! Philosophie..." (354) in Beziehung gesetzt. Es ist ein geläuterter Faust, der jetzt neue Kräfte in sich fühlt, „zum höchsten Dasein immerfort zu streben" (4685). Damit ist auch das Stichwort, unter dem die Faust-

Stichwort „Streben"

94

gestalt im ‚Prolog' eingeführt wurde („Es irrt der Mensch, solang' er strebt ..." 317) und das auch der Wette mit Mephisto ihren Akzent gab („Das Streben meiner ganzen Kraft ..." 1742), wieder aufgenommen. Es ist nicht mehr der Faust mit dem maßlosen Erkenntnisstreben und dem Anspruch, ein „Ebenbild der Gottheit" (517, 614) zu sein, der hier die Schönheit des Tagesanbruchs wie „ein Paradies" (4694) erlebt. Im Unterschied zu seinen früheren, mit Allmachtsphantasien verbundenen Naturerlebnissen („gabst mir die herrliche Natur zum Königreich" 3220) zeigt er sich jetzt fähig, einen Natureindruck in allen Einzelheiten zu empfangen und seine Lehre daraus zu ziehen. Was diese Lehre besagt, erfährt der Leser, wenn er Fausts Blick folgt: Zunächst schaut er ins Tal, wo das Dunkel weicht und die Farben freigibt (4686–94). Dann hebt er das Auge zu den Gipfeln, muß sich jedoch – von der Sonne geblendet – wegkehren (4695–4703). Der Blick wendet sich nun wieder der Erde zu, da er nicht fähig ist, das „Flammenübermaß" zu ertragen (4704–14). Schließlich läßt der Schauende die Sonne im Rücken und betrachtet den Wasserfall, auf dem ihr Licht alle Farben hervorbringt (4715–24). Es wird ihm klar, daß er sich mit seinem Erkenntnisdrang an den Regenbogen statt an die Sonne halten muß, die ihn hervorbringt:

Neues Verhältnis zur Natur

Keine unmittelbare Anschauung des Göttlichen

> „Der spiegelt ab das menschliche Bestreben.
> Ihm sinne nach, und du begreifst genauer:
> Am farbigen Abglanz haben wir das Leben"
> (4725–27).

Der menschliche Geist ist nicht gemacht, das Göttliche unmittelbar zu erkennen. Aber er vermag es an seinem „Abglanz" zu erfassen, das Wirkliche als etwas zu sehen, das auf Göttliches hindeutet. Die Schlußverse nehmen das Motiv wieder auf:

Irdische Wirklichkeit gleichnishaft

> „Alles Vergängliche
> Ist nur ein Gleichnis" (12104/5).

Mit dieser Eingangsszene ist der Leser auf die bunte Bilderfolge eingestimmt, welche ihm im zweiten Teil die verschiedenen Lebensbereiche, Geschichtsepochen, Sagengestalten und Kunstformen vorführen wird, welche die abendländische Kultur ausmachen.

Mit der nächsten Szene ‚Kaiserliche Pfalz – Saal des Thrones' beginnt der zweite Teil von Mephistos Reiseprogramm:

Erste Station der neuen Lebensreise

„Wir sehn die kleine, dann die große Welt" (2052).

Er führt Faust sogleich an die Spitze der gesellschaftlichen Hierarchie des Mittelalters, an den kaiserlichen Hof, den Inbegriff der ‚großen Welt'. Wie üblich macht Mephisto die Gelegenheit. Er begibt sich zunächst in der Rolle des Hofnarren in das Zen- **Das Reich im** trum der weltlichen Macht. Das Reich befindet sich **Niedergang** jedoch in Auflösung. Der Kaiser hat kein Geld. Es herrschen Habsucht, Korruption und Gewalt im Land. Mephisto verspricht Abhilfe, wobei er auch Fausts Kommen ankündigt. Er weist auf Schätze hin, die überall im Boden liegen, des Kaisers Eigentum. Aber der Kaiser möchte erst Karneval feiern.

Maskenfest zum Karneval

Dieses Fest wird in der dritten Szene ‚Weitläufiger Saal mit Nebengemächern' vorgeführt. Es findet in der Form statt, daß die Mitglieder der mittelalter-

Verbindung von Antike, Mittelalter und Neuzeit

lichen Lehnsordnung in antiken Gewändern die Lebensformen der neuzeitlichen Gesellschaft darstellen, die auf dem bürgerlichen Erwerbssinn beruht, sich durch rege wirtschaftliche Tätigkeit auszeichnet und privaten Reichtum hervorbringt. Dieser wird durch Faust in der Maske des Plutus verkörpert, während Mephisto wieder das Gegenprinzip zur Geltung bringt, den Geiz (5665), der nur horten, nicht aber investieren will. Der Kaiser in der Maske des „großen Pan" (5920) läßt sich dazu verleiten, der

Demaskierung des Kaisers

Schatzkiste zu nahe zu kommen, und beugt sich so tief über das glühende Gold, daß sein Bart Feuer fängt und ihn auf diese Weise demaskiert – als einen, der „nie vernünftig" wird (5960).

Am nächsten Morgen im ‚Lustgarten' wünscht sich der Kaiser von Faust und Mephisto noch mehr „dergleichen Scherze" (5988). Er kommt sich vor wie in „Tausend Einer Nacht" und vergleicht den Zauberer Mephisto mit „Scheherazaden" (6033). Die Großen des Reichs melden ihm, daß dank des von Mephisto

Wirtschaftsblüte durch Papiergeld

ausgegebenen Papiergeldes all ihre Probleme gelöst seien und im ganzen Lande wirtschaftliche Prosperität und Konsumrausch zu beobachten sei. Die Szene ‚Finstere Galerie' zeigt Faust und Mephisto allein im Gespräch. Der Kaiser möchte amüsiert werden und „will Helena und Paris vor sich sehn" (6184). Doch über „das Heidenvolk" (6209) hat Mephisto keine Gewalt. Deshalb muß Faust hinab (oder hinauf? 6275) zu den „Müttern" ins Reich des „längst nicht mehr Vorhandnen" (6278), um von dort den „Dreifuß" zu holen, das heilige Gerät Apolls, des Gottes der Dichtung. Der wird nämlich gebraucht, um jene Gestalten aus Homers Epos erscheinen zu lassen.

Der Kaiser will Helena und Paris sehen

Fausts Abstieg zu den ‚Müttern'

Während Faust unterwegs ist, wird Mephisto in der Szene ‚Hellerleuchtete Säle' von Hofdamen als Wunderarzt und Berater in Liebesdingen in Anspruch genommen. Die Sorgen, welche hier die Spitzen der Gesellschaft beschäftigen, sind von der gleichen Banalität, wie sie die ‚kleinen Leute' in der Szene ‚Vor dem Tor' zeigen. Wie werden sie auf das in Paris und Helena Gestalt gewordene antike Schönheitsideal reagieren?

Mephisto als Wunder- und Liebesdoktor

In der letzten Szene des 1. Aktes sind Kaiser und Hofstaat bei „dämmernder Beleuchtung" im ‚Rittersaal' versammelt. Der Astrolog kündigt das magische Spiel an; Mephisto sitzt im Souffleurkasten; Faust taucht „großartig" (vor 6427) mit dem Dreifuß auf. Paris und Helena erscheinen und führen ein pantomimisches Schäferspiel auf. Während die Damen Paris bewundern und an Helena herumnörgeln, machen es die Herren umgekehrt. Faust ist mit seiner Begeisterung (6487 ff.) allein. Als er nach den fiktiven Gestalten greift, um sie im wirklichen Leben festzuhalten, gibt es eine Explosion, die ihn zu Boden wirft. Der Akt endet in Finsternis und Tumult.

Magisches Spiel mit Paris und Helena

Die Gestalten entziehen sich Fausts Zugriff

97

II. Akt: Fausts Gang zu Helena und das Fest des Werdens der Natur am Ägäischen Meer

Fausts Rückkehr an den Ausgangspunkt

Ein ‚Hochgewölbtes enges gotisches Zimmer' ist der Schauplatz der ersten Szene dieses Aktes: Nachdem Fausts Versuch, das antike Schönheitsideal handgreiflich festzuhalten, gescheitert ist, hat Mephisto ihn in sein altes Studierzimmer zurückgebracht. Dort scheint alles unverändert zu sein; doch ist inzwischen viel Zeit vergangen, das Blut in der Feder, mit der er den Teufelspakt unterschrieben hatte (1737), längst eingetrocknet (6576), Fausts alter Pelz voller Ungeziefer. Während Faust be-

Mephisto wiederum in Fausts Rolle

wußtlos, von „Helena paralysiert" (568), daliegt, schlüpft Mephisto in den Pelz, um den „Prinzipal" (6617) zu spielen, und läutet nach dem Famulus. Ein bejahrter Student erscheint und berichtet von Fausts „unbegreifliche(m) Verschwinden" (6660) und von Dr. Wagners Aufstieg „in der gelehrten Welt" (6644). Während der Famulus ihn bei Dr. Wag-

Gespräch mit dem Baccalaureus

ner anmeldet, empfängt Mephisto den Schüler, den er im ersten Teil des Dramas so ausführlich belehrt hatte (1868–2050) und der inzwischen zum Baccalaureus promoviert wurde. Dieser zeigt nun, was er aus den Lehren seines Meisters gemacht hat. Er trägt den „Schwedenkopf" (6734), die kurze Haarmode der Befreiungskriegsgeneration, und verkündet die philosophischen Thesen des deutschen Idealismus:
- „Erfahrungswesen! Schaum und Dust! Und mit dem Geist nicht ebenbürtig..." (6758/9)
- „Wenn ich nicht will, so darf kein Teufel sein" (6791).
- „Die Welt, sie war nicht, eh' ich sie erschuf" (6794).

Johann Gottlieb Fichte (1762–1814): Das denkende Subjekt setzt sich selbst, und die Welt als ein Nicht-Ich sich gegenüber.

Je mehr der Baccalaureus dabei die Jugend preist und keinem über dreißig trauen will (6787 ff.), desto stärker kehrt Mephisto das Alter hervor und fordert die Jungen auf, alt zu werden, um den Teufel zu verstehen.

Im ‚Laboratorium‘ trifft Mephisto gerade zu der Sternstunde ein, als Dr. Wagner auf experimentellem Wege in einer Glasflasche den künstlichen Menschen ‚Homunculus‘ erzeugt hat. Dieser beginnt zu sprechen, nennt Dr. Wagner „Väterchen“ und Mephisto „Herr Vetter“ und beweist die ihm eigentümliche „Gabe“ (6901) damit, daß er in das Innere des schlafenden Faust sieht und dessen Traumbilder beschreibt, „die lieblichste von allen Szenen“ (6920), in welcher der zum Schwan verwandelte Göttervater Zeus mit Leda die schöne Helena zeugt. Da Mephisto aus dem Norden kommt und nur „romantische Gespenster“ kennt (6946), ist Homunculus nötig, um Faust „zu seinem Elemente“ zu bringen (6943). Er übernimmt deshalb die Führung „zum Peneios frisch hinab“ (7001) in die klassische Walpurgisnacht. Dr. Wagner muß zu Hause bleiben, weil sein Teil in der gelehrten Sammlungs- und Ordnungsarbeit besteht, während nur der freie, noch nicht an Körper gebundene Geist – durch Homunculus symbolisiert – den Weg in die Antike weisen kann.

„Es wird ein Mensch gemacht“ 6835

Fausts Traum von der Zeugung Helenas

Homunculus weist den Weg in die klassische Walpurgisnacht

Die den Rest des zweiten Aktes füllende ‚Klassische Walpurgisnacht‘ ist in fünf Szenen gegliedert. Die erste Szene ‚Pharsalische Felder‘ hat Einleitungsfunktion. In ihr tritt die aus dem römischen Bürgerkriegsepos bekannte thessalische Hexe Erichtho auf und erinnert an die reale historische Antike, indem sie auf die Wiederkehr des 9. August verweist, an dem im Jahr 48 v. Chr. Caesar seinen Gegner Pompejus bei Pharsalus in Thessalien schlug. Doch kündigt sie auch die mythologische Antike an, „hellenischer Sage Legion“ (7028), die sich in der gleichen Nacht versammeln soll. Als sich die drei Luftfahrer nähern, um in das „Fabelreich“ (7055) des griechischen Mythos hinabzutauchen, entfernt sich Erichtho, weil es nicht ihre Sache ist, „Lebendigem zu nahen“ (7037). Faust erwacht und fragt sogleich nach Helena. Mephisto schlägt vor, jeder solle „sich sein eigen Abenteuer“ suchen (7065). Damit ist die Leseanweisung erteilt, in den folgenden Szenen die Wege Mephistos, Fausts und des Homunculus zu unterscheiden.

Einleitung zur Klassischen Walpurgisnacht

Faust, Mephisto und Homunculus gehen eigene Wege

99

Mephistos Weg	Die Szene ‚Am oberen Peneios' ist vor allem Mephistos Weg gewidmet. Er begegnet mischgestalteten Ungeheuern aus der vorheroischen Zeit des Mythos, Greifen (Löwenadlern), Sirenen (Vogeljungfrauen) u. a., die noch nicht zu Helenas Tagen „hinaufreichen" (7197). Wie Faust bei ihrer ersten Begegnung (1327), so fragt auch die Sphinx Mephisto nach seinem Namen (7116) und Wesen. Sie gibt dem Befragten sich selbst als Rätsel auf (7134–7), in dem man
Mephistos Wesensbestimmung	die Wesensbestimmung wiedererkennt, die der Herr im Prolog von Mephisto gegeben hat (338 ff.). Die Fabelwesen akzeptieren jedoch Mephisto nicht als einen der Ihren. Faust, der herantritt und nach
Faust zu Chiron weitergeleitet	Helena fragt, leiten sie zu Chiron, dem weisen Kentauren, weiter, während Mephisto sich von ihnen entfernt, weil er den Lamien, „lustfeine(n) Dirnen" (7235), nachstellen will.

Die Szene ‚Am unteren Peneios' dient der Darstellung von Fausts weiterem Weg. Was er in seinem gotischen Zimmer geträumt hatte (6903–20), sieht er nun leibhaftig vor sich, die badenden Frauen, unter ihnen die Königin Leda, den heransegelnden Schwan. Als Chiron herantrabt, setzt er seine Reise auf dessen Rücken fort, auf dem einst auch Helena gesessen hatte (7405), der sein „einziges Begehren" gilt (7412). Chiron wirft ihm aber vor, daß er sich noch immer wie ein „Philologe" benähme (7426), und belehrt ihn darüber, was es mit dem Wesen Helenas als einer „mythologischen Frau" (7428) auf sich habe, die eine Schöpfung des Dichters sei, den keine Zeit binde (7433). Faust ist also, wenn er Helena, „die einzigste Gestalt", „ins Leben ziehn" (7439) will, als Künstler gefordert. Deshalb bringt Chiron ihn zu der Seherin Manto, die einst auch den Sänger Orpheus in den Hades geleitet hat. Damit ist Faust am Ziel seines Weges angelangt und verschwindet bis zur Mitte des dritten Aktes (9182) aus der Handlung.

Faust schaut den Leda-Traum mit eigenen Augen

Wesen Helenas als „mythologischer Frau"

Faust am Ziel

Die nächste, erheblich längere Szene ‚Am oberen Peneios wie zuvor', ist deutlich in vier Abschnitte gegliedert, in deren erstem (7495–7675) die beiden noch verbliebenen Wanderer und Homunculus nicht auftreten. Es findet ein Elementarereignis statt, ein Erdbeben, in dem die griechische Gebirgsland-

Erdbeben

schaft mit ihren Göttersitzen entsteht. Das Ereignis legt Gold frei, das die Greife sogleich erspähen, von den Ameisen bergen lassen, um ihre „Klauen" draufzulegen (7603). Anhand des Goldsymbols wird aus dem Naturphänomen des Erdbebens eine politische Allegorie, in der die Pygmäen die Bourgeoisie verkörpern, welche die proletarischen Imsen und Daktyle ausbeutet, die auf Befreiung hoffen (7654 ff.). Reiher und Kraniche, gegen die der Generalissimus antritt, stehen für die Aristokratie, die nun ein Opfer „mißgestalte(r) Begierde (7666) wird.

Gold tritt zutage

Politische Allegorie

Im zweiten Abschnitt (7676–7850) lobt sich Mephisto gegenüber diesen vulkanischen Vorgängen die beständige Bergwelt des Harzes und meint, in den Lamien so etwas wie die nordischen Hexen vor sich zu haben. Doch merkt er bald, daß hinter den „holden Maskenzügen" schaurige Gespenster stecken (7797), die ihn genarrt haben. Immer noch fühlt er sich „entfremdet" (7081), nicht „viel klüger ... geworden" (7791). Homunculus erscheint auf seiner Suche nach einer Möglichkeit, „im besten Sinne" zu „entstehn ", die mit Fausts Suche nach Helena vergleichbar ist. Mephisto verabschiedet sich mit dem Rat: „Entsteh auf eigne Hand!" (7848).

**Mephisto lobt sich
seinen Blocksberg**

**Homunculus
erscheint**

Der dritte Abschnitt der Szene (7851–7950) gehört der Homunculus-Handlung. Das Gespräch der beiden Philosophen Thales und Anaxagoras mit ihm hat das Erdbeben aus dem ersten Abschnitt mit seinen politischen Konnotationen zum Gegenstand. Thales, der alle Entwicklung als „lebendiges Fließen" (7861) versteht, hält die morphologische Veränderung für „nur gedacht" (7946). Anaxagoras, der im Gegensatz dazu ihre Realität so übertreibt, daß er einen Meteor für den herabstürzenden Mond ansieht (7920 ff.), bietet Homunculus die Königsherrschaft über die durch das Erdbeben ans Tageslicht getretenen Wesen an. Während also Thales, was er wahrgenommen hat, für bloße Wahngebilde hält, nimmt Anaxagoras die politische Allegorie, welche die Bergfabelwesen darstellen, für blanke Realität. Homunculus, der sich aus dem Streit der beiden heraushält, entfernt sich, um seinen Weg „zum heitern Meeresfeste" (7949) fortzusetzen.

**Gespräch Thales–
Anaxagoras–
Homunculus**

**Thales hält das
Wasser, Anaxagoras
das Feuer für das
Urelement**

**Unterschiedliche
Deutung der
Pygmäenwelt**

Im vierten Abschnitt (7951–8033) gelangt Mephisto

Mephisto am Ziel seines Wegs

Relativität der Schönheit

Dialektik von 'schön' und 'häßlich'

Höhepunkt des Festes

Nereus verweist Thales und Homunculus an Proteus

Homunculus auf Proteus' Rücken im Festzug

Homunculus' Vermählung mit dem Meer

an das Ziel seines Weges. Er findet in einer Höhle im „Dreigetüm" der Phorkyaden das Inbild der Häßlichkeit und das ausgerechnet mitten „in der Schönheit Land" (7978). Mit ihnen, „des Chaos Töchter(n)", die nur ein Auge und einen Zahn zu dreien haben, verbindet sich „des Chaos vielgeliebter Sohn" (8027), wovon die Phorkyaden entzückt sind·

> „Im neuen Drei der Schwestern welche Schöne!
> Wir haben zwei der Augen, zwei der Zähne" (8030/1).

Damit hat Mephisto die Rolle gefunden, in der er im dritten Akt Helena und Faust zusammenführen kann. Denn während Faust die Schönheit immer noch in einer realen Person sucht, die er notfalls aus dem Reich der Toten heraufholen muß, erfährt der Zuschauer nun, daß Schönheit und Häßlichkeit dialektisch aufeinander bezogen sind: Schön sind sogar die Phorkyaden, wenn sie zwei Augen und zwei Zähne haben statt – wie sonst – nur je eines davon. In der letzten großen Szene der ‚Klassischen Walpurgisnacht', die in ‚Felsbuchten des Ägäischen Meeres' spielt, findet Homunculus das Ziel seines Weges. Hier erreicht das mythische Fest seinen Höhepunkt. Die Zeit steht still, der Mond verharrt „im Zenit" (vor 8034). Unter Sirenen, Tritonen und anderen Meeresfabelwesen erscheint Nereus, der weise „Greis des Meers" (8102), an den sich Thales mit dem Problem des Homunculus wendet, „wie man entstehn und sich verwandlen kann" (8153). Sie werden an Proteus verwiesen, den Meergott, der ständig seine Gestalt wechselt. Dieser nimmt als Delphin den ‚Verkörperlichung' begehrenden (8252) Homunculus auf den Rücken, um sich mit ihm in den Festzug der Meeresfabelwesen einzureihen, d. h. ihn auf den Weg des Werdens und der Verwandlung „durch tausend, abertausend Formen" (8325) zu bringen. Die Nereustochter Galatee nähert sich auf dem Muschelwagen der zyprischen Liebesgöttin, die weder durch römische oder venezianische noch fränkische oder türkische Fremdherrschaft über die Insel (8371/2) in ihrem Wirken gestört wurde. In einer Liebesvereinigung der Elemente zerschellt das Gefäß des Homunculus an Galatees Wagen und er selbst „vermählt" sich „dem Ozean"

(8320). Mit einem Hymnus auf „Eros, der alles begonnen" (8479) endet der Akt.

Mit dieser Feier des „Entstehens" erweist sich die
‚Klassische' als Gegengewicht zur nordischen ‚Walpurgisnacht', in der Mephisto herrscht, „der Geist,
der stets verneint", und sich nur für das Zugrundegehen interessiert (1338 ff.). Während die Bilder dort
„die Welt . . . auf der Neige" und reif „zum jüngsten
Tag" zeigen (4092 ff.), wird hier die Natur vorgeführt, der „das frischeste Leben entquellt" (8444).
Es ist die Natur, zu deren Betrachtung der Herr im
Prolog die Engel auffordert:

Klassische versus nordische Walpurgisnacht

> „Erfreut euch der lebendig reichen Schöne!
> Das Werdende, das ewig wirkt und lebt,
> Umfaß' euch mit der Liebe holden Schranken . . ."
> (345 ff.).

III. Akt: Mephisto inszeniert Fausts und Helenas Hochzeit, Vereinigung von Antike und Abendland

Zu Beginn des dritten Aktes stellt sich Helena ‚Vor
dem Palaste des Menelas in Sparta' dem Zuschauer
in ihrer wahren Existenzform vor, als Figur der
Dichtung. Sie spricht im Vers der griechischen Tragödie und ist – aus Troja heimkehrend – von einem
Chor gefangener Troerinnen begleitet, der die üblichen allgemeinen Betrachtungen anstellt: „Gutes
und Böses kommt unerwartet dem Menschen"
(8594). Sie referiert ihren Mythos; doch das Stück,
in dem sie nun auftritt, kennt sie noch nicht. Der
Gatte habe sie vorausgeschickt, um zu prüfen, ob
alles „noch an seinem Platze" (8558) steht, und um
ein feierliches Opfer vorzubereiten. Sie fürchtet,
daß Menelaos gegen sie „Unheil sänne" (8537), und
fühlt sich in ihrem Gefühl bestätigt, als sie im Palast
ein „verhülltes großes Weib" entdeckt (8676), das ihr
den Zutritt verwehrt, Mephisto in der Gestalt der
Phorkyas. Der Chor beschimpft ihn als „Scheusal
neben der Schönheit" (8736), muß sich aber vorwer-

Helena als Gestalt der Dichtung

Heimkehr nach Sparta

Mephisto in der Maske der Phorkyas verwehrt ihr den Eintritt

103

fen lassen, daß Schönheit schamlos sei (8754 ff.). Im Gegensatz zu den Chormädchen, die kein Zeitgefühl haben, läßt sich Helena von Phorkyas bewußtmachen, daß sie eine fiktive Gestalt sei, ein „Idol", und ihre persönliche Geschichte ein „Traum" (8880). Daß er etwas von Schönheit versteht (8912), von der Schwierigkeit, sie aus ihrer früheren geschichtlichen Form zu lösen und zeitlos, übertragbar zu machen, zeigt Mephisto nun dadurch, daß er Helena den drohenden Tod, d. h. das Versinken in die Vergessenheit, deutlich macht (8927). Mit seiner Erzählung von den geschichtlichen Ereignissen, die sich seit dem trojanischen Krieg bis zur Aufrichtung fränkischer Fürstentümer auf griechischem Boden im Mittelalter zugetragen haben, macht er Helena klar, daß ihr Weiterleben nur möglich sei, wenn sie sich anstelle des antiken Palastes von der mittelalterlichen Burg umgeben läßt (9050). Sie braucht also nur die Zeit, nicht aber den Ort zu wechseln, um Faust begegnen zu können. Faust trifft Helena in ihrem Land, Helena aber begegnet Faust in seiner Zeit.

Ein ‚Innerer Burghof' mittelalterlichen Gepräges umgibt nun Helena und den Chor, d. h. das Personal der antiken Tragödie. Faust tritt der Griechin in herrscherlichem Aufzug entgegen und teilt seine Herrschaft sogleich mit ihr, indem er eine Pflichtverfehlung seines Turmwärters Lynkeus ihrer Gerichtsbarkeit überläßt. Dieser erklärt sein Wachvergehen damit, daß er durch Helenas Schönheit so geblendet gewesen sei, daß er „vergaß des Wächters Pflichten" (9242). Wieder einmal muß Helena erfahren, daß es ihr „streng Geschick" sei, „überall der Männer Busen so zu betören", daß sie sich und andere ins Unglück bringen (9246 ff.). Sie verzichtet auf Bestrafung. Faust aber, der befürchtet, daß seine Leute „der siegend unbesiegten Frau" gehorchen werden (9266), erkennt sie als „Herrin" an. Lynkeus läßt nun allerlei Schätze heranschaffen, welche die germanischen Stämme während der Völkerwanderung in den Ländern der klassischen Antike geraubt haben, und bittet Helena, ihnen „mit einem heitern Blick" ihren „ganzen Wert zurück" zu geben (9331). D. h. Fausts Welt, die in der europäischen Ge-

Helena erkennt ihre Rolle im griechischen Mythos

Helenas Weiterleben nur an anderem historischen Ort möglich

Der mittelalterliche Vasall von der antiken Schönheit geblendet

Faust erkennt Helena als Herrin an

104

schichte über die politische Macht verfügt, aber ohne Schönheit geblieben ist, öffnet sich – im Übergang vom Hochmittelalter zur Renaissance – zunehmend der antiken Kunst und Kultur. Doch die Wiederbelebung der Schönheit läßt diese nicht unverändert: Helena muß Fausts Sprache lernen! So wird ihre Liebesvereinigung, welche die Aneignung der antiken Kultur durch das spätmittelalterliche Abendland symbolisiert, durch eine „Wechselrede" eröffnet, in der Helena, von Faust geleitet, den ihr unbekannten Reim zu gebrauchen lernt.

Rezeption der antiken Kunst und Kultur

Helena lernt reimen

Phorkyas stört das Idyll mit der Meldung, Menelas nahe mit einem Heer. Faust versammelt seine Vasallen und läßt im Gespräch mit ihnen die Ereignisse der Kreuzzüge vor Augen treten. Immer mehr aber geht die politische Auseinandersetzung mit den Ländern des Altertums in eine kulturelle Auseinandersetzung über, an deren Ende der im Kunstwerk gestaltete Entwurf einer idealen Daseinsweise des Menschen steht, die Schaffung „Arkadiens" (9569). ‚Der Schauplatz verwandelt sich durchaus', d. h. die Landschaft antiker Schönheit wird zur Geburtslandschaft der klassizistischen Kunst, der künftigen Heimstatt Fausts und Helenas. Aus ihrer Verbindung geht der Knabe Euphorion hervor, der „in der Hand die goldne Leier" hält (9620) und sich als „künftigen Meister alles Schönen" darstellt, Allegorie der Poesie also – wie im ersten Akt der Knabe Lenker (5573). Doch Euphorion drängt aus Arkadien heraus, aus dem Bereich der Innerlichkeit in das geschichtliche Leben, in dem es „Sorg' und Not" zu teilen gilt (9894). Gegenüber dem antiken Symbol der Poesie, dem Knaben Hermes, von dem der Chor erzählt (9629–9678), verkörpert Euphorion die moderne Poesie, die sich nicht in das klassische Maß fügt. Die Stationen ihrer Wandlung werden in Wechselreden zwischen Helena und Faust, dem Chor und Euphorion angedeutet. Euphorions Versuch, als Figur der Kunstwelt Arkadiens wie ein realer Krieger „in Waffen" (9871) für die Freiheit eines Volkes zu kämpfen, muß scheitern. Als ein zweiter „Ikarus" (9901) stürzt er zu Boden. Sein Tod zieht Helenas Tod nach sich. Die mit dem Wort scheidet, „daß Glück und Schönheit dauerhaft sich nicht

Kriegerischer Hintergrund der Rezeption

Zuerst kriegerische, dann kulturelle Auseinandersetzung

Arkadien, die Kunstlandschaft klassizistischer Kunst

Euphorion als Allegorie der modernen Poesie

Stationen der Geschichte der modernen Poesie

Auflösung des arkadischen Glückstraums

vereint" (9940). Der Traum von Arkadien ist ausgeträumt.

Phorkyas fordert Faust auf, Helenas Kleid festzuhalten; denn dieses löst sich nun in Wolken auf und trägt Faust hinweg. Mephistos Abschiedsgruß (9954) weist auf den Beginn des vierten Aktes voraus. Während der Chor – wie in der antiken Tragödie – den Schlußgesang (den ‚Exodus') vorträgt, der von der Verwandlung der Choretiden in Naturgeister handelt, legt Mephisto seine Maske als Phorkyas ab. Der Vorhang fällt. Es war alles nur ein Spiel, ein Kunstgebilde, Helena nicht eine wirkliche Person, sondern die Darstellung des Symbols der Schönheit auf der Bühne, die wiederbelebte Antike aber keine Realität, sondern der Bewußtseinshalt einer nichtantiken Gesellschaft.

Mephisto legt seine Phorkyas-Maske ab

IV. Akt: Faust gewinnt politische Macht

Faust an einer Wende seines Lebens

Wolkensymbolik

Die Wolke, die sich aus Helenas Gewand gebildet hatte, setzt Faust im ‚Hochgebirg' ab. Er befindet sich am Beginn einer neuen Epoche seines Lebens. Sein Blick wendet sich – wie die Wolkensymbolik zeigt – zugleich zurück und in die Zukunft bis zum Schluß des Dramas. In der nach Osten abziehenden Kumuluswolke erscheint ihm noch einmal das antike Schönheitsideal, das für ihn „flücht'ger Tage großen Sinn" bedeutet (10054). Der andere Teil der Wolke formt sich zur Cirrus-Bildung, in deren „holde(r) Form" sich ihm Gretchens „Seelenschönheit" (10064) zeigt und „das Beste" seines „Innern mit sich fort" zieht, wie es dann in der Grablegungsszene geschehen wird, wenn Engel „Faustens Unsterbliches entführen" (nach 11824).

Mephisto erscheint in Siebenmeilenstiefeln und führt ihn – wie es der biblische Satan mit Jesus getan hat (NT Mt 4, 8/9) – in Versuchung, indem er in Faust das „Gelüst" nach Macht zu wecken unternimmt (10131 ff.). Er nimmt dazu das Erdbeben-Thema mit seiner politischen Symbolik aus dem zweiten Akt (7495–7675 und 7851–7950) wieder auf, das ihm dazu dient, seine Auffassung von Politik zu illustrieren: Ihm macht es natürlich Spaß, „das Unterste ins Oberste zu kehren" (10091); er will mit „Tumult, Gewalt und Unsinn" in der Politik „Großes ... erreichen" (10126); die Perspektive von oben auf die Beherrschten, diesen „Ameis-Wimmelhaufen" (10151), erfreut ihn; er möchte „von Hunderttausenden verehrt" sein (10154), sich ein „Schloß zur Lust" bauen (10160) und sich einen Harem von Maitressen halten (10170 ff.). Doch Faust distanziert sich von solchen primitiven Phantasien mit dem Hinweis, daß man sich auf diese Weise „nur Rebellen" heranziehe (10159). Er hat eine Vision, die er verwirklichen möchte, nämlich „das herrische Meer vom Ufer auszuschließen" (10229), d. h. Land zu gewinnen zum Besten der Menschen. Mephistos Ideal „Regieren und zugleich genießen" (10251) erscheint ihm als „ein großer Irrtum", denn „Genießen macht gemein" (10259). Dennoch willigt er ein, mit Mephistos Methoden sein Ziel zu verfolgen, der die Reichswirren „zu seinem Vorteil" benutzen will (10237) und seine „Drei Gewaltigen" namens „Raufebold, Habebald und Haltefest" zu Hilfe holt, die freilich nur Allegorien sind (10329).

> **Mephistos Auffassung von Politik**

> **Fausts Auffassung von Politik**

> **Fausts politische Vision**

> **Mephistos Methoden**

Weil der Kaiser, den der Zuschauer aus dem ersten Akt kennt, nach Mephistos Devise das Regieren allzusehr mit dem Genießen verbunden hat, „zerfiel das Reich in Anarchie" (10261). Nun hat sich seine Familie, wie wir in der nächsten Szene ‚Auf dem Vorgebirg' erfahren, gegen ihn erhoben (10375 ff.) und einen Gegenkaiser aufgestellt (10401 ff.). In dieser schwierigen Lage, welche die Führungsschwäche des Kaisers offenbart, bietet Faust mit den „drei Gewaltigen" Hilfe an. Er stellt sich als Beauftragter des Zauberers von Norcia vor, den der Kaiser an seinem Krönungstag in Rom einst vor dem Scheiterhaufen gerettet hat und der ihm nun seine Dankbarkeit bezeugen wolle (10439–54). Faust gibt ihm damit den Vorwand, die Zuhilfenahme von Zauberei vor sich selbst zu entschuldigen (10603–19). Doch wird der Erzbischof den gleichen Vorfall später dazu benutzen, den Kaiser zu erpressen (10981–11002). Als nun noch Herolde auf des Kaisers Angebot, die Entscheidung im Zweikampf mit seinem Gegner herbei-

> **Das Reich liegt in Anarchie**

> **Faust als Abgesandter des Zauberers von Norcia**

**Der Kaiser gibt
das Kommando ab**

**Unsinnigkeit
des Krieges**

**Im Zelt des
Gegenkaisers
wird geplündert**

**Feudale Reichs-
ordnung am Ende**

**Mangelhafte
Selbsteinschätzung
des Kaisers**

zuführen, eine spöttische Ablehnung überbringen
(10489 ff.), gibt der Kaiser das Kommando ab
(10501) und überläßt den finsteren Gewalten das
Feld. Doch zeigt er in dieser Schwäche immer noch
die Arroganz der Herrschenden, wenn er es ablehnt,
den Marschallstab, den ihm sein Obergeneral zu-
rückgegeben hat, dem das Kommando führenden
Mephisto zu verleihen: Er sei „nicht der rechte
Mann" (10704). In den Einzelheiten der Szene wird
die Widersinnigkeit und Unnatürlichkeit des Krieges symbolisiert. Mephisto hat „die Waffensäle
ringsum ausgeräumt", wo die Ritterfiguren „zu Fuß,
zu Pferde" standen, „als wären sie noch Herrn der
Erde" (10558), und gibt durch ihre Verwendung im
Kampf einen Hinweis auf die Tatsache, daß das
bloße Vorhandensein eines Rüstungsapparats dazu
führt, daß die Menschen immer wieder „wie in der
holden alten Zeit" aufeinander losschlagen (10770).
Nach dem Sieg sehen wir in ‚Des Gegenkaisers Zelt'
zunächst einen der ‚Drei Gewaltigen', Habebald
mit der Marketenderin Eilebeute, beim Plündern,
wovon sie sich auch durch Begleiter des siegreichen
Kaisers nicht abhalten lassen. Es ist eine satirische
Einleitung zur Erzämterszene, in der sich die Aus-
beutung des Staates durch die Partikularinteressen
des „Landesherrn" (10944) und der Kirche fortsetzt
und die historische Überfälligkeit der alten feuda-
len Reichsordnung signalisiert.

Goethe hat in der Erzämterszene – wie immer im ‚Faust'
historisch Auseinanderliegendes zusammenfassend – die
Begründung der vier karolingischen Hofämter (Kämme-
rer: Unterhalt und Unterbringung, Truchseß: Verpflegung,
Mundschenk: Getränke, Marschall: Pferd und Stall), wie
sie Hincmar von Reims im 9. Jh. in ‚De ordine palatii' beschrieben hat, und die Erteilung der Grundrechte an die
aus diesen Ämtern entstandenen Kurfürstentümer durch
die ‚Goldene Bulle' Karls IV. (1356) miteinander verbunden.

Die Situation ist grotesk: Der Kaiser hat sich soeben
als unfähig erwiesen und tritt nun in der Pose des
Siegers auf, der das Verdienst für sich in Anspruch
nimmt (10858). Obwohl seine Genußsucht das Reich
in die Anarchie geführt hat, ist bei der Verleihung
der Hofämter wieder fast nur vom Festefeiern die

Rede. Als der Erzbischof, der auch Kanzler des Reichs ist, auftritt, berichtet ihm der Kaiser von der neu erlassenen Ordnung, welche die Territorialfürsten mit Landbesitz, Gerichtsbarkeit und Steuerprivilegien ausstattet und ihnen das Recht zur Kaiserwahl erteilt. Die Macht des Kaisers, durch dessen Unterstützung Faust zu „Herrschaft" und „Eigentum" kommt, wie er es sich gewünscht hat (10187), ist am Ende.

Ausstattung der Territorialfürsten

Das zeigt der Aktschluß mit dem Dialog zwischen Kaiser und Erzbischof, in dem der Zuschauer von Fausts Belehnung mit „des Reiches Strand" erfährt (11036). Es ist eine satirische Zugabe zu der feierlichen Erzämterszene, weil der Erzbischof in ihr – wie der „Pfaffe" in Mephistos Schwankerzählung im ersten Teil des ‚Faust' (2813 ff.) – ein Beispiel für die Fähigkeit der Kirche gibt, mit ihrem „guten Magen (. . .) ungerechtes Gut verdauen" zu können. Der Kaiser solle das Land, auf dem „böse Geister" ihm geholfen haben (10994), der Kirche vermachen, auch ein Gotteshaus darauf errichten lassen. In seiner Geschäftstüchtigkeit denkt der Erzbischof an alles, Unterhaltskosten, Steuern, Materialzufuhr, Frondienste usw. Die Pointe besteht darin, daß er – unter Androhung des Bannes – auch die Abgaben von dem Land verlangt, das Faust erst dem Meere abringen will. Zum Schluß stellt der Kaiser – wieder allein – fest, daß er wohl auf diese Weise „das ganze Reich verschreiben" könne.

Der „gute Magen" der Kirche

V. Akt: Fausts Unternehmertum, Erblindung, Tod und Erlösung

Im letzten Akt des Dramas wird Faust wieder seßhaft. Statt eines engen Studierzimmers bewohnt er nun einen Palast, von dem aus er sein Wirtschaftsreich lenkt. In der ersten Szene ‚Offene Gegend' erscheint dieses Reich zuerst in einer Außenperspektive, wird von einer Gegenwelt her in den Blick genommen, dem kleinen Anwesen des alten Ehepaars

Gegenwelt zu Fausts Reich

Philemon und Baucis. Ein Wandrer tritt auf, der als junger Mann dort Schiffbruch erlitten hatte und von den Alten gastlich aufgenommen worden war. Von ihm erfahren wir, wie Fausts Küstenland früher einmal ausgesehen hat: eine hafenlose Dünenküste, für die Schiffahrt gefährlich. Der Wandrer, voll Dankbarkeit für die einstige Rettung, möchte „schaun das grenzenlose Meer" (11076) und dort beten. Philemon aber zeigt ihm, daß sich dort, wo er das Meer wähnt, eine Gartenlandschaft breitet, „ein paradiesisch Bild" (11086). „Kluger Herren kühne Knechte" hätten sie geschaffen, auch einen Hafen gebaut und viele Menschen angesiedelt. Als Philemon von einem „Wunder" spricht (11109), versteht Baucis diesen Begriff anders als ihr Mann, der sich damit beruhigt, daß alles seine Ordnung habe, weil es sich um ein kaiserliches Lehen handle. Sie meint, daß es „nicht mit rechten Dingen" zugegangen sei (11114):

Menschliche Leistung schafft Siedlungsraum

> „Menschenopfer mußten bluten,
> Nachts erscholl des Jammers Qual" (11127/8).

Sie nennt Faust „gottlos", weil es ihn nach ihrem Anwesen gelüstete, und mißtraut seinem Umsiedlungsangebot. Philemon fordert auf, zur „Kapelle" zu „treten" zum Gebet, von dort den „letzten Sonnenblick zu schaun" (11140), und im Gottvertrauen nicht nachzulassen. Es klingt wie ein Abschied.

Merkmale der beiden Welten

Die wichtigsten Merkmale der beiden Welten, die sich hier gegenüberstehen, sind in der Szene angesprochen:

Alte Welt	Moderne Welt
Hilfsbereitschaft (11052)	Ausbeutung (11127/8)
Frömmigkeit (11055)	Gottlosigkeit (11131)
Dankbarkeit (11064)	Anmaßung (11133/4)
Gastfreundschaft (11057)	Recht des Stärkeren (11131/2)
Einfaches Leben (Hütte)	Wohlstand (11095 ff.)
Naturbelassene Umwelt (Offene Gegend)	Eingriff in die Natur (11093)
Einzelgehöft (11071)	Hohe Wohndichte (11106)

In der zweiten Szene, die im ‚Palast‘ spielt, erfolgt eine Umkehrung der Perspektive: Während der Zuschauer die neue Welt zunächst aus der Sicht der alten erlebte, erfährt er nun, wie die alte Welt sich in den Augen der modernen ausnimmt. Beide Szenen sind gleichzeitig zu denken, wie die ersten Worte des Türmers zeigen, der die Heimkunft der „letzten Schiffe" meldet. Faust hört das Glöckchen, das auf der Düne läutet, wo die beiden Alten und der Wandrer ihr Gebet verrichten. Was für diesen einst ein „Silberlaut" gewesen war, der Rettung aus akuter Not versprach (11072), veranlaßt den reichen und mächtigen Patron zum Fluchen: „Verdammtes Läuten!" (11151). Es erregt in ihm Gefühle von Haß, Neid, Habsucht, Groll, daß es da etwas gibt, das ihm noch nicht gehört: „Mein Hochbesitz, er ist nicht rein" (11156). Dann berichtet Mephisto von erfolgreichen Unternehmungen auf dem „freien Meer" (11171–88). Die ‚Dreieinigkeit‘ von „Krieg, Handel und Piraterie" (11187), die dabei die entscheidende Rolle spielt, entspricht genau den Verhältnissen der frühkapitalistischen Epoche, in der die alten Handelskompanien, z. B. die englische ‚East India Company‘ (1600), die Meere beherrschten und ungeheure Reichtümer nach Hause brachten. Sie durften dafür ihre Schiffe bewaffnen, Befestigungen anlegen und Hoheitsrechte ausüben. Es galt weithin das Recht des Stärkeren („man hat Gewalt, so hat man Recht" 11184). Typisch für den frühkapitalistischen Wirtschaftsstil ist auch der Umgang mit dem Gewinn, der die Kritik der „drei gewaltigen Gesellen" findet. Statt – wie der Kaiser und sein Hofstaat im ersten Akt – „die Zeit in Fröhlichkeit" zu vertun (5057), legt der neuzeitliche Unternehmer den Gewinn als Kapital in neuen Unternehmungen an, er ‚reinvestiert‘, d. h. er „berechnet ... alles mehr genau" (11211/2), um mit „Fleiß" den Besitz zu vergrößern (11231). Denn seine wirtschaftliche Tätigkeit beruht auf dem Prinzip des Privateigentums. Deshalb vergällt Faust das kleine Nachbargrundstück mit Lindenduft und Glöckchenklang „den Weltbesitz", weil es noch nicht sein eigen ist (11241/2). Er hält es für das Schlimmste im Leben, „im Reichtum" zu fühlen, „was" ihm noch „fehlt" (11251/2). Mephisto fördert

Gleichzeitigkeit der Szenen

Faust möchte alles haben

Frühkapitalistische Epoche der Handelskompanien

Anhäufung von Kapital

Prinzip des Privateigentums

Notwendigkeit expandierenden Wirtschaftens

den Plan einer Zwangsumsiedlung der beiden Alten
mit dem Hinweis, Faust müsse unbedingt „koloni-
sieren", d. h. Expansion gehöre notwendig zu dieser
Wirtschaftsweise. Die „drei Gewaltigen" freuen
sich auf ein „flottes Fest" (11285) und Mephisto
erinnert den Zuschauer an das alttestamentliche
Muster, nach dem Faust hier sein Problem löst:

**Die Geschichte von
Naboths Weinberg**

König Achab begehrte Naboths Weinberg, der neben seinem Palast lag. Da dieser nicht verkaufen
wollte, ersann Achabs Frau eine List. Sie ließ zwei
falsche Zeugen besorgen, die vor Gericht aussag-
ten, Naboth habe Gott und den König gelästert. Das
Volk verurteilte ihn; und er wurde zu Tode gestei-
nigt. (1 Kön 21, 1–16).

In der nächsten Szene ist es ‚Tiefe Nacht'. Der Tür-

**Preis der Schönheit
der Welt**

mer preist die Schönheit von Gottes Natur, die den
Menschen, der sie betrachtet, beglückt. Seine Worte
klingen wie ein Abgesang: „Es war doch so schön!"
(11303). Plötzlich gehen seine ruhigen Verse in er-
regte Trochäen ($\stackrel{\smile}{-}.\stackrel{\smile}{-}.\stackrel{\smile}{-}.\stackrel{\prime}{-}(-)$) über. „Greuliches Ent-

**Das Anwesen von
Philemon und
Baucis wird zerstört**

setzen" packt ihn und er schildert dem Zuschauer in
allen Einzelheiten, wie Funken durch die Linden
sprühen, die Hütte lodert, das Kapellchen zusam-
menbricht. Das seit Jahrhunderten gewohnte Bild
der Welt ist dahin (11336/7). Faust ist durch das
Jammern seines Türmers auf den Balkon gelockt
und erfährt von Mephisto, daß aus der geplanten
Umsiedlung Raub und Mord geworden sind, die beiden Alten und der Fremde den Tod gefunden haben.

**Faust schiebt die
Schuld von sich**

Als Faust die Schuld Mephisto und seinen Gesellen
zuschiebt, rechtfertigen diese ihr Vorgehen in zyni-
scher Weise damit, daß die Opfer selbst für ihr Geschick verantwortlich seien, denn ihnen sei ja „das
alte Wort" bekannt gewesen, das da lautet: „Gehor-
che willig der Gewalt!" (11375). Wie in der Geschichte von Achab und Naboth der Tat das Unheil
auf dem Fuße folgt, so lösen sich aus dem „Rauch
und Dunst" der niedergebrannten Hütte Schatten,
die auf Faust zuschweben.

**Aus den Trümmern
kommen „vier
graue Weiber"**

In der Szene ‚Mitternacht' geben sich diese als „vier
graue Weiber" zu erkennen, Mangel, Schuld, Sorge
und Not. Doch nur die Sorge kann in den Palast des
Reichen hinein. Der Tod, „der Bruder" der Weiber,

naht ebenfalls (11397). Faust spürt seine Nähe und wird sich plötzlich seiner Endlichkeit bewußt. Und zu dieser Endlichkeit gehört es, der Sorge verfallen zu sein. Sie ist immer schon da, wie Faust erkannt hatte, als er nach der Erdgeisterscheinung über das „Menschenlos" nachdachte (629, 644). Aber er hatte sie von sich geschoben und verdrängt, als er sich für den Weg der Magie und das Bündnis mit Mephisto entschied. Nun bringt sie ihn dazu, sein Leben zu widerrufen. Er möchte den Weg der Magie verlassen, „die Zaubersprüche ganz und gar verlernen" (11405), wieder „ein Mensch ... sein", wie er es war, bevor er all das verfluchte, womit die Phantasie die Seele erfüllt, um das Leben erträglich zu machen (1587 ff.). Fausts Tragödie besteht darin, daß er zu dieser Einsicht erst gelangt, als es zu spät ist, aus ihr Konsequenzen zu ziehen, d. h. erst im Angesicht des Todes. Immerhin verzichtet er darauf, die Sorge durch ein „Zauberwort" (11423) zu vertreiben. Auf ihre Frage: „Hast du die Sorge nie gekannt?" erwidert Faust, er habe sein „Leben durchgestürmt" (11439), ohne sich um sie zu kümmern. Er wiederholt sein Bekenntnis zu entschiedener Diesseitigkeit, das er einst vor Mephisto abgelegt hatte (1660), und kennzeichnet sich als „unbefriedigt jeden Augenblick" (11452). Damit ist das Thema vom irrenden Streben und vom „dunklen Drange" (317, 328) aus dem Prolog wiederaufgenommen, Eigenschaften, die Fausts Wesen letztlich dem Zugriff Mephistos entziehen (s. S. 43). Die Sorge aber versucht nun – ähnlich wie der „Böse Geist" Gretchen in die Verzweiflung trieb (3776 ff.) – unter Wiederaufnahme des Vergeblichkeitsmotivs aus dem Prolog, durch ihre „schlechte Litanei" (11469) Faust zu „betören" und zu frustrieren. Dieser erkennt den dämonischen Charakter der Sorge und verweigert ihr seine Anerkennung (11487–94), d. h. er unterscheidet das an ihr, was unabdingbar zur Begrenztheit menschlicher Existenz gehört, von dem, was erst dadurch im Innern des Menschen entsteht, daß er sich durch „Gespenster" quälen läßt. Gegen diesen Geisterspuk (11450) wehrt sich Faust, indem er an seinem Streben festhält, was er „gedacht", auch zu „vollbringen" (11501). Er ist zwar erblindet, doch „im

Faust überdenkt sein Leben

Absage an das Leben mit Zauber und Magie

Die Einsicht kommt zu spät

Faust stellt sich der Sorge

Vergeblichkeitsmotiv (287 ff.)

Doppelcharakter der Sorge

Erreicht Faust noch die Realität?

Innern leuchtet helles Licht". Er gibt Anordnungen an seine „Knechte", damit „sich das größte Werk vollende" (11509). Denn dazu genüge „ein Geist für tausend Hände". Aber es ist nun die Frage, die der Leser in die nächste Szene hineinnimmt, ob oder inwieweit dieser Geist sich den Knechten noch mitzuteilen vermag. Der Geist ist zwar die quälende Spannung zwischen „Geist" und „Stoff" los, die unser „Menschenlos" ausmacht (629 ff.), wenn er sich vom Körper zu lösen beginnt. Doch kann der Mensch auf der Erde nur wirken, wenn er zwischen Geist und Materie eingespannt bleibt, d. h. seine Entelechie in einem Körper wohnt.

In der nächsten Szene ‚Großer Vorhof des Palasts' wird die genannte Frage negativ beantwortet. Fausts Geist erreicht die Realität um ihn herum nicht mehr. Seine Fähigkeit, wirksam in sie einzugreifen, ist damit geschwunden.

Spannung zwischen innerer und äußerer Handlung

Die Szene ist durch die Spannung bestimmt, die zwischen der inneren Handlung, Fausts Denken und Streben, und der äußeren Handlung, der Vorbereitung seines Grabes und seinem physischen Tod, besteht. Mephisto läßt bei Fackelschein von Lemuren – so nannten die alten Römer die des Nachts als Geister umherirrenden Seelen der Verstorbenen – Fausts Grab schaufeln. Ihr Gesang ist nach dem Totengräberlied aus Shakespeares ‚Hamlet' gestaltet:

> „In jungen Tagen ich lieben tät . . ." Shakespeare, Hamlet V 1.

Nicht der Graben, sondern sein Grab wird geschaufelt

Schlußmonolog

Obwohl Faust sich also schon auf dem Wege „aus dem Palast ins enge Haus" (11529) des Sarges befindet, hält er das Spatengeklirr für das Zeichen, daß die Arbeiter dabei seien, seine Befehle auszuführen. So ordnet er an, das Unternehmen zu beschleunigen, weitere Arbeitskräfte durch Lohnanreize, Überredung, ja Zwangsrekrutierung (11554) herbeizuschaffen. Obwohl es längst nicht mehr um einen „Graben", sondern um sein „Grab" geht (11558), hält er an der Attitude des mächtigen Patrons (11170) fest, ja, erhebt sich in der Euphorie, die dem Tod vorangeht, zu einer utopischen Vision von einem „freien Volke" „auf freiem Grund" (11580), die bis in

114

Einzelheiten hinein an die Vision des alttestament-
lichen Propheten Jesaja von der „neuen Erde" und
dem „neuen Himmel" erinnert (65, 17–25). Fausts
Vorstellungen sprengen jedes Maß: Er will Raum für
„viele Millionen" schaffen (11563) und einen Ruhm
gewinnen, der „nicht in Äonen" untergeht (11584).
Er spricht vom „Gemeindrang", der zur Arbeit mo-
tivieren soll (11572), wo er doch unbedenklich bisher Zwangsarbeit zur Durchsetzung seiner Ziele
benutzt hat:

Maßlosigkeit seiner Vorstellungen

> „Es ist die Menge, die mir frönet" (11540).

In diesem Schlußmonolog wiederholt Faust das
Stichwort, mit dem er Mephisto einst die „Wette"
angeboten hatte:

Das Stichwort der Wette fällt

> „Werd' ich zum Augenblicke sagen: Verweile doch,
> du bist so schön, dann magst du mich in Fesseln
> schlagen..." (1699 ff.)

> „Solch ein Gewimmel möcht' ich sehn, auf freiem
> Grund mit freiem Volke stehn. Zum Augenblicke
> dürft' ich sagen: Verweile doch, du bist so schön!"
> (11579 ff.)

Mephisto meint, das Spiel gewonnen zu haben, und
nimmt das Stichwort auf, indem er das Bild von der
Wasseruhr, das Faust damals gebraucht hatte, nun
zur Feststellung von dessen Tod verwendet:

Bild von der Wasseruhr

> „Die Uhr mag stehn, der Zeiger fallen, es sei die
> Zeit für mich vorbei!" (1705/6)

Das Fallen des Zeigers

> „Die Zeit wird Herr, der Greis hier liegt im Sand.
> Die Uhr steht still... Der Zeiger fällt... es ist voll-
> bracht... Es ist vorbei." (11592 ff.)

Die antike Wasseruhr (Klepsydra) besteht aus zwei Gefä-
ßen in verschiedener Höhe, deren oberes ständigen Wasser-
zulauf hat, so daß ein gleichmäßiger Überlauf zum unteren
Gefäß stattfindet, dessen Wasserspiegel langsam ansteigt
und dabei einen auf einem Schwimmer ruhenden horizon-
talen Zeiger bewegt, der auf einer vertikalen Skala die
buchstäblich ‚verfließende' Zeit anzeigt. Wenn kein Wasser
mehr fließt, „fällt" der Zeiger.

Die Worte „Es ist vollbracht", die Christus bei seinem Kreuzestod spricht (Ev. Joh 19, 30), benutzt

115

Mephisto, um Fausts Tod in seinem Sinne zu interpretieren:

> „Vorbei und reines Nichts, vollkommnes Einerlei!
> Was soll uns denn das ew'ge Schaffen!" (11597/8)

Nicht nur das Stichwort der Wette schlägt den Bogen zurück zum Anfang des Dramas. Auch seine Charakterisierung Fausts wiederholt Mephisto noch einmal:

Fausts unruhiger Charakter

> „Und alle Näh' und alle Ferne befriedigt nicht die tiefbewegte Brust." (306/7)

> „Ihm hat das Schicksal einen Geist gegeben, der ungebändigt immer vorwärts dringt . . ." (1856/7)

> „Ihn sättigt keine Lust, ihm gnügt kein Glück . . ." (11587)

Mephisto, der „Geist, der stets verneint"

Schließlich stellt er sich auch noch einmal ausführlich als den „Geist, der stets verneint" (1338) dar, dessen Interesse darin besteht, alles zu vernichten, „was sich dem Nichts entgegenstellt" (1363). Im Grunde habe auch Faust ihm in die Hand gearbeitet, da er mit seinen „Dämmen" und „Buhnen" (11545) den zerstörerischen Elementen etwas zum Vernichten angeboten habe.

Kosmische Dimension des Geschehens

Burleske Szene

Mit der nächsten Szene, ,Grablegung', ist die Binnenhandlung zu Ende, die Bühne zeigt wieder kosmische Dimensionen, der Anschluß an den ,Prolog' wird hergestellt. Die ,letzten Dinge' werden thematisiert, Leib und Seele, Tod und Erlösung, Sünde und Vergebung. Und das geschieht ausgerechnet in einer burlesken Szene, deren Handlungsschema auf dem mittelalterlichen Bild vom Kampf der Engel und Teufel um die Seele des Menschen beruht.

Problem der Trennung von Weib und Seele

Nach den Totengräberklagen der Lemuren folgt Mephistos Klage über die Probleme, die der Teufel heute mit dem Einfordern der ihm verfallenen Seelen habe, da nicht nur das „Wann? wie? und wo?", sondern sogar „das Ob?" des eingetretenen Todes fraglich geworden sei (11631 ff.), d. h. „das Seelchen, Psyche mit den Flügeln" (11660) nicht mehr – wie auf den alten Bildern – als weibliche allegorische Gestalt aus dem Munde des Verstorbenen auffliegt. Wie im barocken Welttheater öffnet sich der Höllenrachen, und Mephisto gibt seinen Teufeln Anweisung, nicht nur an gewohnter Stelle nach Fausts „Genie" zu suchen (11664 ff.). Gleichzeitig nähert sich „Himmlische Heerschar", den Sündern Vergebung verkündend, was Mephisto zu der ärgerlichen Feststellung veranlaßt, daß die Himmlischen die wirksamste Teufelserfindung zur Vernichtung des menschlichen Geschlechts (11690), die Sünde, in ein Gnadenmittel verwandelt haben. Die Vertauschung der Vorzeichen, die für Mephistos Perspektive so charakteristisch ist (s. o. S. 38), wird noch einmal pointiert, wenn er seine Helfer beruhigt, die Engel seien schließlich „auch Teufel, doch verkappt" (11696), Umkehrung der christlichen Vorstellung, daß die Teufel gefallene Engel sind (NT Lk 10, 18). Aber in Mephistos Problemen mit Seele und Sünde deuten sich Identitätsprobleme an. Die ursprüngliche Gleichheit von Engeln und Teufeln, die Mephisto anspricht:

Die Engel bekämpfen die Teufel mit deren „eigenen Waffen" (11695)

> „Seid ihr nicht auch von Luzifers Geschlecht?"
> (11770)

wird beim Eindringen der ‚Liebesflammen', welche die Engel in Gestalt von Rosenblüten aussenden, zu einem Kampf des Teufels mit sich selbst:

Angriff der Engel mit Liebesflammen auf Mephisto

> „Auch mir. Was zieht den Kopf auf jene Seite?
> Bin ich mit ihr doch in geschwornem Streite!"
> (11759/60)

Die Liebe, mit der er „in geschwornem Streite" liegt, die aber das Element der Engel ist, beginnt Mephistos Teufelsnatur als etwas Fremdes zu durchdringen (11762). Doch kann sie bei ihm nur Sexualität wecken (11780–800). Dadurch gelingt es ihm, seine Identität als Teufel zu bewahren:

Mephisto findet seine Identität wieder, verliert aber Fausts Seele

> „Gerettet sind die edlen Teufelsteile" (11813).

Diesen Kampf Mephistos mit seiner Identität, der seine Aufmerksamkeit von Faust abzog, haben die Engel ausgenutzt, „Faustens Unsterbliches" aufzuheben und „sind mit der Beute himmelwärts entflogen" (11827). Mephisto bleibt wie der geprellte Teufel der alten Legende zurück und muß feststellen:

„Ein großer Aufwand, schmählich! ist vertan"
(11837).

Die letzte Szene des Dramas, ‚Bergschluchten‘, ist
eine Wandelszene wie die Walpurgisnacht (s. o.
S. 77). Wie dort sind auch hier Figuren von unten
nach oben in einer Berglandschaft verteilt, die
„Faustens Unsterbliches" – von Engeln emporgetra-
gen – allmählich durchmißt, bis es in den ‚Himmel‘
gelangt. So hat das Spiel, wie es der Theaterdirektor

**Der ganze Kreis
der Schöpfung ist
ausgeschritten**

versprochen hatte, tatsächlich „den ganzen Kreis
der Schöpfung" ausgeschritten (240). In der Gliederung der Szene lassen sich vier Phasen unterscheiden:

**Gliederung
der Szene**

1. Gesänge der heiligen Anachoreten, d. h. Einsiedler, und
   der seligen Knaben, ungetauft verstorbener (11900)
   Kinder (11844–11933),
2. Gesänge der Engel, die Faustens Unsterbliches diesen
   Knaben übergeben (11934–11988),
3. Monolog des Doctor Marianus, der den Weg zu den
   Frauen weist (11989–12031), und
4. Gesänge der „Büßerinnen", darunter Gretchen, die
   um die „Himmelskönigin" schweben; Schlußchor
   (12032–12111).

Die Landschaft, welche Chor und Patres beschrei-
ben, ist in Bewegung, der Wald „schwankt heran"
(11844) und „wogt" (11875). „Felsenabgrund",
„Wasserfülle", „Blitz" usw. sind „Liebesboten", die
„verkünden, was ewig schaffend uns umwallt"
(11882). Das ‚Jenseits‘, in das Faust nun gelangt, ist
eine Welt des Werdens, wie sie die Engel nach dem
Willen des Herrn betrachten sollen (345 ff.) und wie
sie Fausts Erkenntnisziel gewesen ist. Während Homunculus, um zu „entstehn", d. h. um die materielle
Körperlichkeit zu erhalten, in das feuchte Element

**Fausts Aufstieg
aus dem Feuchten
in den Äther**

eintauchen mußte (s. S. 102), „steigt" Faust auf dem
Wege der Vergeistigung aus der Sphäre des Feuchten
„hinan zu höherm Kreise" (11918), in den ‚freien
Äther‘. Die seligen Knaben reagieren mit „Schreck
und Grauen" auf den Anblick dieser bewegten Natur (11916).

**Gründe für
Fausts Erlösung**

Engel nahen mit „Faustens Unsterblichem" und
verkünden, daß er gerettet sei, weil er „immer strebend sich bemüht" (11936) und „die Liebe . . . von

oben" an ihm „teilgenommen" habe. Die jüngeren Engel berichten voller Genugtuung vom Kampf mit den Teufeln und ihrer Kriegslist. Die vollendeteren Engel weisen darauf hin, daß eine Auflösung der „geeinte(n) Zwienatur" (11962), in der die „Geisteskraft" mit „Erdenrest(en)" vermischt ist, ohne Hilfe der „ewigen Liebe" nicht gelingen kann. Im Unterschied zur christlichen Lehre, die an die ‚Auferstehung des Fleisches' glaubt, besteht die Erlösung hier also in der Abtrennung des Geistes von den „Elementen". Der Leib bleibt unerlöst. Die seligen Knaben nehmen Faustens Unsterbliches daher noch „im Puppenstand" (11982) in Empfang, weil von ihm noch „Flocken" losgelöst werden müssen, ehe es in die „obere Welt" (11977) gelangen darf.

Unterschied zur christlichen Lehre

Diese Sphäre wird nun vom Doctor Marianus als ein Bereich von Frauen vorgestellt, in dem die „Himmelskönigin" von „Büßerinnen" umgeben ist, die der „Gnade bedürfen". Dieser Teil des Himmels ist ganz im Hinblick auf die Gretchen-Tragödie des ersten Faust-Teils gestaltet. Er ist ausdrücklich für „die leicht Verführbaren" (12022) reserviert, die sich vertrauensvoll an die Jungfrau Maria wenden, wie es Gretchen getan hat. Die Worte des Doctor Marianus sind voller Verständnis für die „Schwachheit", die sich nicht selbst aus „der Gelüste Ketten" befreien kann und zu Fall kommt (12024 ff.).

Die Himmelssphäre der Frauen

Rückblende zur Gretchen-Tragödie

Im letzten Teil der Schlußszene ist Gretchen die Hauptperson. Der Chor der Büßerinnen spricht ein Mariengebet, das an Gretchens Gebet im ‚Zwinger' anklingt (3587 ff.). Dann erscheinen drei kanonische Sünderinnen der christlichen Überlieferung, die Sünderin, die Jesus Füße salbte (Lk 7, 36 ff.), die Samariterin, die Jesus am Jakobsbrunnen traf (Joh 4, 7 ff.), und die ägyptische Einsiedlerin Maria (Acta Sanct. v. 2. April), und verrichten jede eine Fürbitte für Gretchen. Die Himmelskönigin möge ihr ihre Schuld „verzeihen" (12068). Gretchen stimmt in das Gebet ein und begrüßt dankbar den „früh Geliebte(n)", nun geläutert zurückkehrenden Faust, den die seligen Knaben bringen, die noch etwas von ihm lernen wollen. Gretchen sieht, daß er die „alte Hülle" abgelegt hat und nun im „ätherischen Gewande" wieder über seine „erste Jugendkraft" ver-

Sünderinnen bitten füreinander

Der „früh Geliebte" kehrt zurück

119

**Alles als Gleichnis
zu nehmen**

**Die Frau
als Mittlerin**

fügt. Sie bittet Maria, „ihn ... belehren" zu dürfen. Das gewährt ihr die ‚glorreiche Mutter'; es sind
die einzigen Worte, die sie in der Szene spricht. Zum
Abschluß gibt der mystische Chor die Anweisung,
das ganze Spielgeschehen als ein „Gleichnis" zu
nehmen und zu bedenken, daß hier etwas in Szene
gesetzt wurde, wo man gewöhnlich nicht hingelangen kann („das Unzulängliche", „das Unbeschreibliche"). Aber „hier ist's getan", d. h. auf dieser
Bühne ist es aufgeführt worden. Statt des christlichen Himmels, den der Zuschauer nach der Burleske mit dem geprellten Teufel erwarten durfte,
gibt es einen Himmel der begnadeten Büßerinnen,
deren liebende Fürbitte zur Erlösung verhilft. Gott
ist ganz in eine Richtungsangabe verwandelt
(„hinan") und „das Ewig-Weibliche" weist den Weg
dorthin. Allein kann ihn der Mann nicht gehen.

Bauformen und Zeitstruktur des Faust-Dramas

Man hat unter Hinweis auf die Vielfalt unterschiedlicher poetischer Formen, die im ‚Faust'-Text anzutreffen sind, die Frage gestellt, ob es sich überhaupt um ein Drama handelt. Schon die Grundelemente, aus denen die Faust-Dichtung allmählich zu einem einheitlichen Werk zusammengewachsen ist, gehören verschiedenen Gattungen an. Die Gelehrtentragödie, d. h. die Folge der Monologe des an der Unzulänglichkeit menschlicher Erkenntnis verzweifelnden Wissenschaftlers, den auch die Magie nicht an das ersehnte Ziel zu bringen vermag, stellt eine Art von Ein-Personen-Stück (Monodrama) dar, das viele lyrische Elemente enthält (z. B. die Klage über das „ungewisse Menschenlos" 632 ff.). Gegenbild zu Fausts Erkenntnisstreben ist die Parodie auf das trockene Fachwissen (Schülergespräch 1868 ff.) oder philosophische Modeströmungen (Baccalaureusszene 6689 ff.) in der Universitätssatire, welche in Form der Komödie behandelt wird. Der Gelehrte, der in der Forschung seine Grenzen nicht zu überschreiten vermag, sucht dann die Befreiung aus den Fesseln des Ichs in der Liebe zu Margarete. Diese Liebesgeschichte, die Gretchentragödie, erinnert in ihrem Handlungsverlauf an eine Tragödie im klassischen Stil: Ein unschuldiges, reines Mädchen wird durch selbstlose Liebe in Schuld verstrickt und zur Straftäterin. Indem sie bereitwillig die Sühne auf sich nimmt, kämpft sie sich zu sittlicher Freiheit durch. Diese Handlung wird als Stationendrama durchgeführt, in dem das Ganze des dramatischen Geschehens in einzelnen Ausschnitten vor die Augen des Zuschauers gebracht wird, auch eine längere Zeiterstreckung hat und Nebenhandlungen an den verschiedensten Orten umfaßt. Goethe nimmt sich hier Shakespeare zum Vorbild und erklärt dessen Vorgehen am Beispiel des ‚Macbeth' mit dem Argument, daß die Worte, welche die Figuren des Dramas äußern, „weiter nichts beweisen" wollen,

Grundelemente des Werks

Mischung der Gattungen

Komödie

Tragödie

Stationendrama

Vorbild Shakespeare

„als daß der Dichter seine Personen jedesmal das reden läßt, was eben an *dieser Stelle* gehörig, wirksam und gut ist, ohne sich viel und ängstlich zu bekümmern und zu kalkulieren, ob diese Worte vielleicht mit einer anderen Stelle in scheinbaren Widerspruch geraten möchten."
(Eckermann 18. 4. 1827)

Andere Formen

Bei der weiteren Ausgestaltung der Dichtung traten zu diesem dreifachen Kern immer mehr verschiedene Formen hinzu. In ihrem Wechsel von Sprech- und Gesangspartien zeigen manche Szenen opernhafte Züge (z. B. Hexenküche, Walpurgisnacht, Dom).

Maskenspiel

Andere gehören der Gattung der Maskenspiele an, wie sie der Hofpoet Goethe oft als Gelegenheitsdichtung für allerlei Feste der großherzoglichen Familie in Weimar geschrieben hat (z. B. Walpurgisnachtstraum, Mummenschanz).

Liedformen

Vielfältig sind die Formen der musikalischen Einlagen, die teils volksliedhaft sind (z. B. Tanzlied 949 ff., Trinklied 2126 ff., Ballade 2759 ff., Liebesklage 3374 ff.), teils aus dem kirchlichen Raum stammen (Hymnus 243 ff., Chöre des Osterspiels 737 ff., Gebet 3587 ff., Sequenz 3798 ff.), teils nach antiken Maßen gestaltet sind (adonische Verse 1447 ff., Chorstrophen tragischer Dichtung 9385 ff.).

Mysterienspiel und Welttheater

Der ‚Prolog im Himmel' und die Schlußszene des zweiten Teils gehen auf das Vorbild des spätmittelalterlichen Mysterienspiels zurück, in dem geistliche Inhalte (Erlösung des Menschen durch Christus) im Spiel dargestellt wurden. Wenn sich in der Kerkerszene die Bühne nach oben (Himmel) und unten (Hölle) öffnet, erhält sie die Dimensionen des barocken Welttheaters, das man folgendermaßen charakterisieren kann:

Gott bereitet sich und seinem himmlischen Hofstaat ein Schauspiel. Die Bühne ist die Welt, die Schauspieler sind die Menschen. Das Stück, das gespielt wird, ist das Leben. Wenn es zu Ende ist, ruft der Tod die Spieler von der Bühne ab. Gott, der Spielmeister, aber hält Gericht. Er lädt diejenigen, die ihre Rolle gut gespielt haben, zur himmlischen Festtafel.

Infolge des extremen Verhältnisses von Spielzeit und gespielter Zeit und im Hinblick auf die dem Leser dadurch aufgebene Phantasiearbeit hat man zu Recht vom epischen Charakter der Faust-Dichtung gesprochen:

Die Handlung der beiden Teile umfaßt Fausts Leben von den frühen Mannesjahren des temperamentvollen Professors bis zum Tode des greisen Patrons am Meeresstrand. Er solle dann „gerade hundert Jahre alt sein", vermerkt Eckermann am 6. 6. 1831 als Äußerung Goethes. Daraus würden sich für die gespielte Zeit wenigstens sechzig Jahre ergeben, ebenso viele, wie das Werk zu seiner Vollendung benötigte. Wenn wir aber die sich in der Handlung spiegelnden Geschichtsepochen berücksichtigen, so befindet sich der Faust des „hochgewölbten, engen gotischen Zimmers" bei seinem ersten Auftreten am Anfang der Neuzeit etwa um 1500, der Unternehmer des 5. Aktes aber, der sich mit technischen Mitteln die Natur unterwirft, bereits tief im 19. Jahrhundert. Nehmen wir noch die Innenwelten, die epochenspezifischen Bewußtseinsinhalte hinzu, dann weitet sich die gespielte Zeit auf Jahrtausende aus. So spielt der 3., der Helena-Akt, des II. Teils „seine vollen 3000 Jahre, von Trojas Untergang bis zur Einnahme von Missolunghi", schreibt Goethe stolz an Wilhelm von Humboldt am 22. 10. 1826. Helena tritt ja dort wie in einer griechischen Tragödie mit einem Chor gefangener Troerinnen auf; und der Akt endet mit dem Tod Euphorions, dem Ebenbild des Dichters Lord Byron, der 1824 im Freiheitskampf starb. Dabei sind die drei Einheiten der klassischen Tragödie, die Einheit der Handlung, des Ortes und der Zeit, durchaus gewahrt. Denn die Figur Helenas sorgt für eine einheitliche Handlung; Schauplatz ist durchweg die Peloponnes; die Kontinuität der Zeit aber wird dadurch hergestellt, daß die geschichtlichen Ereignisse vom Fall Trojas bis zur griechischen Erhebung gegen die Türken von Figuren der Handlung referiert oder wenigstens angedeutet werden.

Kennzeichnend für den Aufbau des Dramas ist die Art, in der diese Zeitstruktur sich allmählich entfaltet. Die Beziehung zwischen Spielzeit und gespielter Zeit löst sich nämlich nach anfänglicher Nähe im Verlauf des Spiels immer mehr auf und beteiligt

Epischer Charakter des Werks

Gespielte Zeit = ein langes Menschenleben

Epochen, die sich im frühen und im alten Faust spiegeln

Die kollektiven Bewußtseinsinhalte umfassen Jahrtausende

Beispiel Helena-Akt

Die drei Einheiten sind gewahrt

Verhältnis von Spielzeit zu gespielter Zeit

Weitgehende Übereinstimmung von Spielzeit und gespielter Zeit in den Szenen (4)–(9)

immer stärker den Leser bzw. Zuschauer an der Vergegenwärtigung der Zusammenhänge. Nach den nächtlichen Monologen und Gesprächen der ersten Szene der Fausthandlung vergehen nur einige Stunden bis zum Osterspaziergang. Der Nachhauseweg führt unmittelbar in die erste Studierzimmerszene. Zwischen dieser und dem zweiten Auftreten Mephistos liegt die unbestimmte Zeitspanne, die Fausts Schlaf ausfüllt. Weder vor der Szene in Auerbachs Keller noch vor der in der Hexenküche sind von der Handlung her Zeitspannen anzunehmen, die ins Gewicht fallen. Daher kann man bis zum Beginn der Gretchenhandlung von einer weitgehenden Übereinstimmung von Spielzeit und gespielter Zeit ausgehen.

Gespielte Zeit der Gretchenhandlung etwa ein Jahr

Die mit Szene (10) einsetzende Gretchenhandlung umfaßt von den Vorbereitungen Mephistos über die erste Begegnung und die vorübergehende Trennung (Szene 17), das erneute Zusammensein (Szene 19) und abermalige Trennung (Szene 20) bis zur Katastrophe, d. h. Niederkunft, Kindesmord, Gerichtsverfahren usw., wohl mindestens ein Jahr. Die Spielzeit der wenigen Szenen beträgt also nur einen winzigen Bruchteil von der Zeitdauer der in ihnen dargestellten Handlungen. Diese aber werden in der

Äußere Höhepunkte ausgespart

Weise dargestellt, daß sämtliche äußeren Höhepunkte, z. B. das Sterben der Mutter, die Tötung des Kindes, Prozeß und Verurteilung, ausgespart sind. Die Darstellung beschränkt sich darauf, einzelne Stationen der sich anbahnenden Beziehung zu zeigen (Szenen 10 und 12 bis 16), Gretchens innere Verfassung vorzuführen (Szenen 11, 18, 21, 23) oder das Geschehen in anderen Figuren zu spiegeln (Szene 20: Lieschen, 22: Valentin). Entscheidende Elemente

Anspielung und Vorausdeutung

der Handlung werden durch Anspielung (3505 ff.: Vereinigung der Liebenden) oder Vorausdeutung (4587 ff.: Hinrichtung) in das Spiel eingeführt. All diese Rezeptionsvorgaben reichen dazu aus, daß der

Phantasiearbeit des Lesers bzw. Zuschauers

Leser oder Zuschauer sich aufgrund der dargestellten oder angedeuteten Handlungsteile das Kontinuum des Handlungsganzen herstellen kann.

Bezugsrahmen der Handlung

Zu dieser Phantasiearbeit des Lesers bzw. Zuschauers gehört auch, daß er den Bezugsrahmen aufbauen kann, innerhalb dessen das Geschehen verständlich wird. Die Voraussetzung dazu leisten die Einzelszenen insofern, als sie anschauliche und vollständige Bilder des entsprechenden Wirklichkeitsausschnitts liefern. So bietet Gretchens Schilderung ihres Alltags in der Gartenszene (15) einen ausreichenden Einblick in die kleinbürgerliche Lebenswelt einer deutschen Stadt des 18. Jahrhunderts. Diese Umwelt bildet dann auch den Rahmen, innerhalb dessen die Brunnen-Szene (20) verstanden werden muß, d. h. sie braucht nicht nochmals expliziert zu werden.

Während im geschlossenen Drama ein Wirklichkeitsausschnitt das Ganze repräsentiert, muß sich hier der Leser bzw. Zuschauer das Ganze aus den im Text enthaltenen Ausschnitten durch seine Phantasiearbeit erst herstellen, wie es der Leser eines Romans zu tun pflegt.

Das Ganze in Ausschnitten

Sprache, Stil und Metrik

Auch in Sprache, Stil und Metrik zeigt der ‚Faust'
eine reiche Vielfalt an Formen, die auf unterschiedliche Gattungen hinweisen. Diese poetischen Mittel,
d. h. Wortwahl, Satzbau, Versmaß und Reim, helfen
mit, sinnlich faßbar zu machen, was die Symbole als
Bild vor Augen stellen. Ein gutes Beispiel für das
gleichzeitige Zusammenwirken dieser Faktoren findet sich in der Burghofszene des Helena-Aktes im
II. Teil. Es geht darum, die abendländische Rezeption der Antike zu symbolisieren. Goethe wählt
dazu das Mittel, daß Faust Helena im Gebrauch des
ihr fremden Reimes unterweist. Eine wichtige Aus-
kunft über das Wesen literarischer Rezeption liegt in
dem Umstand, daß hier Helena, das Ideal antiker
Schönheit, etwas zu lernen begehrt. Der für die ger-
manische Dichtung typische Reim erscheint in der
Perspektive Helenas in ganz neuem Licht:

Zusammenwirken von Sprache, Stil und Versmaß

Beispiel: Reimszene des Helena-Aktes

Reim als ‚Lieb-kosung' zwischen Wörtern

> „Ein Ton scheint sich dem andern zu bequemen,
> Und hat ein Wort zum Ohre sich gesellt,
> Ein andres kommt, dem ersten liebzukosen"
> (9369 ff.).

Wie Helena dabei aus dem jambischen Trimeter,
dem Vers der griechischen Tragödie, in den nordischen Blankvers übergegangen ist, so vertauscht
nun Faust den Blankvers mit dem regelmäßigen,
d. h. gereimten, Fünftakter, um in der „Wechselrede" Helena zum Gebrauch des Reimes zu veran-
lassen:

Gereimte Wechselrede

F: Das ist gar leicht, es muß von Herzen gehn.
    Und wenn die Brust von Sehnsucht überfließt,
    Man sieht sich um und fragt –
H: wer mitgenießt.
F: Nun schaut der Geist nicht vorwärts, nicht zurück,
    Die Gegenwart allein –
H: ist unser Glück.

F: Schátz íst sie, Hóchgewínn, Besítz und Pfánd;
   Bestätigúng, wer gíbt sie?
H: Meíne Hánd. (9378 ff.)

Schönheitssehnsucht hat den Menschen aus dem
Norden zum Genuß der antiken Schönheit gebracht,
die er zur Gegenwart machen möchte und als einen
Schatz betrachtet. Voraussetzung aber ist, daß diese
auch die eigene Sprache zu sprechen, ‚mitzugenie-
ßen‘, die schöpferische Aneignung zu ‚bestätigen‘
vermag. So etwas läßt sich nur in einem Zusammenwirken von Sprache, Stil, Versmaß und Reim sagen.
Die ‚Faust‘-Dichtung weist eine einzigartige Fülle
unterschiedlichster rhythmischer Formen auf. Sie
entspricht der Vielfalt ihrer Gegenstände, in der
sich Altdeutsches und Antikes, Feierliches und All-
tägliches, Lyrisches und Satirisches, Episches und
Dramatisches mischen. Fausts Eingangsmonolog
beginnt in Knittelversen. Das sind Vierheber mit
unregelmäßiger Taktfüllung, wobei bis zu drei Silben
oder auch gar keine in der Senkung auftreten. Der
Auftakt kann mehrere Silben haben oder auch feh-
len. Der Reim ist paarig:

Rezeption als schöpferische Aneignung

Knittelverse

   „Hábe nun, ách! Phílosophíe,
   Jurísterei und Medizín
   und leíder aúch Theólogíe . . .“ (354 ff.)

In diesem Rhythmus kann sich Fausts Heftigkeit
und Unausgeglichenheit äußern. Wird er ruhiger, so
gebraucht er regelmäßige Vierheber mit Auftakt und
Alternation, d. h. Wechsel von Hebung und Senkung:

Regelmäßige Vierheber

   „Und frágst du nóch, warúm dein Hérz
   Sich báng in deínem Búsen klémmt“ (410 f.).

Dieser Vers kann bei variierender Taktzahl zum
Madrigalvers werden:

Madrigalverse

   „Ihr dúrchstudiért die gróß’ und kleíne Wélt,
   Um és am Énde gehn zu lássen,
   Wie’s Gótt gefällt.

Vergébens, daß Ihr ringsum wíssenscháftlich
schweíft,
Ein jéder lérnt nur, wás er lérnen kánn . . ."
(2012 ff.)

Wir haben nacheinander 5, 4, 2, 6 und wieder 5 Hebungen im Vers. Kurzverse ermöglichen pointierte
Formulierungen:

„Vernúnft wird Únsinn, Wóhltat, Pláge" (1976).

Mephistos parodistischer Stil

Der Vers dient der zugleich scharfen und lässigen
Redeweise Mephistos und seinem oft den Partner
parodierenden Stil, z. B. dort, wo er mit Fausts Lieb-
lingswort „Wonne" (3241) spielt, es zu „wonniglich"
(3284) verniedlicht, um es schließlich zu „liebewonn-
niglich" (3289) zu steigern. Er will damit Fausts Naturbetrachtung als Kaschierung sinnlicher Begierde
desillusionieren:

„Und dánn die hóhe Intuitión –
Ich dárf nicht ságen, wíe – zu schlíeßen" (3291/2).

Mephistos verführende Redeweise

Auch in verführerischer Absicht treibt Mephisto
solche Wortspiele, z. B. dort, wo er die Redensart
von „der Weisheit Brüsten", womit die Universität
als ‚Alma Mater' (‚nährende Mutter') symbolisiert
wird, auf „gelüsten" reimt, um den Schüler allmählich auf das Thema Sexualität zu bringen (1893),
was ihm auch durchaus gelingt („Man sieht doch,
wo und wie" 2037).
Fausts leidenschaftliche Gefühlssprache· ist nicht
nur durch Wiederholungen von Schlüsselwörtern,
sondern auch durch den Übergang in freie Rhythmen gekennzeichnet:

Freie Rhythmen

„Die Lámpe schwíndet!
Es dámpft – Es zúcken róte Stráhlen
Mír um das Haúpt – Es wéht
Ein Schaúer vóm Gewölb' heráb
Und fáßt mich án!
Ich fühl's, du schwébst um mích, erfléhter Geíst.
Enthülle dích!" (470 ff.)

128

Die Erdgeistbeschwörung sprengt alle Regeln der Metrik, etwa Vorschriften über die Taktfüllung oder Reimzwang, um die Akzentgebung ganz den Erfordernissen des Gefühlsausdrucks dienstbar zu machen.

Fausts Gefühlssprache

Da der Madrigalvers oft gereimte Vier- und Fünftakter aufweist, liegt der Übergang in den regelmäßigen gereimten Fünftaktern (immer mit Auftakt) nahe. Er hat feierlichen Charakter:

Regelmäßige Fünftakter

> „Des Lébens Púlse schlágen frísch lebéndig,
> Äthérische Dämmerung mílde zú begrüßen..."
> (4679 f.)

Seltener sind reimlose Fünftakter, sogenannte Blankverse. Auch sie dienen Aussagen ernsten Charakters, z. B.:

Blankverse

> „Erhábner Geíst, du gábst mir, gábst mir álles,
> Warúm ich bát. Du hást mir nícht umsónst
> Dein Ángesícht im Feúer zúgewéndet.
> Gábst mír die hérrliche Natúr zum Kónigreích..."
> (3217 ff.)

Die Hebungen zeigen sich durchaus nicht immer da, wo sie nach dem Versschema hingehören. Satzakzent und Versakzent stehen in Spannung (3220 „gábst mir" ↔ „gabst mír"). Darum sind die verschiedenen Verstypen nicht immer leicht zu identifizieren. Jeder dieser Verstypen kann, ohne daß es dem Leser auffällt, in einen anderen übergehen. Gerade der Wechsel zwischen Versen mit freier Taktfüllung (z. B. Knittelversen) und solchen von regelmäßiger Art ist deshalb so unauffällig, weil auch diese im Deutschen nie ganz nach der Regel gebaut sind. Aber gerade die Unregelmäßigkeit ermöglicht den charaktervollen Klang, die wechselnde Melodie. Wo im ‚Faust' das Versschema genau eingehalten wird, hat dies etwas Bestimmtes zu bedeuten. So signalisieren z. B. die regelmäßigen fallenden (d. h. trochäischen) Viertakter in der ‚Mummenschanz' (II. Teil 1. Akt) ein konventionell stilisiertes Verhalten der Figuren:

Spannung zwischen Satzakzent und Versakzent

Leichter Übergang eines Verstyps in den anderen

Trochäische Viertakter

„Euren Beifall zu gewinnen,
Schmückten wir uns diese Nacht..." (5088f.)

Alexandriner

Der Alexandriner, der sechshebige pompöse Vers des
Barockdramas, dient in der feierlichen Belehnungs-
zeremonie des 4. Aktes der Charakterisierung rituel-
len Verhaltens:

„Mit welchem bittern Schmerz / find' ich in dieser
Stunde
Dein hochgeheiligt Haupt / mit Satanas im Bunde!
Zwar, wie es scheinen will /, gesichert auf dem
Thron,
Doch leider! Gott dem Herrn, / dem Vater Papst
zum Hohn."

(10981ff.)

Es sind alternierende Sechstakter mit Zäsur nach
dem dritten Takt und Paarreim, wobei sich weibliche („Stunde/Bunde") und männliche Reime
(„Thron/Hohn") abwechseln müssen. Dem strengen

**Satzbau und
Wortwahl im
Alexandriner**

Versschema entsprechen der umständliche Satzbau
(„zwar, wie ... doch") und die altertümliche Wortwahl („hochgeheiligt Haupt", „Satanas"). In der
‚Walpurgisnacht' wird diese Form von Mephisto parodiert, um die führenden Herren eines inzwischen
gestürzten Regimes zu begrüßen:

„Ich lobt' euch, wenn ich euch / hübsch in der Mitte
fände..." (4073)

**Jambischer
Trimeter**

Die antike Atmosphäre im II. Teil des ‚Faust' wird
durch den jambischen Trimeter klanglich symbolisiert. Dieser griechische Dramenvers ist auch ein
Sechsheber, aber ohne Zäsur und Reim, wodurch er
– im Gegensatz zum Alexandriner – strömende Rede
und rhythmische Abwechslung erlaubt:

„Bewundert viel und viel gescholten, Helena,
Vom Strande komm' ich, wo wir erst gelandet
sind..."
(8488ff.)

Durch das ganze Werk ziehen sich Chöre und Lieder, die im Kontrast zu den Sprechversen stehen und zugleich auf diese abgestimmt sind. Zu den antiken Trimetern im Helena-Akt passen die Chorstrophen, wie wir sie aus der griechischen Tragödie kennen. Die nach dem Vorbild der kirchlichen Hymnen gestalteten Ostergesänge illustrieren Fausts religiöse Kindheitserinnerungen. Margarete äußert sich oft in Liedform, wo Faust seine Gedanken in diskursivem Monolog zur Sprache bringen würde. So gibt sie ihrem Liebesideal in der Volksballade vom „König in Thule" Ausdruck (2759 ff.), zeigt ihre innere Unruhe in einem liedhaften Monolog (3374 ff.) oder weist mit Märchenversen auf ihren Zustand hin (4412 ff.). Mephisto aber benutzt auch solche lyrischen Formen zu parodistischen Zwecken, wenn er z. B. Margarete mit einer – zur Zither gesungenen – Liebhaber-Serenade verspottet (3682 ff.).

Zum Schluß sei noch einmal auf die in der Einleitung erwähnte „Bodenlosigkeit" des Goethe-Textes (s. o. S. 6) aufmerksam gemacht. Das Bild will besagen, daß die Bedeutungszusammenhänge der einzelnen Aussage weiter reichen, als man zunächst vermutet. So will Baucis mit ihren Worten:

> „Menschenopfer mußten bluten,
> Nachts erscholl des Jammers Qual . . ." (11127 f.)

ihren Verdacht äußern, daß beim Kanalbau Zauberei im Spiele sei. Doch im Zusammenhang mit dem gesamten 5. Akt, in dem der „Patron" Faust den „Eigensinn" (11269) der Menschen beklagt, die seinen Plänen im Wege stehen, als „ein Geist für tausend Hände" (11510) denken will, seine Freude hat an der „Menge, die" ihm „frönet" (11540), wird ein Bild der modernen Industriearbeit daraus, welche ganze europäische Landschaften zu Anfang des 19. Jahrhunderts verwandelt und das Leben unzähliger Menschen von Grund auf verändert hat.

Chöre und Lieder

Antike Chorstrophen

Kirchliche Hymnen

**Mephistos Parodie
der Liedform**

**Bedeutungs-
fülle
der Aussagen**

Thematik

Irren und Streben des Menschen

Wodurch wird bei all dieser Vielfalt der poetischen Formen und der dargestellten Gegenstände die Einheit des Faust-Dramas bewirkt? Es geschieht durch das übergreifende Thema des menschlichen Irrens und Strebens, das im Mittelpunkt von Goethes Menschenbild steht und im ‚Faust' die innere Einheit des Handlungsschemas bildet. Wie Irren und Streben untrennbar zusammengehören, zeigt eine Briefstelle Goethes aus dem Jahr 1804:

Irren und Streben gehören zusammen

„Bei strenger Prüfung meines eigenen und fremden Ganges in Leben und Kunst fand ich oft, daß das, was man mit Recht ein falsches Streben nennen kann, für das Individuum ein ganz unentbehrlicher Umweg zum Ziele sei. Jede Rückkehr vom Irrtum bildet mächtig den Menschen im Einzelnen und Ganzen aus, so daß man wohl begreifen kann, wie dem Herzensforscher ein reuiger Sünder lieber sein kann, als neunundneunzig Gerechte. Ja, man strebt oft mit Bewußtsein zu einem scheinbar falschen Ziel, wie der Fährmann gegen den Fluß arbeitet, da ihm doch nur darum zu tun ist, gerade auf dem entgegengesetzten Ufer anzulanden."
(zitiert von Paul Requadt, a. O. S. 56)

Der in diesem Thema begründeten Einheit entspricht als äußere Klammer die doppelte Wette. Infolge dieser Wette bleibt am Ende des ersten Teils alles offen. Eine Antwort gibt erst die Schlußszene des zweiten Teils. Als Träger des Themas vom irrenden Streben aber ist Faust von vornherein mehr als ein dramatischer Charakter, nämlich Exempel des Menschen schlechthin:

Faust Exempel des Menschen

„Es irrt der Mensch, solang' er strebt" (317).

Das gibt der Herr zu bedenken, als Mephisto mit ihm wetten will. Auch Faust selbst bietet eben dieses Streben als Einsatz der Wette an, als er statt eines Pakts, den Mephisto mit ihm schließen will (1656–59), eine Wette vorschlägt (1698):

„Das Streben meiner ganzen Kraft
Ist grade das, was ich verspreche" (1742/3).

Im Anfang des zweiten Teils erneuert Faust diesen
Einsatz, indem er aufs neue beschließt,

„Zum höchsten Dasein immerfort zu streben"
(4685).

Am Ende aber wird gerade dieser Einsatz zur Bedingung seiner Erlösung:

„Wer immer strebend sich bemüht,
Den können wir erlösen" (11936/7).

**Streben
Bedingung der
Erlösung**

Vom Irren ist nicht mehr die Rede; das Irren bildet
den Inhalt des Dramas und wird dann am Ende in
Fausts Lebensbeichte thematisiert (11404 ff.), die
ihn übrigens nicht daran hindert, bis zum Schluß im
Irrtum zu verharren.

Mephistos Angebot der Wette im Prolog

Wenn der Herr Mephisto freistellt, Faust zu versuchen, „solang' er auf der Erde lebt" (315), und
gleichsam als Begründung den Satz zufügt:

„Es irrt der Mensch, solang' er lebt" (317),

so bleibt damit Mephistos Chance in der Schwebe.
Der Mensch könnte verlorengehen, wenn er sich
ihm ganz in die Hand gäbe. Doch hat der Herr das
für Faust ausdrücklich ausgeschlossen:

**Hat Mephisto
eine Chance?**

„Wenn er mir jetzt auch nur verworren dient,
So werd' ich ihn bald in die Klarheit führen" (308/9).

Damit sind Ausgangs- und Zielpunkt des Dramas
beschrieben. Mag sich Faust auch von Mephisto verführen lassen und von Irrtum zu Irrtum fortschrei-
ten, durch die Unstillbarkeit seines Strebens wird er
zur Wahrheit zurückfinden. Von hier aus gesehen,
hat Mephisto keine Chance, weil Faust in der besonderen Hut des Herrn steht, wie das Bild vom Gärtner und Bäumchen (310/11) zeigt. Nur von Mephisto
aus gesehen ist also die Erlaubnis des Herrn eine

**Faust in der Hut
des Herrn**

133

Wette. Er mißversteht sie, weil er vom irrenden Streben des Menschen und von dessen Möglichkeit, „in seinem dunklen Drange" doch zum Ziel zu kommen, nichts weiß. Er reduziert das Leben des Menschen auf das Animalische und ist sich sicher, am Ende Fausts Seele wie eine Maus fangen zu können (322 und 11624).

Fausts Angebot der Wette

Faust lehnt Pakt ab

Faust will Mephistos Zauberkräfte nützen, ohne sich ihm in die Hand zu geben. Deshalb lehnt er Mephistos Vorschlag, einen Pakt mit ihm zu schließen (1656–59), ab und bietet ihm eine Wette an (1698). Ohne es zu wissen, beweist er damit, daß sich „ein guter Mensch in seinem dunklen Drange ... des rechten Weges wohl bewußt" ist (328/9). Denn nach Mephistos Plan, in dem das „wenn" zeitliche Bedeutung hat (1658), wäre er ihm mit Sicherheit verfallen, so aber besinnt er sich auf jene menschliche Eigenschaft, an die Mephisto nicht herankommt, wenn der Mensch sie nicht freiwillig aufgibt, und setzt sein ‚hohes Streben' als Pfand in der Wette ein. Deshalb kann er auf Mephistos Versprechen:

Fausts Einsatz

> „Ich gebe dir, was noch kein Mensch gesehn" (1674),

diese Überlegenheit in die Worte kleiden:

> „Was willst du armer Teufel geben?
> Ward eines Menschen Geist, in seinem hohen Streben,
> Von deinesgleichen je gefaßt?"

Fausts Bedingung

Wenn Faust nun aus dem Termin („<u>wenn</u> wir uns drüben wiederfinden" 1658) eine Bedingung macht, Mephisto müsse schon sein Streben zur Ruhe bringen, ihn zur Selbstgefälligkeit verführen, ihn „mit Genuß betrügen" (1692 ff.), wenn er gewinnen wolle, dann denkt er an eine ganz andere, gleichsam metaphysische „Unersättlichkeit" und nicht an jene animalische „Unersättlichkeit", von der Mephisto dann in seinem Monolog spricht (1851–67). Dieser versteht nicht, daß Faust nur aus Enttäuschung am Wissen und Forschen den Genuß wählt (1746 ff.),

Mephistos Mißverständnis

134

sondern meint, der Sinnengenuß und nichts anderes sei sein Ziel. Er kann deshalb die Worte „mit Genuß betrügen" (1696) nicht so verstehen, wie es der Leser bzw. Zuschauer tut, der ergänzt:

„mit Genuß (um das hohe Streben) betrügen".

Mephistos ‚Straße'

Auf der Lebensreise, die Faust nun mit Mephistos magischer Hilfe „in das Rauschen der Zeit, ins Rollen der Begebenheit" (1754) führen soll, werden sogleich zwei Abschnitte unterschieden, welche den beiden Teilen des ‚Faust' entsprechen:

Zwei Abschnitte der Lebensreise

„Wir sehn die kleine, dann die große Welt" (2052).

Im ersten Teil soll es in dieser kleinen Welt in die „Tiefen der Sinnlichkeit" (1750) gehen, während im zweiten Teil die Verführung der Macht an Faust herantritt. Es gibt dazu eine der Versuchungsszene im Neuen Testament (Mt 4, 8/9) nachgestaltete Passage, in der Mephisto auf „die Reiche der Welt und ihre Herrlichkeiten" zeigt:

Versuchung zur Macht

„Empfandest du wohl kein Gelüst?" (10133)

Wie im ersten Teil aus Sinnenlust bei Faust Liebe wird, so verwandelt er im zweiten Teil Machtgelüste in politische Visionen (10198), die wiederum Mephistos Horizont übersteigen:

„Was weißt du, was der Mensch begehrt?" (10193)

Einheit der Handlung

Aus dem Thema des irrenden Strebens und den damit zusammenhängenden Wetten ergibt sich folgendes Handlungsschema:

Rahmenhandlung Prolog im Himmel: Mephisto darf Faust seine Straße führen	
Exposition der Binnenhandlung Szenen (4) bis (7): Der Vertrag zwischen Faust und Mephisto kommt zustande	
Binnenhandlung I (die „kleine" Welt)	Binnenhandlung II (die „große" Welt)
Übergang in die ‚kleine' Welt: Szenen (8) und (9) Durchführung: Gretchen- handlung (örtliche und zeitliche Beschränkung) Zwischenspiel: Nordische Walpurgisnacht (Trieb- welt – Perspektive vom Ende her) Anknüpfung der Binnen- an die Rahmenhandlung: Kerkerszene (28): Gret- chen zwischen Himmel und Hölle	Übergang in die ‚große' Welt: Szene (1) Durchführung: Fausts Gang durch die Geschichte (Viel- falt der Zeiten und Räume) Zwischenspiel: Klassische Walpurgisnacht (Natur und Kunst – Perspektive vom Anfang her) Anknüpfung der Binnen- an die Rahmenhandlung: Grablegungsszene (22): Engel und Teufel streiten um ‚Faustens Unsterbliches'
Rahmenhandlung Schlußszene ‚Bergschluchten': Faust wird von Gretchen ‚hinangezogen'	

Personen des Dramas

Bereits im ‚Prolog' werden die beiden Hauptpersonen, Faust und Mephisto, zu einem die Handlung bestimmenden Paar zusammengegeben. Doch tritt Faust selbst noch nicht auf. Es ist von ihm lediglich die Rede: Der Herr nennt ihn seinen „Knecht" (299), während Mephisto ihn einen Toren nennt, den die „Gärung in die Ferne treibt", der das Höchste vom Himmel und von der Erde „fordert", aber nie zufrieden ist (300ff.). Diese Charakterisierung paßt einigermaßen zu dem Bild, das Faust dem Zuschauer in der Nachtszene bietet. Er ist der titanische Gelehrte, dem die Grenzen der Schulwissenschaft zu eng sind, die Ausnahmeexistenz unter den Professoren, die sich deutlich vom Typus abhebt, wie das Gespräch mit Wagner zeigt. Während sich dieser an Worte klammert, sind für Faust „Verstand und rechter Sinn" entscheidend (550), denn es kommt ihm auf den „Geist", nicht auf das „Wort" an (1228, 1236). Dieser aber ist ihm im „Gefühl" zugänglich (s. o. S. 32). Im Sinne der Worte des Herrn, der sich um ihn wie ein Gärtner um sein Bäumchen kümmern will (310), wird die Faust-Gestalt immer mehr zum Inbegriff des Menschen schlechthin, der schließlich an sich selbst erfahren will, „was der ganzen Menschheit zugeteilt ist" (1770). Die Maßlosigkeit, die seine Ansprüche bereits in der Gelehrtenrolle auszeichnete, überträgt er also in diese neue Funktion. Sie ist auch notwendig, um Faust in alle Dimensionen der ‚kleinen und großen Welt' zu führen, bedeutet also mehr als die Eigenart eines dramatischen Charakters. Es ist nicht darauf abgesehen, in Faust die Entwicklung eines solchen Charakters zu zeigen, wie man vielfach gemeint hat, indem man aus naturphilosophischen Äußerungen Goethes ein sechsstufiges Schema konstruierte, um eine Reifung Fausts im Verlauf des Dramas erkennen zu können:

Der titanische Gelehrte

Weitung der Faust-Figur vom titanischen Gelehrten zum exemplarischen Menschen

1. Elementa-res Natur-wesen	Der Mensch steht der Welt nicht als denkendes Subjekt gegenüber, sondern geht in der Natur auf	Spaziergänger vor dem Tor, Höflinge am Kaiserhof, Philemon und Baucis
2. Verstandes-wesen	Mensch steht dem Weltganzen kritisch gegenüber, erwirbt Wissen, wendet es an	Faust während seines Studiums, Wagner, Baccalaureus
3. Vernunft-wesen	Mensch wird zur Wesensschau fähig, erkennt, wie alles zusammenhängt	Faust in ‚Wald u. Höhle' und am Anfang des II. Teils
4. Erfahrungs-wesen	Mensch erlebt („genießt") das reale Leben in allen seinen Bereichen	Faust auf dem Weg durch die ‚kleine' und ‚große' Welt
5. Seiner selbst bewußtes Wesen	Mensch wird zur Selbsterkenntnis fähig, kann aus Fehlern lernen	Faust bei der Begegnung mit der Sorge im 5. Akt
6. Entelechie (griech. = was seinen Zweck in sich hat)	Mensch als tätige Kraft der Weltgestaltung, überdauert den Tod	Faustens Unsterbliches im 5. Akt

Man wird dieses Stufenmodell an vielen Textstellen durchscheinen sehen, doch hat es mit dem Handlungsschema nichts zu tun. Nicht ein Bildungs- oder Reifungsprozeß ist das Thema des ‚Faust', sondern das menschliche Leben als Weg eines Irrenden, den sein Streben schließlich zur Wahrheit führt. Um dieses Thema willen ist auch Fausts betonte Diesseitigkeit („Nach drüben ist die Aussicht uns verrannt" 11442; vgl. 1660) nicht nur ein Charakterzug, sondern Bauelement des ganzen Spiels. Faust darf so wenig wie Hiob wissen, was der Herr Mephisto erlaubt hat. Er soll ja zeigen, wie der Mensch „in seinem dunklen Drange" ins Ziel findet (328). Zu diesem Zweck muß ihm der Blick in den göttlichen Bereich verwehrt werden. Mögen im ersten Teil noch viele persönliche Züge der Figur, wie sie in den ersten Szenen entwickelt wurden, für die Handlung bedeutsam sein, die Lebensferne des Gelehrten, seine Verachtung des Wortes bei gleichzeitiger rhe-

Thema nicht Fausts Entwicklung, sondern das menschliche Leben

Faust kein individueller Charakter

torischer Virtuosität, seine Hochschätzung des Gefühls, seine emotionale Unausgeglichenheit usw., im zweiten Teil spielen diese Züge kaum mehr eine Rolle. Gleichwohl hat Goethe von „Fausts Charakter" gesprochen, wo er seine Funktion als einer alle Lebensbereiche durchwandernden und dadurch verbindenden Figur kennzeichnet:

> „Fausts Charakter ... stellt einen Mann dar, welcher in den allgemeinen Erdeschranken sich ungeduldig und unbehaglich fühlend den Besitz des höchsten Wissens, den Genuß der schönsten Güter für unzulänglich achtet, seine Sehnsucht auch nur im mindesten zu befriedigen, einen Geist, welcher deshalb nach allen Seiten hin sich wendend immer unglücklicher zurückkehrt."
> (Zweiter Entwurf zu einer Ankündigung der ‚Helena', Dez. 1826, abgedruckt bei Trunz a. a. O. S. 438).

In diesem Sinne versteht auch die neuere Forschung wieder „Fausts Charakter". Deshalb meint Stuart Atkins (geb. 1914), man müsse sehen,

> „mit welcher Kunstfertigkeit Goethe jenen Menschen sympathisch gemacht hat, der das höchste menschliche Streben und das bemitleidenswerteste Versagen bei der Realisierung dieses Strebens par excellence verkörpert."
> (in: W. Keller [Hrsg.]: Aufsätze zu Goethes ‚Faust I', a. a. O. S. 508)

Von hier aus wird auch verständlich, warum Goethe an der Gattungsbezeichnung ‚Tragödie' festgehalten hat. Der Mensch werde – so argumentiert Atkins – in der Tragödie

> „vor ethische Wahlen gestellt, und seine Entscheidungen bringen seine Zerstörung mit sich, auch wenn er dabei menschlich wertvolle Eigenschaften zeigt, die beim Zuschauer dieser poetischen Darstellung seiner Zerstörung Furcht und Mitleid erwecken." (Atkins bei W. Keller, a. a. O.)

Atkins spielt auf Aristoteles an, der die Wirkung der Tragödie in der Weckung von „Furcht und Mitleid" beim Zuschauer ansah (Poetik 1449 b).

Denn wenn man am Ende fragt, welche ‚Spur von seinen Erdentagen' (11583) Faust hinterlassen hat,

ergibt sich folgende Bilanz: Als Liebender hat er
eine ganze Familie zu Tode gebracht. Als Künstler
ist es ihm nicht gelungen, das antike Schönheitsideal festzuhalten; als Hofmann des Kaisers hat er
den Verfall des Reichs gefördert; als mächtiger

Fausts Lebensbilanz

Unternehmer ist er bei der Expansion seiner Be-
sitzungen über Leichen gegangen, hat er Zwangsarbeit eingeführt und sich die Natur gewaltsam un-
terworfen. Deshalb weist Mephisto in seinem ironischen Kommentar darauf hin, daß sich der Mensch
mit dieser Unterwerfung selbst ‚das Grab grabe‘
(11557/8). Im Sinne seiner Umkehrung der Vorzei-

Mephistos
Kommentar

chen (s. o. S. 38) hält er Fausts Vision vom „paradiesisch Land" (11569) die Möglichkeit globaler
Vernichtung entgegen:

> „Die Elemente sind mit uns verschworen,
> Und auf Vernichtung läuft's hinaus" (11549).

Die Utopie, die Faust in seinem Sterbemonolog verkündet, wird also mit der Anmerkung versehen, daß
sich die Natur, welche sich der Mensch unterwirft,
auch gegen den Menschen kehren könne, eine heut-
zutage aktuell gewordene Alternative. An dieser
Stelle verbinden sich zwei Funktionen, welche der
Mephisto-Figur von Anfang an zugedacht werden:

Funktionen der
Mephisto-Figur

Er verkörpert das negative Prinzip, ist „der Geist,
der stets verneint" (1338), doch zugleich auch „der
Schalk" (339), der als „Geselle" des Menschen wirken soll (343). Das tut er – wie der schlaue Sklave
der antiken Komödie – als der eigentliche Spielmeister, der die Handlung in Gang hält. Deshalb bietet

Der „Schalk"

er sich Faust als „Diener" und „Knecht" an (1648),
um ihm „die Grillen zu verjagen" (1534). Viele komödienhafte Züge des ‚Faust' erklären sich durch
diese Verwandtschaft der Mephisto-Figur zur ‚Lustigen Person' der Komödie. Typisch für sie ist z. B.
der Umstand, daß sie meist ‚das letzte Wort' behält.
So endet die ‚Hexenküche' mit dem beiseite gesprochenen Verspaar:

> „Du siehst, mit diesem Trank im Leibe,
> Bald Helenen in jedem Weibe" (2603).

Fausts Wunsch, sein Mädchen zu beschenken, kommentiert er mit der Hyperbel:

„So ein verliebter Tor verpufft
Euch Sonne, Mond und alle Sterne
Zum Zeitvertreib dem Liebchen in die Luft" (2862).

Oder er beschließt die Szene, in der sich Faust und
Margarete finden, mit der desillusionierenden Feststellung:

„Das ist der Lauf der Welt" (3204).

Als „Schalk" spielt Mephisto auch mit seinem Status
als nachaufklärerischer Teufel, den es ja eigentlich
gar nicht mehr gibt, der „schon lang' ins Fabelbuch
geschrieben" ist (2507), weshalb er auf „Hörner,
Schweif und Klauen" verzichte (2498). Doch die
Rolle des ironischen Kommentators ist mit der des
Verneiners verwandt. Das zeigt sich z. B. am Ende
der Gartenszene mit dem Religionsgespräch. Mephisto interpretiert Gretchens Bedürfnis, sich mit dem
Geliebten in religiösen Dingen eins zu wissen, als
bloße taktische Maßnahme: „Ein Mägdelein nasfüh-
ret dich" (3535). Er ist darauf aus, das Höchste im
Menschen, die Liebe, die ja mit seinem Niedrigsten,
den Trieben, verquickt ist, auf eben dies Niedrigste
zurückzuführen. Es ist die Umkehrung der Perspektive des Herrn, der den Menschen auch in der Dunkelheit seines Trieblebens noch auf dem „rechten
Wege" (329), d. h. zum Göttlichen unterwegs weiß.
Schließlich verkörpert Mephisto die Verführung, die
bereits in Fausts sinnlicher Triebhaftigkeit steckt.
Die Handlung – so sagt er an einer Stelle – würde
ohne ihn nicht viel anders verlaufen:

**Der „Geist, der
stets verneint"**

**Symbol der
menschlichen
Triebhaftigkeit**

„Und hätt' er sich auch nicht dem Teufel übergeben,
Er müßte doch zugrunde gehn!" (1866/7)

Aber dann wäre es ein Monodrama. So ist in dem
Figurenpaar die menschliche "Zwienatur" (11962)
enthalten:

„Immer siegt das Mephistophelische und zieht ihn
herab. Doch jedesmal, wenn Mephistopheles zu gewinnen scheint, kommt eine Wende. Mephistopheles
will einen Pakt, in dem Faust Lebensgenuß versprochen wird, Faust aber macht daraus eine Wette, daß
er stets ein Strebender bleiben werde. Mephistopheles will ihn in reine Geschlechtlichkeit führen,

Faust und Mephisto

und bei Faust wird es Liebe. Mephistopheles will ihn zum Tyrannen machen, aber Faust kommt zu einem Herrscherideal, das edel ist ... Die schlimmsten Taten Mephistos geschehen hinter Fausts Rükken (der Mord an Gretchens Mutter und an Philemon und Baucis), doch weil Faust hineinverstrickt ist, ist er nicht frei von Schuld. Mephistopheles wirkt als Kraft in seiner Richtung, aber eben dadurch offenbart sich, daß Faust sich in anderer Richtung bewegt und immer, wenn er Mephisto folgte, eine Umkehr erlebt. So wird die Gegenkraft in ihm deutlich; sie erlahmt nicht; aber Faust wird anderseits auch nicht besser."
(Erich Trunz a. a. O. S. 473)

Margarete lehnt Mephisto ab

Mit Beginn der Gretchenhandlung erweitert sich das Figurenpaar zu einem Figurendreieck. Mephisto erhält einen Gegenspieler, in dessen Sicht seine satanischen Eigenschaften hervortreten. Im Gegensatz zu Faust lehnt Gretchen den „Menschen", wie sie Mephisto nennt (3471, 75, 80), entschieden ab. Er ist ihr „in tiefer innrer Seele verhaßt". Sie erkennt in ihm den Feind der Liebe, der „an nichts Anteil nimmt", dem man ansieht, „daß er nicht mag eine Seele lieben" (3490). Ahnungslos verwendet sie hier Schlüsselwörter Mephistos, der das Nichts herbeiführen und Seelen verderben möchte. Während Faust zwischen Gretchen und Mephisto laviert, am Ende sie im Stich läßt, um ihm zu folgen, weil er die Annehmlichkeiten des Lebens über seine Liebe stellt, hat sich Margarete sogleich aus sicherem Instinkt gegen Mephisto entschieden. Diese Entschiedenheit zeigt sie auch in der Liebe: Sie ist es, nicht Faust, welche das Liebeseinverständnis herbeiführt (3179 ff.). Sie führt es wagend im Blumenspiel herbei, nicht als bewußtes Liebesbekenntnis, sondern als Zeichen ihrer naturhaften Zuneigung. Sie kann nicht reflektieren, wie Faust es tut, um den Standesunterschied zu überbrücken (3100 ff.), kennt auch keine lyrischen Ausbrüche wie Faust bei seiner Beantwortung der Gretchenfrage (3431 ff.). Sie kennt nur das Lied als Äußerungsform, und sie kann erzählen (3109 ff.). Der Bericht über ihre aufopfernde Pflege des kranken Schwesterchens muß festgehalten werden als Hintergrund für die Tötung ihres

Entschiedenheit Margaretes

Realitätssicherheit Margaretes

eigenen Kindes, die als Tat einer Geistesgestörten erscheinen muß. Margarete ist realitätssicherer als Faust. Sie macht sich nichts vor über den Standes- und Bildungsunterschied, der sie vom Geliebten trennt. Sie weiß auch Bescheid, als sie in „Sünde" geraten ist (3584), was sie erwartet. Trotz ihrer Ver- wirrtheit sieht sie in der Kerkerszene klar, was es heißt, „mit bösem Gewissen" weiterleben zu müssen (4547). Doch ist sie nicht idealisiert, sondern auch in ihren Schwächen charakterisiert: Der gefundene Schmuck weckt ihre Begehrlichkeit (2796), sie zieht „ein schiefes Maul", als die Mutter ihn ihr weg- nimmt (2827). Sie konnte auch bisher „tapfer schmälen", wenn am Brunnen über ein gefallenes Mädchen hergezogen wurde (3577).

Gretchens Schwächen

In der Wolkenvision am Anfang des vierten Aktes im zweiten Teil ist die Gretchengestalt mit der Figur Helenas in Verbindung gebracht. Helena – es könnte auch Juno oder Leda sein – ist für Faust „ein götter- gleiches Fraungebild", das ihm „flücht'ger Tage gro- ßen Sinn" bedeutet (10054). In Gretchens „holder Form" ist für ihn dagegen „Seelenschönheit" (10064) verkörpert, an der das Beste seines Innern hängt, wie er sich ausdrückt (10066). Auf diese Weise wird deutlich gemacht, daß Gretchen als mensch- liche Partnerin einer Liebesbeziehung die ethische Existenz von Faust betroffen hat, während es bei dem antiken Schönheitsideal Helenas um seine ästhetische Existenz ging, um seine Leistung als Künstler. Helena ist, als Faust ihr Bild in der abzie- henden Wolke sieht, bereits aus der Handlung ver- schwunden. Gretchens Aufgabe wird erst in der Schlußszene des fünften Aktes erfüllt sein.

Gretchen und Helena

Komposition

Frage nach den Kompositionsmitteln

Spiegelbildliche Beziehung der Einzelszenen

Konfigurationen

Vorausdeutungen

Da ein geschlossener, sich konsequent abwickelnder Handlungszusammenhang fehlt, statt dessen lediglich Stationen eines universalen Lebenslaufs vorliegen, liegt die Frage nahe, durch welche Kompositionsmittel die durch das Thema gegebene Einheit poetisch ausgeführt wird. Es fällt auf, daß die einzelnen Szenen spiegelbildlich aufeinander bezogen sind. Sie können z. B. im Gegensatz zueinander stehen. So geschehen die Geisterbeschwörung und der Selbstmordversuch Fausts bei Nacht, während die Szene ‚Vor dem Tor‘, in der er sich mit dem durchschnittlichen Leben der Menschen versöhnt fühlt, bei Tage spielt. In Gretchens Zimmer erlebt Faust die Begrenztheit ihres Daseins als bergende „Hütte" (2708), wogegen er draußen in der Natur seiner eigenen ‚Unbehaustheit‘ (3348) bewußt wird und um Margaretes „Hüttchen" (3353) und ihre kleine Welt bangt. Diese Szene, ‚Wald und Höhle‘, steht wiederum in Spannung zu der (gleichzeitig zu denkenden) Szene, die Gretchen „am Spinnrade allein" zeigt, wie sie im Liede ihre Sehnsucht äußert (3374). Zu diesen Spiegelungen, die auch innerhalb der Szenen den Aufbau ausmachen können, gehören bestimmte Konfigurationen, in denen sich die Probleme gegenseitig erhellen. So wird Fausts geistiger Titanismus in der Nachtszene durch Wagners Auftreten mit einem besonderen Akzent versehen. In der Gartenszene (15) hebt der ständige Wechsel der beiden Paare den Unterschied zwischen den Beziehungen von Faust und Margarete auf der einen Seite und Marthe und Mephisto auf der anderen Seite hervor. Beziehungen zwischen den Szenen können auch in Form von Vorausdeutungen hergestellt werden. Die typischen Personen ‚Bürgermädchen‘, ‚Soldaten‘ und die ‚Alte‘ in der Genreszene ‚Vor dem Tor‘ nehmen die individuellen Personen Margarete, Valentin und Marthe aus der Gretchenhandlung vorweg. In dem Streitgespräch zwischen Faust und Mephisto wehrt sich Faust dagegen, daß sein Geselle

Liebesschwüre auch zu den Lügen zählt. Er gebraucht dabei die gleichen Worte (3065), die er dann Gretchen gegenüber tatsächlich äußert (3192). Auch durch Rückverweise und Wiederholungen können Szenen miteinander verbunden sein. In der Kerkerszene (4475 ff.) erinnert Gretchen sich an den Schauplatz der ersten Begegnung mit Faust, die Straße (2605 ff.) und an den Garten der Nachbarin, wo das erste Rendezvous stattfand (3073 ff.). Während sich Faust in ,Wald und Höhle' (3217 ff.) mit einem Dankgebet an den Erdgeist wendet, der ihn in der Osternacht von sich gewiesen hatte (512), bittet er ihn in ,Trüber Tag – Feld' verzweifelt, Mephisto wieder in einen Pudel zu verwandeln, womit in wörtlicher Entsprechung auch an die Szene ,Vor dem Tor' erinnert wird:

Rückverweise

",.. daß er vor mir im Sand   „Er knurrt und ... legt sich
auf dem Bauch krieche ..."   auf den Bauch ..." (1164)

Bei der Erforschung der Komposition des ,Faust' hat man auch bemerkt, daß Elemente des Handlungsverlaufs im Verhältnis von Zusammenziehung und Ausdehnung zueinander stehen können. Goethe hat hier eine Naturerkenntnis auf die dichterische Arbeit übertragen:

**Verhältnis von
Diastole und Systole**

> „So setzt das Einathmen schon das Ausathmen voraus und umgekehrt; so jede Systole ihre Diastole. Es ist die ewige Formel des Lebens, die sich hier äußert." (Farbenlehre, WA II, 1, 15)

Und in der Tat findet sich ein solches Verhältnis im Handlungsaufbau: Während Faust in seinem nächtlichen Studierzimmer zunächst eine Ausdehnung seines Inneren empfindet („Bin ich ein Gott?" 439), drückt ihn die Begegnung mit dem Erdgeist („Du ... furchtsam weggekrümmter Wurm" 498) nieder, so daß sich sein Inneres zusammenzieht und er das elende „Menschenlos" (629) beklagt. Bei der Betrachtung des Sonnenuntergangs am Ostertag möchte er am liebsten fliegen (1074), doch gleich danach gibt es in der „engen Zelle" (1194) eine Ruhepause, aus der ihn Mephisto bald herausholt. Diese Art der Beziehung zwischen einzelnen Szenen und Handlungselementen zeigt, daß es im ,Faust' nicht

**Wechsel von Ich-
Erweiterung und
Beengtheitsgefühl
in Faust**

**Wechsel von
Aufschwung
und Ruhe**

**Symbol-
zusammenhang**

Leitmotiv: Fliegen

**Bildsymbolik der
Schlußszene
des ‚Faust'**

nur um einen – zeitlich irgendwie organisierten –
Handlungszusammenhang geht, sondern daß mit
dem Handlungsschema ein Symbolzusammenhang
verknüpft ist, den der Leser oder Zuschauer erkennen muß, wenn er verstehen will, was die einzelnen
Handlungen bedeuten. Die göttliche Sphäre erscheint als Licht und Schwerelosigkeit, diejenige
Mephistos als Materie und Finsternis. Der Mensch
steht zwischen ihnen und hat an beidem teil, am
„Geist" und am „Stoff" (634). In seinem Traum vom
Fliegen strebt Faust deshalb zum Licht:

„Vor mir den Tag und hinter mir die Nacht" (1087).

Die Allegorien der Poesie lieben ebenfalls das Fliegen. Der ‚Knabe Lenker' meistert die geflügelten
Rosse (5521), Euphorion aber stürzt auf seinem Flug
wie Ikarus ab, weil er sich zu hoch hinaus gewagt
hatte (9901). Mephisto hat all dieses menschliche
Emporstreben in Geist und Tat bereits im ‚Prolog'
mit seinem zynischen Kommentar versehen, indem
er es mit dem Fliegen und Springen der Zikade vergleicht (289), die doch immer wieder im Grase lan-
det. Die Bildsymbolik der Schlußszene nimmt dann
das Motiv vom Aufsteigen wieder auf (12094), um zu
zeigen, daß der Mensch doch das Ziel seines Fluges
erreicht hat. Die einzelnen Symbole sind also sozusagen ‚Längsachsen', welche die einzelnen Hand-
lungselemente, Szenen und Akte miteinander ver-
klammern. Auf diese Weise wird es möglich, in den
Handlungsverlauf eine Vielfalt von Zeiträumen und
Epochen zu integrieren, ohne daß der Leser bzw.
Zuschauer die Orientierung verliert. Es wird ihm
immer wieder gezeigt, was die einzelnen Episoden
bedeuten.

Historische Anspielungen

Ein wichtiges Kompositionselement ist auch in der Art und Weise gegeben, wie die Vielfalt von Zeiträumen, Epochen und geschichtlichen Erscheinungen, auf die der Text anspielt, in das Werk integriert ist. Man darf nicht erwarten, daß dies nach Art einer Abbildung solcher geschichtlicher Vorgänge und Erscheinungen geschieht. Vielmehr handelt es sich um ihre Einbeziehung in die poetische Struktur. Diese Einbeziehung zeigt sich in zwei Formen:

Die Geschichte in der poetischen Struktur des Werks

– Die Zeitepochen werden ineinander verschränkt, durchdringen einander.
– Es gibt eine Interferenz von Traum und Wirklichkeit, von äußerem Geschehen und Bewußtseinsinhalten.

Wenn Faust sich „der Magie ergeben" hat, um zu erkennen, „was die Welt im innersten zusammenhält" (382/3), und erst das Scheitern auf diesem Wege ihn zu Mephisto führt, dann ist das ganz von der im 16. Jahrhundert gängigen Unterscheidung der erlaubten ‚weißen' Magie als Naturforschung von einer ‚schwarzen' Magie, d. h. Zauberei, her gedacht. Doch spricht Faust in seinem Bestreben, „die Menschen zu bessern und zu bekehren" (373), und seiner Auffassung, die Wissenschaft müsse vor dem „Herzen" bestehen können (537, 544, 591), es käme aufs ‚Gefühl' an (534), die Sprache des Pietismus und der Empfindsamkeit, also des 18. Jahrhunderts. Wagner wiederum, den Faust in diesem Sinne zu belehren versucht, vertritt mit seiner Frage, wie man die Menschen „durch Überredung leiten" könne (533), und seiner Überzeugung, daß „allein der Vortrag ... des Redners Glück" begründe (546), das rhetorische Bildungsideal der Barockzeit im 17. Jahrhundert. Während Faust auf dem Osterspaziergang ein aus dem Mittelalter stammendes Rezept zur Herstellung von Quecksilberchlorid wiedergibt (1042 ff.), beginnt er seine Lebensreise mit Mephisto in einem Heißluftballon, wie ihn die Brüder Montgolfier 1783

Verschiedene Zeitepochen durchdringen sich

zum ersten Mal benutzten. Immer wieder scheinen Ereignisse der Französischen Revolution durch, z. B. in Mephistos ‚Flohlied‘ und den Bemerkungen der ‚lustigen Gesellen‘ in ‚Auerbachs Keller‘ oder im Königsspiel der ‚Hexenküche‘. Die Anspielungen auf die Aufklärung, durch die sich z. B. Mephisto selbst „ins Fabelbuch" verweist (2507) oder der ‚Proktophantasmist‘ in der ‚Walpurgisnacht‘ das Auftreten von Geistern für einen Verstoß gegen die ‚Beweislage‘ erklärt (4145), leiten zu dem zweiten der genannten Merkmale der poetischen Struktur, der Interferenz von Traum und Wirklichkeit, über.

Traum und Wirklichkeit nicht klar zu trennen

Auf ironische Weise wird so der Wirklichkeitscharakter der Figuren, Handlungen, Geschehnisse in Frage gestellt. Schon bei seiner ersten Begegnung mit Mephisto ist sich Faust nicht sicher, ob ihm nicht „ein Traum den Teufel vorgelogen" habe (1528). Ihm „widersteht das tolle Zauberwesen" (2337) der ‚Hexenküche‘. In der ‚Walpurgisnacht‘ hat er den Eindruck, „in die Traum- und Zaubersphäre eingegangen" zu sein (3871/2). Nichtsdestoweniger sind auch solche irrealen, traumhaften Figuren und Begebnisse Spiegelungen der Geschichte, insofern es epochentypische Innenwelten gibt, z. B. den Hexenaberglauben, in dem sich die Verteufelung der Sinnlichkeit Ausdruck verschafft, oder die Welt der griechischen Sage, in der die Schönheitssehnsucht der europäischen Neuzeit ihre Ideale findet. So sind die beiden Walpurgisnacht-Szenen des I. und II. Teils des ‚Faust‘ nicht Darstellungen äußerer Wirklichkeit, sondern Vergegenständlichung von kollektiven Bewußtseinsinhalten, die Mephisto als Spielmeister des Helena-Aktes im II. Teil „Gespenster" nennt (8930). Das sind sie ja schließlich auch, gemessen an der Gegenwart und Lebenswirklichkeit der Zuschauer.

Vergegenständlichung epochentypischer kollektiver Bewußtseinsinhalte

Hexenaberglaube und Antikeverehrung

Wie die Bildsymbole, so fungieren auch historische Motive als ‚Längsachsen‘, welche den Zusammenhang des Werkganzen sichern. Als Beispiel kann das Geldmotiv dienen, das ebenfalls beide ‚Faust‘-Teile miteinander verbindet: Um den vielfachen Hemmnissen (633) und den zahlreichen Sorgen (647) seines beengten Daseins zu entgehen, läßt sich Faust trotz seiner Skepsis (1675) auf Mephistos Angebot ein,

Geldmotiv

148

ihm zu geben, „was noch kein Mensch gesehn". Der
Leser erwartet unter den angebotenen „Künsten"
natürlich Zauberei, wird aber des weiteren anders
belehrt. Mephisto hält Fausts Illusion, „der Menschheit Krone zu erringen" (1804), die ernüchternde
Feststellung entgegen:

> „Du bleibst doch immer, was du bist" (1809).

Doch weiß er eine andere Methode zur Ich-Erweite-
rung:

> „Wenn ich sechs Hengste zahlen kann,
> Sind ihre Kräfte nicht die meine?
> Ich renne zu und bin ein rechter Mann,
> Als hätt' ich vierundzwanzig Beine" (1824 ff.).

Gerade wegen der Verbindung des Geldmotivs mit
dem Identitätsproblem („Wer bin ich?") liest sich
der folgende wirtschaftstheoretische Text wie ein
Kommentar zu Goethes Versen:

> „Was durch das Geld für mich ist, was ich zahlen,
> d. h. was das Geld kaufen kann, das bin ich, der Be-
> sitzer. So groß die Kraft des Geldes, so groß ist
> meine Kraft. Die Eigenschaften des Geldes sind
> meine – seines Besitzers – Eigenschaften und We-
> senskräfte. Das, was ich bin und vermag, ist also
> keineswegs durch meine Individualität bestimmt."
> (Karl Marx MEW Erg.-Bd. 1, S. 564).

Wie Mephisto hier Faust das Geld zur Lösung seines
existentiellen Problems anbietet, so zeigt er es dem
Kaiser des verfallenden mittelalterlichen Feudal-
reichs als Weg zur Rettung aus der politischen Krise
(4890). Was sich hier spiegelt, ist der wirtschaftliche
Aufstieg des europäischen Bürgertums zu Beginn
der Neuzeit, wie ihn der Schatzmeister im 1. Akt von
‚Faust II' beschreibt:

Verfall des mittelalterlichen Feudalreiches

Wirtschaftlicher Aufstieg des Bürgertums

‚Der Besitz' ist in andere Hände geraten. Die neuen Besit-
zer halten sich aber nicht an die Regeln des Lehnswesens,
z. B die Treuepflicht gegenüber dem Kaiser. Sie wollen ‚un-
abhängig . . . leben'. Der Kaiser hat sich fast aller Rechte
begeben, so daß er Treue nicht erzwingen kann. Jeder
denkt nur an sich, ‚kratzt und scharrt und sammelt', während die kaiserliche Kasse leer bleibt (4834–51).

Die Macht des Geldes, die für den bürgerlichen Warenverkehr bezeichnend ist, und das Prinzip des Privateigentums haben also die Macht des Feudalstaats untergraben. Sie erscheinen hier in der Perspektive ‚von hinten', d. h. in der Sicht der alten Ordnung, in der die Habsucht sich nicht auf abstrakte Geldbeträge, sondern auf goldgefüllte Schatzkammern richtete. Deshalb läßt Mephisto seinen Vorschlag, Papiergeld auszugeben, vom Hofastrologen in die Sprache von „Silber und Gold" übersetzen (4955–70). Wie das Geld „an Gold und Perlen Statt" (6119) ökonomisch funktioniert, deutet Mephisto kurz an, indem er auf den früher üblichen Tauschhandel hinweist:

Perspektive von der Vergangenheit her

> „Man braucht nicht erst zu markten, noch zu tauschen."

Aber er hat eher ein Interesse, dieses Funktionieren im Dunkeln zu lassen, um die Menschen von der Gefahr einer Inflation abzulenken, die dann droht, wenn die Welt nur „an Schmaus" denkt (6092), statt sich werteschaffend zu betätigen. Dieser Aspekt der modernen Geldwirtschaft ist im höfischen Maskenspiel der „Mummenschanz" in der Allegorie der Viktoria verschlüsselt:

Moderne Geldwirtschaft: Allegorie der Viktoria

Dort hat sich die Klugheit, d. h. der ‚kühn ersinnende Geist' (11504) des Unternehmers, zur Herrin des Elephanten gemacht, der die körperliche Arbeit versinnbildlicht. Beide wiederum stehen im Dienste der Viktoria, der „Göttin aller Tätigkeiten" (5456), die den wirtschaftlichen „Gewinn" (5451) symbolisiert. Andere Masken verkörpern Merkmale des Marktes, auf dem alles durch seinen Tauschwert statt durch seinen Gebrauchswert bestimmt wird. Die angebotenen Dinge sind also „Waren" (5115, 5172), die von den „Krämerinnen" zierlich aufgeputzt werden (vor 5158). Ja, die Waren stehen so im Mittelpunkt, daß die „Gärtnerinnen" eher ihre Attribute als ihre Produzentinnen zu sein scheinen (5088 ff.). Hier ist Faust Spielmeister, der als „Plutus, des Reichtums Gott" (5569), auftritt und den „Knaben Lenker" bei sich hat, die Allegorie der modernen, autonomen Kunst (5689 ff.). Die Interpretationskünste des Herolds versagen (5506 ff.), die Menge hat kein Auge für die neue Welt, sondern sieht – ebenso wie der Kaiser – nur Schätze vor sich, die es zu erraffen gilt (5715 ff.).

Verknüpft ist das Geldmotiv mit der Goldsymbolik, wodurch in die Spiegelung des Historischen eine ethische Kategorie hineinspielt. Wenn Gretchen angesichts des Schmuckes in den Ruf ausbricht:

> „Nach Golde drängt,
> Am Golde hängt
> Doch alles. Ach wir Armen!" (2802–4)

Goldsymbolik

so tut sie damit schon den ersten Schritt in das Reich des „Herr(n) Mammon" (3933), wie ihn Mephisto nach dem Neuen Testament (Mt 6, 24) nennt. In der ‚Mummenschanz' stellt er sich vor, indem er aus Gold einen Priapus, das Symbol männlicher Zeugungskraft, formt (5775 ff.). Gleich darauf bringen Gnomen Gold aus dem Berg zutage, „damit man stehlen und kuppeln mag" (5857). In der ‚Klassischen Walpurgisnacht' legen die „Greife" ihre „Klauen" auf das Gold, das die „Ameisen", diese „Wimmelscharen", gefördert haben (7599), wie dann im 5. Akt Faust die Hand auf die „Kostbarkeiten" (11207) legen wird, die ihm seine Leute heranschaffen. Bei Geld und Schätzen geht es immer auch um die Frage, inwieweit es sich um „ungerechtes Gut" (2840) handelt.

Der „Herr Mammon"

Die Frage des „ungerechten Gutes"

Wie die moderne Geldwirtschaft als Sensation in der mittelalterlichen Feudalwelt erscheint und dazu noch in einem Maskenspiel aufgeführt wird, das die Mitspieler gar nicht verstehen, so zeigt sich auch die moderne Industriearbeit als Randphänomen des mittelalterlichen Reiches. Der Faust des 5. Aktes ist zugleich Feudalherr, vom Kaiser belehnt, wie frühneuzeitlicher Kaufmann, der seine Schiffe in die ganze Welt schickt, wie schließlich auch Unternehmer, der über Lohnarbeitermassen gebietet, die sein ‚Manager' Mephisto beaufsichtigt. Allerdings produziert er keine Waren, sondern beschäftigt sich mit einer Methode der Veränderung von natürlicher in technische Umwelt, die nicht spezifisch modern ist, mit der Landgewinnung durch Eindeichung. Die fiktive Welt des ‚Faust'-Dramas ist anders organisiert als die Geschichte, die sich in ihr spiegelt.

Moderne in mittelalterlichem Gewand

Überschneidung der Epochen in der Faust-Gestalt

Der Faust-Stoff

Gründe für die faszinierende Wirkung der Faust-Sage

Goethe hat die Faust-Figur schon als junger Mensch durch billige Jahrmarktdrucke kennengelernt, die alle irgendwie mit dem Volksbuch des Johann Spies (1587), dem Schauspiel des Christopher Marlowe (1604) oder der Schrift des ‚Christlich Meynenden‘ (1725) zusammenhängen. Der Stoff hat die Menschen immer wieder fasziniert, wohl aus den gleichen Gründen, die Heinrich Heine für seine Generation im Jahr 1847 so formuliert hat:

> „Vielleicht hat die Legende von Johannes Faustus deshalb einen so geheimnisvollen Reiz für unsere Zeitgenossen, weil sie hier so naiv und faßlich den Kampf dargestellt sehen, den sie selber jetzt kämpfen, den modernen Kampf zwischen Religion und Wissenschaft, zwischen Autorität und Vernunft, zwischen Glauben und Denken, zwischen demütigem Entsagen und frecher Genußsucht – ein Todeskampf, wo uns am Ende vielleicht ebenfalls der Teufel holt wie den armen Doktor . . .“ (Der Doktor Faust. Ein Tanzpoem . . ., a. a. O. S. 63)

Faust der Typus des modernen Menschen

Der in der Faust-Figur erscheinende Typus des modernen Menschen unterscheidet sich von dem Menschen älterer Epochen insofern, als er beginnt, sich auf seine eigenen Kräfte zu verlassen. Er löst sich daher aus derjenigen Einheit, in welcher sich der antike Mensch als Naturwesen, der mittelalterliche Mensch als Gottesgeschöpf aufgehoben wußte, und tritt der Welt als erkennender Geist autonom gegenüber, wie es Mephisto ausspricht, wenn er dem Kaiser zur Lösung seiner Probleme „begabten Manns Natur- und Geisteskraft" empfiehlt (4896). Ihm setzt der Kanzler die mittelalterliche Auffassung mit den Worten entgegen:

Verteufelung von Natur und Geist im Mittelalter

> „Natur und Geist – so spricht man nicht zu Christen.
> Deshalb verbrennt man Atheisten,
> Weil solche Reden höchst gefährlich sind.
> Natur ist Sünde, Geist ist Teufel . . .“ (4897–4900)

Damit sind auch die beiden Pole benannt, zwischen denen das Problem des historischen Faust zu suchen ist, aus dem sich die Faust-Figur der Sage entwickelt hat.

Der historische Faust hat sich auf einer öfter erwähnten Visitenkarte folgendermaßen vorgestellt: „Magister Georgius Sabellicus Faustus iunior" und damit seine weissagerischen und magischen Künste angeboten. Die Sitte, drei Namen zu führen, hatten die Humanisten des 15. Jahrhunderts von den alten Römern übernommen. In diesem Fall weist der Beiname ‚Sabellicus' auf die romnahe Landschaft Sabinien, die als Heimat von Weissagern und Magiern galt und auf die sich auch Goethes Faust beruft (10439). Der Zuname ‚Faustus' bedeutet lateinisch ‚Glücksbringer' und stellt für jemanden, der Horoskope stellt und die Zukunft weissagt, eine Empfehlung dar. Wegen des Zusatzes ‚iunior' (lat. ‚der Jüngere') hat man nach einem älteren Faustus geforscht und ihn in einem gewissen Publius Faustus Andrelinus (gest. 1518) gefunden. Goethe macht daraus Fausts Vater, der mit dem Sohn zusammen seine ärztliche Praxis betrieben hatte (1032 ff.). Die Forschung hat einige Lebensdaten des historischen Faust herausgefunden:

Lebensdaten und Lebenszeugnisse des historischen Faust

etwa 1466/7	Geburt in Helmstadt bei Heidelberg, Taufe auf den Namen Georg
1483	Immatrikulation des Georg Helmstetter an der Universität Heidelberg
1484	Baccalaureus – 1487 Magister der Philosophie in Heidelberg
1507	Franz von Sickingen (1481–1523) verschafft ihm eine Schulmeisterstelle in Kreuznach
1513	Treffen mit dem Humanisten Konrad Muth (Conradus Mutianus Rufus 1470–1526) in Erfurt
1520	Honorar von 10 Gulden für ein Horoskop, das er dem Bischof von Bamberg gestellt hat
1540	Schreiben des Philipp von Hutten aus Venezuela, daß Faustus mit seiner Voraussage, die er 1534 gegeben, recht gehabt habe
etwa 1536–38	Tod Georg Helmstetters

Nach diesen Daten gehört der historische Faust sowohl in den Kreis der Renaissance-Magier wie Agrippa von Nettesheim (1486–1535) – dessen Vornamen Heinrich Goethe seinem Faust gegeben hat – oder Theophrastus Paracelsus (1493–1541) wie auch

Der historische Faust ein Magier und Humanist

der Renaissance-Humanisten, von denen Conrad Celtis (1459–1508) oder Ulrich von Hutten (1488–1523) genannt seien.

Was ist ‚Magie'?

‚Forschung' als Weg zur Nutzung und Anwendung der Naturkräfte durch das Experiment gab es in dieser Zeit nur in einer außerchristlichen Sphäre, in der Alchemie und Magie. Durch ihre Wendung zur Empirie, zum Versuch, zur Anwendung, durch ihre operative Technik und durch ihre Zielsetzung, den ‚Erfolg', war sie eine Vorform der modernen Naturwissenschaft. Durch die Ausrichtung auf das Ziel, unbedingt zu ‚Ergebnissen' kommen zu müssen, ist die Naturwissenschaft auch nach ihrer Trennung von jenem Ursprung der magischen Denkform verbunden geblieben. (Nach: Friedrich Wagner: Die Wissenschaft und die gefährdete Welt, München: C. H. Beck 1964, S. 19)

Zweifelhafter Ruf des historischen Faust

Wenn der historische Faust in zweifelhaften Ruf geriet, so kann das vielerlei Gründe haben. Einmal fällt auf, daß er zu katholischen Stellen gute Beziehungen unterhielt, in protestantischen Kreisen jedoch abgelehnt wurde, z. B. von der Stadt Nürnberg. Aber dort hatte auch Paracelsus Schwierigkeiten bekommen, weil er in seinem Buch über die Syphilis die Behandlung mit Guajakholz für unsinnig erklärt hatte. Vom Handel mit diesem Gewächs lebten aber einige mächtige Kaufmannsdynastien, z. B. die Fugger. So mögen sowohl konfessionelle Gründe wie auch materielle Interessen an der Verdächtigung der Renaissance-Magier mitgewirkt haben. Aber auch als Humanist gehörte Faust zu einer Gruppe von Gelehrten, deren Tätigkeit sich in einer außerchristlichen Sphäre abspielte. Die nach dem Fall von Konstantinopel 1453 in den Westen geflüchteten Philologen hatten die griechische Literatur der klassischen Antike im Originaltext mitgebracht, der sogleich dank der gerade erst erfundenen Buchdruckerkunst weit verbreitet wurde. Eine vom Christentum völlig unberührte, in der Schönheit ihrer Gestaltungen faszinierende geistige Welt tat sich den Europäern auf. Darstellungen sinnlicher Lebenslust traten dem asketischen Lebensideal des Mittelalters („Abtötung") entgegen. Eine Vielfalt unterschiedlicher philosophischer Lehren brach in eine Welt ein, in der jede von der Orthodoxie abweichende Lehre bisher blutig verfolgt worden war.

Materielle und konfessionelle Gründe für den schlechten Ruf der Magier

Die Verunsicherung, in die viele Menschen durch die Naturforschung der Magier und die literarischen Studien der Humanisten gerieten, ließ sie gegen die Vertreter solcher geistigen Tätigkeit genauso reagieren, wie es der Kanzler bei Goethe tut: „Natur ist Sünde, Geist ist Teufel!" Vor allem die Protestanten zeichneten sich durch einen intensiven Teufelsglauben aus. In diese Strömung geriet der historische Faust hinein. Er war Luther und Melanchthon persönlich bekannt, deren Vorstellungen über Zauberer, Hexen und den Teufel nun auf ihn übertragen wurden. Das ,Image', das der historische Faust dadurch erhielt, war der erste Schritt zur Ausbildung der Faust-Sage. Das literarische Schema für die Sagenbildung lag in Form des Teufelsbündner-Motivs in der Überlieferung vor.

Verunsicherung der Menschen durch das Neue

Faust gerät in den Sog des protestantischen Teufelsglaubens

Auch frühere naturwissenschaftlich tätige Gelehrte waren von ihren Zeitgenossen als Gesellen des Teufels bezichtigt worden, z. B. Gerbert von Aurillac (ca. 940/50–1003), der spätere Papst Silvester II., der die indisch-arabischen Ziffern mit der Null in Europa einführte, oder Albertus Magnus (ca. 1200–1280), der das vergleichende Studium der Pflanzen begründet hat. Während in den mittelalterlichen Teufelsbundgeschichten jedoch der Christ immer irgendwie davonkam und der Teufel der Geprellte war, zeichnet das 16. Jahrhundert einen unerbittlichen Teufel, der sein Opfer am Ende in die Hölle mitnimmt. Die Reformatoren bemängeln nämlich an den katholischen Legenden, z. B. der von Theophilus oder von Simon, dem Magier, aus denen das Faust-Buch geschöpft hat, daß in ihnen die Sündhaftigkeit des Teufelspakts verharmlost werde.

Mittelalterliche ,Teufelsbündner'

Das Ergebnis der Sagenbildung, wie es etwa in der ,Historia von D. Johann Fausten' 1587 vorliegt, läßt sich kurz so zusammenfassen:

,Historia von D. Joh. Fausten'

Faust stammt aus dem Dorf Roda bei Weimar, studiert in Wittenberg Theologie und macht seinen Doktor. Dann geht er nach Krakau, um sich dort der Magie zu widmen. Erkenntnisdrang und Selbstüberschätzung führen zu einem Pakt mit dem teuflischen Diener Mephistopheles. Dieser will Faust 24 Jahre lang jeden Wunsch erfüllen. Danach soll ihm seine Seele gehören. Die ersten 8 Jahre dieser Zeitspanne bleibt Faust in Wittenberg, teils studierend, teils sein Leben genießend. Heiraten darf er nicht, dafür wird ihm jede begehrte Buhlschaft vermittelt. Anfälle von Reue deckt der Teufel mit zauberischer Musik zu. Weitere 8 Jahre verbringt Faust auf einer großen Reise, die ihn auch zum Sultan nach Konstantinopel, in den Vatikan und an den Kaiserhof bringt. Mit Zauberkunststücken setzt er die kleine und große Welt in Erstaunen. Die letzten 8 Jahre verlebt Faust wieder in Wittenberg. Nach dem Bekehrungsversuch, den ein alter Mann mit ihm anstellt, muß er sich aufs neue dem Teufel verschreiben. Vor Studenten läßt er die Gestalt Helenas erscheinen, verliebt sich in sie und verheiratet sich mit dem Gespenst. Aus der Ehe geht ein Sohn, Justus Faustus, hervor. Faust stirbt in Angst und Zittern, nachdem er sich von seinen Studenten in einer großen Klagerede verabschiedet hat. Sein Haus vermacht er seinem Famulus Wagner. Helena und ihr Sohn lösen sich bei seinem Tod in Nichts auf.

Die Geschichte von Faust als historischer Bericht angesehen

Diese Geschichte wurde von ihren Lesern damals nicht etwa als Fiktion, sondern als historisch verbürgt angesehen. Das entsprach auch der Intention des Verfassers, der mit ihr ein Exempel geben wollte, „damit alle Christen, ja alle vernünftigen Menschen den Teufel und sein Vorgehen desto besser kennen und sich vor ihm in acht nehmen lernen", wie es in der Vorrede heißt.

Teufelspakt als immer wieder vorkommende Realität

Die Vorstellung vom Teufelspakt als immer wieder vorkommender Realität hat bis in Goethes Zeit hinein furchtbare Folgen gehabt. Noch 1793 sind in Posen zwei Hexen öffentlich verbrannt worden (Georg Schwaiger [Hrsg.]: Teufelsglaube und Hexenprozesse, Beck'sche Reihe 337, München 1987, S. 177 f.). Wer des Teufelspakts verdächtigt wurde, hatte keine Chance; denn er wurde so lange gefoltert, bis er durch seine Aussage den Verdacht bestätigte.

Goethe entdeckt den Renaissance-Menschen in Faust wieder

Wenn man vergleicht, was Goethe aus dem Faust-Stoff gemacht hat, wird klar, daß er ihn gegen die in der Sage enthaltene Tradition des Teufelsaberglaubens aufgefaßt und gestaltet hat. Er hat durch den fanatischen Geist der Überlieferung hindurch den Renaissance-Magier und Humanisten, den sich aus kirchlicher Bevormundung befreienden modernen Menschen wiederentdeckt, mit dem sich eine Generation identifizieren konnte, welche die Aufklärung bereits hinter sich hatte.

Zur Entstehung des ‚Faust'

In den über sechzig Jahren, in denen Goethe – mehr oder weniger intensiv – an seinem ‚Faust' gearbeitet hat, hat es mehrere literarische Epochen gegeben, die alle ihre Spuren in dem Drama hinterlassen haben, sei es die Aufklärung oder die Empfindsamkeit, der Sturm und Drang oder die Romantik. Die Klassik hat Goethe in dieser Zeit mit Schiller zusammen selbst begründet, den Realismus nimmt er vorweg. So ist das Werk auch im literarhistorischen Sinne „eine Phänomenologie der Moderne" (s. o. S. 5).

Mehrere literarische Epochen haben ihre Spuren im ‚Faust' hinterlassen

Nach den uns vorliegenden Textfassungen können wir bei der Entstehung des Werkes vier Phasen unterscheiden:

Vier Phasen der Entstehung des Werkes

(1) Der ‚Urfaust'	So nannte der Germanist Erich Schmidt, als er sie 1887 fand, die 1775 entstandene Abschrift des damaligen ‚Faust'-Textes von der Hand einer Weimarer Hofdame. Es ist das Werk des 25jährigen Dichters, der gerade durch seinen ‚Werther' berühmt geworden war.
(2) Das ‚Fragment'	Der 40jährige Goethe veröffentlichte es 1790 in der achtbändigen Ausgabe seiner Schriften bei Göschen in Leipzig, als er nach der italienischen Reise das Bedürfnis hatte, längst angefangene Arbeiten zu einem Abschluß zu bringen.
(3) ‚Faust. Der Tragödie erster Teil'	Diese Fassung erschien 1808 in der dreibändigen Ausgabe von Goethes Werken bei Cotta in Tübingen und verdankte ihr Entstehen der Zusammenarbeit mit Schiller, der von 1799 bis zu seinem Tod 1805 in Weimar wohnte.
(4) ‚Faust. Der Tragödie zweiter Teil'	Dieser Text wurde von Goethe nach Beendigung der Arbeit eingesiegelt und erst nach seinem Tod 1832 im ersten Band der Nachgelassenen Werke bei Cotta in Stuttgart veröffentlicht. Teile davon waren bereits 1827 in der Ausgabe letzter Hand ebendort abgedruckt worden.

Beim Überblick über diese vier Phasen zeigt sich, wie die Thematik des ‚Faust' allmählich erweitert und differenziert wurde und welchen Strukturwandel die Dichtung dabei erfuhr.

Der ‚Urfaust'

Zu Beginn des ‚Urfaust' hat sich Faust – wie in der Endfassung – aus Enttäuschung über den Universitätsbetrieb der Magie zugewandt, betrachtet das Zeichen des ‚Makrokosmos', bricht vor dem Erscheinen des Erdgeistes zusammen und wird von seinem Famulus Wagner in den Alltag zurückgerufen. Unvermittelt folgt das Gespräch Mephistos mit dem Schüler. Eine Motivation für Mephistos Auftreten gibt es nicht. Es folgt die Saufszene in ‚Auerbachs Keller', wo allerdings noch Faust den Wein herbeizaubert. Eine kurze Szene vor dem Einsetzen der Gretchenhandlung zeigt den Keim, aus dem später die ironische Teufelsfigur entwickelt wurde:

Keimzelle der Mephisto-Figur

> F: „Was gibt's, Mephisto, hast du Eil?
> Was schlägst vorm Kreuz die Augen nieder?"
> M: „Ich weiß es wohl, es ist ein Vorurteil,
> Allein genung, mir ist's einmal zuwider."

Auch das poetische Mittel der Epochenverschiebung (s. o. S. 147 ff.) wird hier schon angewandt:

Thomas Manns Interpretation

> „Die Scheu vor dem Kreuz kennzeichnet den mittelalterlichen Teufel; daß er aber von Vorurteil spricht, ist gutes achtzehntes Jahrhundert, es ist der angepaßte, modernisierte Satan. Nun aber gilt seine Aufgeklärtheit nicht etwa der Religion, und nicht das Kreuz ist es, das er ein Vorurteil nennt, sondern seine überlieferte, mittelalterliche Abneigung dagegen behandelt er als ein solches und entschuldigt sich wie für eine Schrulle und Schwäche dafür, daß er trotz seiner modernen Bildung nicht darüber hinwegkommt." (Thomas Mann: Über Goethes Faust, a. a. O. S. 229)

Die beiden Leitfiguren noch wenig ausgeführt

Als er die Mephisto-Figur ausführte, brauchte Goethe die Szene nicht mehr. Es gab genug andere Gelegenheiten, Mephisto mit seiner aufklärerischen Verweisung ins „Fabelbuch" (2507) spielen zu lassen. Auch die Faust-Figur ist erst spärlich entwickelt; die Problematik der „zwei Seelen" (1112) fehlt noch, aus der sich die Entscheidung für das Genußleben (1750) und der Aufbruch zur Lebensreise mit Mephisto (2051) ergeben. Es gibt noch keine kosmische Rahmenhandlung, so daß auch Margaretes

Rahmenhandlung fehlt noch

Antipathie gegen Fausts Begleiter (3470) sozusagen
noch in der Luft hängt.

Das Fragment
Gegenüber der Spontaneität des Ausdrucks und der
Unbekümmertheit in der Formgebung, die den
Dichter des ‚Urfaust‘ als Vertreter des Sturm und
Drang kennzeichnen, zeigt das Fragment den Ge-
staltungswillen des Klassikers Goethe. Er schreibt
kurz vor der Heimkehr aus Italien:

**Klassik anstelle
von Sturm
und Drang**

> „Das alte Manuskript macht mir manchmal zu den-
> ken, wenn ich es vor mir sehe. Es ist noch das erste,
> ja in den Hauptszenen gleich so ohne Konzept hin-
> geschrieben . . .“ (Italienische Reise: Rom, 1. 3. 1788)

Goethe versucht nun, die Prosa überall durch Verse
zu ersetzen. Da ihm das bei ‚Trüber Tag – Feld‘ und
bei der Kerkerszene nicht recht gelingen will, läßt er
sie einfach fort, so daß der Text tatsächlich einen
fragmentarischen Eindruck macht. Aber in der Aus-
führung des Grundgedankens stellt das Fragment
einen großen Fortschritt dar: Faust will nun erleben, „was der ganzen Menschheit zugeteilt ist“, d. h.
sein individuelles Selbst „zu ihrem Selbst erwei-
tern“ (1770).

Verse statt Prosa

**Fortschritt
in der Grundidee**

Das neue Thema, die ‚Bestimmung des Menschen‘, hatte
erst jüngst durch Johann Gottfried Herders (1744–1803)
‚Ideen zur Philosophie der Geschichte der Menschheit‘
(1784) erneute Aktualität gewonnen. Herder lebte seit 1776
in Weimar. Der Philosoph Kant (1724–1804) hatte Herder,
der den Begriff „Menschheit“ für einen leeren Begriff
hielt, in seiner Rezension der ‚Ideen‘ entgegengehalten,
nur in der Gattung, nicht im Einzelwesen könne sich die
menschliche Bestimmung erfüllen. Ohne sich unmittelbar
in den Streit einzumischen, gibt nun Goethe seinen Beitrag zu der Frage, indem er seinen Faust erleben läßt, was
sich sonst nur verstreut in den Erlebnissen der einzelnen
Individuen findet, im Ganzen aber die Gattung kennzeichnet.

**Die Diskussion
über die
Bestimmung
des Menschen**

Zu der Ausweitung des Plans auf das anthropolo-
gische Thema gehört auch die Einbeziehung des
II. Teils, auf den der Vers 2052 vorausweist:

> „Wir sehn die kleine, dann die große Welt.“

Faust I 1808

Schillers Anregung

Schiller reagiert auf die Lektüre des Fragments in einem Brief an Goethe vom 29. 11. 1794 mit der Bemerkung, ihm komme der Text wie „der Torso des Herkules" vor. Auf Goethes Bitte, er möge ihm seine „Erwartungen und Desideria mitteilen", schreibt Schiller dann am 23. 6. 1797, er müsse die „symbolische Bedeutsamkeit" des Faust herausarbeiten. Die bestehe aber für ihn darin, daß Faust „die Duplizität der menschlichen Natur" verkörpere, „das verunglückte Bestreben, das Göttliche und Physische im Menschen zu vereinigen". Drei Tage später, am 26. 6. 1797, weist Schiller mit seiner Erwartung, daß Faust auch „in das handelnde Leben geführt" werde, auf die Notwendigkeit hin, den II. Teil auszuarbeiten, und formuliert seine Auffassung von dem Verhältnis der beiden Hauptfiguren zueinander so:

Das Thema von den „zwei Seelen" (1112)

> „Verstand und Vernunft scheinen mir bei diesem Stoff auf Tod und Leben miteinander zu ringen ... Der Teufel behält durch seinen Realism vor dem Verstand, und der Faust vor dem Herzen recht. Zuweilen aber scheinen sie ihre Rollen zu tauschen, und der Teufel nimmt die Vernunft gegen Faust in Schutz ..."

Leitmotive und Schlüsselwörter

Goethe nimmt die Anregung auf und versucht aus den veröffentlichten und unveröffentlichten Faust-Teilen ein Ganzes zu machen, indem er gleichsam ‚Längsachsen' einzieht, die in Form von Leitmotiven und Schlüsselwörtern jene, von Schiller gemeinte, „symbolische Bedeutsamkeit" der Faust-Gestalt verdeutlichen. Dazu gehört einmal der Begriff des Strebens als der entscheidenden Kraft der menschlichen Natur in all ihrer moralischen Ambivalenz, zum zweiten aber das Leitwort ‚Genuß', was soviel wie ‚Erfahrung des Lebens' meint, wie sie dem Stubengelehrten am Anfang des Dramas noch fehlt.

Schließung der Lücken

Weiterhin werden Lücken geschlossen, die Szenen (22) sowie (26) bis (28) eingebaut, um den I. Teil zu einem Abschluß zu bringen. Schließlich wird der Rahmen mit dem dreifachen ‚Eingangstor', der ‚Zueignung', dem ‚Vorspiel auf dem Theater' und dem ‚Prolog im Himmel', gebaut.

160

Faust II 1832

Zu dem Ganzen, das Schiller angesprochen hatte, gehört auch der II. Teil des Dramas. Goethe hatte schon während der Arbeit am I. Teil große Partien dafür ausgeführt:

1. Akt:	1827–1830	
2. Akt:	1826–1830	
3. Akt:	1800 (8489–8802)	
	1825/6 (8488 und 8803–10038)	
4. Akt:	1831	
5. Akt:	1797 ff., dann wieder 1825–1831	

Nun waren noch einige Probleme zu lösen, zunächst einmal das Problem der Wette, das ja beide Teile sowie Rahmen- und Binnenhandlung miteinander verbindet (312, 1698). Dazu schrieb Goethe am 3. 11. 1820 an Karl Ernst Schubarth:

Das Problem der Wette

> „Mephistopheles darf seine Wette nur halb gewinnen, und wenn die halbe Schuld auf Faust ruhen bleibt, so tritt das Begnadigungsrecht des alten Herrn sogleich herein, zum heitersten Schluß des Ganzen."

Die elegante Lösung besteht darin, daß das Stichwort: „Verweile doch! du bist so schön!", das 1700 Bestandteil eines Vertrages ist, d. h. in einem pragmatischen Zusammenhang steht, in 11582 im Modus potentialis („zum Augenblicke dürft' ich sagen") erscheint, als Teil einer Utopie, also einer unverbindlichen Äußerungsweise.

Lösung durch das Stichwort

Ein zweites Problem bestand in der Zusammenführung von Helena und Faust, Antike und Abendland. Solange Goethe vorhatte, Helena – nach dem Vorbild des Faust-Buchs – in Deutschland erscheinen zu lassen, war dieser Handlungsteil als Symbol für die abendländische Antike-Rezeption nicht zu gebrauchen. Dieses Problem wurde auf die Weise großartig gelöst, daß Faust Helena in ihrem Lande, sie ihn aber in seiner Zeit trifft.

Das Problem des Helena-Akts

Lösung durch die Wahl von Ort und Zeit

Schließlich mußte der schon früher konzipierte 5. Akt, auf dem die Gesamthandlung aufruht, irgendwie vorbereitet werden. Die Lösung bestand in der Anknüpfung an den 1. Akt und der Weiterführung

Überleitung zum 5. Akt

161

Lösung durch geschichtliche Kontinuität

seines Themas vom Zerfall des Reichs und der alten Feudalordnung. Auf diesem Hintergrund konnte die Faust-Handlung bis in die Welt des 19. Jahrhunderts geführt werden.

Übersicht über die Entstehung der Szenen von ‚Faust I'

Szenen-folge: 1808	Urfaust (1775)	Faust. Ein Fragment (1790)	Faust, der Tragödie erster Teil (1808)
(1) Zueignung	–	–	1–32
(2) Vorspiel auf dem Theater	–	–	33–242
(3) Prolog im Himmel	–	–	243–353
(4) Nacht	354–597 602–605	wie U. wie U.	Wie Fr., dazu: 598–601 (Hinweis auf Oster-spaziergang) und: 606–807 (Monolog über Erdgeistbegegnung und Selbstmordversuch)
(5) Vor dem Tor	–	–	808–1177
(6) Studier-zimmer I	–	–	1178–1529
(7) Studier-zimmer II	– 1868–2050 (Schüler-gespräch)	1770–1850 (Vertrag) 1851–1867 (Monolog Mephistos) wie U. 2051–2072 (Aufbruch)	1530–1850 (Vertrag) wie Fr. wie U. wie Fr.
(8) Auerbachs Keller	Prosa	2073–2336	wie Fr.
(9) Hexenküche	–	2337–2604	wie Fr.
(10) Straße I	2605–2677	wie U.	wie U.
(11) Abend	2678–2804	wie U.	wie U.
(12) Spazier-gang	2805–2864 (Allee)	wie U.	wie U.
(13) Der Nach-barin Haus	2865–3024	wie U.	wie U.

Übersicht über die Entstehung der Szenen von ‚Faust I' (Forts.)

Szenen-folge: 1808	Urfaust (1775)	Faust. Ein Fragment (1790)	Faust, der Tragödie erster Teil (1808)
(14) Straße II	3025–3072	wie U.	wie U.
(15) Garten	3073–3148 – 3153–3204	wie U. – wie U.	wie U., dazu: 3149–3152 (Hagestolz) wie U.
(16) Ein Gartenhäuschen	3205–3216	wie U.	wie U.
(17) Wald und Höhle	–	3217–3373 (3342–3369 in U. Szene [22])	wie Fr.
(18) Gretchens Stube	3374–3413	wie U.	wie U.
(19) Marthens Garten	3414–3543	wie U.	wie U.
(20) Am Brunnen	3544–3586	wie U.	wie U.
(21) Zwinger	3587–3619	wie U.	wie U.
(22) Nacht. Straße vor Gretchens Tür	3620–3645 3650–3659 (3342–3369; vgl. [17])	– – –	wie U., dazu: 3646–3649 („Was kommt heran?") wie U., dazu: 3660–3697 (Mephistos Serenade) – 3689–3775 (Valentins Tod)
(23) Dom	3776–3834 (vor [22])	wie U.	wie U.
(24) Walpurgisnacht	–	–	3835–4222
(25) Walpurgisnachtstraum	–	–	4223–4398
(26) Trüber Tag – Feld	Prosa	–	Prosa wie U.
(27) Nacht. Offen Feld	4399–4404	–	wie U.
(28) Kerker	Prosa	–	4405–4612

Zur Rezeptionsgeschichte

Nicht lange nach dem Erscheinen des II. Teils wurde
Goethes ‚Faust' zum Lieblingsbuch der Deutschen.
Ein sicheres Zeichen für diese Tatsache ist der Umstand, daß der Verlag Philipp Reclam jun. in Leipzig
am 9. 11. 1867 seine Universal-Bibliothek mit den
Bändchen „Goethe. Faust. Erster Theil" und „Goethe.
Faust. Zweiter Theil" eröffnet hat. Diese Volkstüm-
lichkeit der ‚Faust'-Dichtung, mit der auch ihre Einführung als Schullektüre zusammenhängt, hat eine
gewisse Standardisierung des Verständnisses der
Dichtung zur Folge gehabt. In einem 1892 zuerst
erschienenen „Hilfsbuch für den Unterricht in der
Deutschen Literaturgeschichte" ist dieses Verständnis folgendermaßen formuliert:

> „Das Ringen des Menschengeistes nach Erkenntnis,
> des Menschenherzens nach Glück, das mit diesem
> Ringen eng verbundene Verschulden und die Erhe-
> bung des Menschen aus der Schuld durch die Tat,
> das sittliche Handeln, durch Selbstbeschränkung
> statt der früheren Schrankenlosigkeit des Strebens
> – das ist der allgemeine Gedanke des Stücks."
> (J. Wychgram: Hilfsbuch f. d. Unterr. in der Deut-
> schen Literaturgeschichte, Bielefeld u. Leipzig: Vel-
> hagen & Klasing, 9. Aufl. 1907, S. 91)

Diese Formulierung des „allgemeinen Gedankens"
des Faust-Dramas hängt vor allem vom Verständnis
des 5. Aktes ab:

> „Nach vielfachen Lebenserfahrungen gelangt Faust
> zu der Erkenntnis, daß seine Sühne und sein Glück
> in der tätigen Anteilnahme und Mitwirkung am
> Glück anderer liegt. Mephisto mit seinen höllischen
> Scharen, der nun seine Pläne auf Fausts Seele ge-
> fährdet sieht, will ihn zu sich reißen: aber Faust hat
> sich durch Selbstüberwindung geläutert, die himm-
> lischen Mächte, die Engel, tragen seine Seele zu
> sich empor . . ." (a. a. O. S. 92)

Offenbar wird hier Fausts Schlußrede wörtlich
genommen und als Zeichen dafür interpretiert, daß

**Goethes ‚Faust'
wird volkstümlich**

**Standardisierung
des Verständnisses**

**Deutung
des 5. Akts**

Die Deutung konzentriert sich auf den Schlußmonolog (11559–86)

Faust mit seinem Streben gescheitert

Mephistos Frage nach dem Sinn des Schaffens

Mangelndes Verständnis für Dichtung

Faust nun zur „Selbstbeschränkung" gefunden habe, durch „Anteilnahme und Mitwirkung am Glück anderer" für seine Taten „Sühne" leiste. Der Text wird wie eine nichtfiktionale Äußerung verstanden, die poetische Struktur übersehen, in der er hängt, d. h. mit anderen Versen, z. B. Mephistos Kommentar, zusammenhängt, von denen sein Verständnis abhängt. Im Schlußmonolog nimmt Fausts Streben noch einmal sprachliche Gestalt an. Doch ist gerade sein Irren das eigentliche Thema des Dramas. Das Scheitern seines Strebens – er hat es bereits 1775 angedeutet – besteht darin, daß er nicht „auf freiem Grund mit freiem Volke" (11580) gestanden, sondern sein Werk auf Kosten ausgebeuteter Menschen und zerstörter Natur, mit Mord und Totschlag, Zwang und Verführung geschaffen hat. Mephisto aber stellt mit Recht die Frage: „Was soll uns denn das ew'ge Schaffen?" (11598). Auf diese Frage kommt es an und nicht etwa auf ein – dazu noch selbstverdientes – ‚Happy-End' des Helden, das sich dann – wie es der Verfasser des ‚Hilfsbuchs' beabsichtigt – für eine pädagogische Nutzanwendung gebrauchen läßt.

In dem hier dokumentierten Standardverständnis wird im Grunde das Wesen der Dichtung verfehlt, mangelt es an Sensibilität für die Ironie, mit der Goethe seinen Helden behandelt. Er wollte seinen Lesern den „Spaß" gönnen, „sich an diesen ernstgemeinten Scherzen einige Stunden zu ergötzen und dabei gewahr zu werden, was sich viele Jahre im Kopf und Sinn herumbewegte, bis es endlich diese Gestalt angenommen" (Brief vom 24. 11. 1831 an Sulpiz Boisserée). Dabei nötigt er seine Leser jedoch auch, „sich über sich selber hinauszumuten" (An Zelter, 27. 7. 1828), obwohl er keine Nutzanwendungen oder Problemlösungen anzubieten hat:

> „Da steht es nun, wie es auch geraten sei. Und wenn es noch Probleme genug enthält, keineswegs jede Aufklärung darbietet, so wird es doch denjenigen erfreuen, der sich auf Miene, Wink und leise Hindeutung versteht. Er wird sogar mehr finden, als ich geben konnte." (8. 9. 1831 an S. Boisserée)

Aus der Auffassung von Faust als dem Ideal des strebenden und tätigen Menschen in der modernen

Arbeitswelt ergab sich ein neues Verständnis des Adjektivs ‚faustisch‘, das etwa so definiert wurde:

Faust Vorbild für den modernen tätigen Menschen

„Eine ganz bestimmte Weltanschauung verkörpert sich in Faust und gipfelt bis zu höchsten Einsichten von Gott, Gemüt und Welt. Faustisch empfinden, das ist für uns der Inbegriff alles Strebens und Ringens geworden, nicht nur um Erkenntnis, sondern auch um das uns gemäße Werk.“
(Goethe: Faust. Grundgedanken, Münchner Lesebogen Nr. 100, ausgew. v. F. Würzbach, hrsg. v. W. Schmidkunz, Münchner Buchverlag o. J.)

Ein ‚Faust‘, der zum Exempel ‚faustischer‘ Weltanschauung und ‚faustischen‘ Empfindens geworden ist, läßt sich natürlich leicht politisch in Dienst nehmen, z. B. von Vertretern ‚völkischer‘ Weltanschauung:

Politische Indienstnahme

„Sein Schöpfer ist nicht Goethe allein, sondern der deutsche Genius schlechthin. Deutsches Wesen, deutsches Glücksbegehren, deutscher Glaube, deutsches Kämpfen und deutsches Gottfinden sind in Goethes ‚Faust‘ gestaltet, deshalb wirkt er über die Grenzen des Deutschtums hinaus, darum ist er das dichterische Kunstwerk der Welt. An ihm erfaßt die Welt, was Deutschsein heißt, in ihm grüßt sie deutsche Art, ob sie es will oder nicht“.
(Gerhard Steiner [Hrsg.]: Faust. Wandlungen deutscher Sehnsucht. Goethe-Grabbe-Lenau-Chamisso, Riga: Osteuropäische Verlagsgemeinschaft 1944, S. 8)

‚Faust‘ als Inbegriff deutschen Wesens

Der ‚Faust‘ läßt sich aber auch vor einen ganz anderen Karren spannen. Walter Ulbricht hat ihn 1962 zu einer Art ‚Volksbuch‘ erklärt, weil im Schlußmonolog vom ‚freien Volk auf freiem Grund‘ (11580) die Leistung der gegenwärtigen DDR visionär vorweggenommen sei:

Faust und der Arbeiter- und Bauernstaat

„Erst weit über hundert Jahre, nachdem Goethe die Feder für immer aus der Hand legen mußte, haben die Arbeiter und Bauern der Deutschen Demokratischen Republik begonnen, diesen dritten Teil des ‚Faust‘ mit ihrer Arbeit, mit ihrem Kampf für Frieden und Sozialismus zu schreiben . . .“
(Rede vor dem Nationalrat, Neues Deutschland vom 28. 3. 1962; abgedruckt bei P. M. Lützeler, a. a. O. S. 31 ff.)

Auch in diesem Zusammenhang begegnet wieder das Adjektiv ‚faustisch', mit dem der politisch erwünschte Menschentyp bezeichnet wird:

Das ‚Faustische' bildet den „nationalen Typ"

„Typisch ... war für Goethe das ‚Faustische', das rastlos nach Erkenntnis und Fortschritt Drängende, das schöpferisch Tätige, das Aktive, (...) – philosophisch gesprochen: die materialistischen und dialektischen Tendenzen in der deutschen Geschichte. (...) Goethes ‚Faust' ist ein durch und durch nationaler Typ."
(Hanns Eisler in: Neues Deutschland vom 14. 5. 1953; abgedruckt bei P. M. Lützeler, a. a. O. S. 52)

Mißverständnis der Dichtung

Die beiden Nutzanwendungen des ‚Faust', die völkische und die sozialistische, gleichen sich nicht nur in dem Bestreben, den wünschenswerten „nationalen Typus" zu bestimmen, sondern auch in ihrem völligen Mißverständnis gegenüber der Dichtung.

Pessimistische Definition des ‚Faustischen' bei Spengler

Nur einmal wird in die Definition des Adjektivs ‚faustisch' die nihilistische Perspektive Mephistos mit aufgenommen. Das ist bei der Kulturkreistheorie Oswald Spenglers (1880–1936) der Fall, dessen Hauptwerk ‚Der Untergang des Abendlandes' für die abendländische Kultur eine ähnliche Diagnose stellt wie Mephisto in der ‚Walpurgisnacht', daß nämlich das Volk „zum jüngsten Tag ... gereift" sei (4092), die Welt sich „auf der Neige" befände.

Spengler unterscheidet acht Kulturkreise, die gegeneinander durch bestimmte Strukturen differenziert sind. So ist die antike Kultur als apollinisch zu bezeichnen; Klarheit, Gegenwärtigkeit und Eindeutigkeit des Körperlichen sind bestimmend: der Raum ist hier Prinzip, daher ist diese Kultur wesentlich unhistorisch. Umgekehrt ist die abendländische Kultur, die durch die faustische Seele geprägt ist, durch einen Hang zur Unbegrenzheit und Unendlichkeit bestimmt. Prozeß, Dynamik und Funktion sind wesentlich, mit einem Wort: die Zeit siegt über den Raum.
(Walter Schulz: Philosophie in der veränderten Welt, Pfullingen: Neske 1972, S. 577)

Dieser „Hang zur Unbegrenztheit", diese „Wachstumsideologie" (wie wir heute sagen würden), birgt den Keim zum Untergang in sich. In diesem Punkte wären wohl Goethe und Spengler einig gewesen.

Auch in ihrem Verständnis von Antike und Abendland haben sie Gemeinsames.

Spengler und Goethe

Die Wand, welche die Rezeptionsgeschichte vor dem ‚Faust‘ und seinem Dichter aufgerichtet hat, wurde erst in den sechziger Jahren niedergelegt. 1963 erschien die Goethe-Biographie von Richard Friedenthal (1896–1979), der den ‚Olympier‘ von seinem Denkmal herunterholte und in seine Zeit hineinstellte. Er wies auf die Ironie im ‚Faust‘ hin, die z. B. in der engen Nachbarschaft der feierlichen Engelchöre („Die Sonne tönt nach alter Weise ..." 243) und der süffisanten Bemerkungen Mephistos („In jeden Quark begräbt er seine Nase ..." 292) bereits im ‚Prolog‘ zu finden sei:

Die Rezeptionsgeschichte wie eine Wand vor dem Werk

Entdeckung der Ironie Goethes

> „In diesem Schillern, dieser Spannung zwischen Höchstem und Gewöhnlichstem, liegt Goethes unvergleichlicher Ton, und jedes Herausgreifen einer Einzelzeile zerstört diese Einheit und führt nur zu Pedanterien und Aufsatzthemen."
> (Richard Friedenthal, a. a. O. S. 598)

Inzwischen hat die Forschung auch die Ergebnisse der anglo-amerikanischen, französischen u. a. Germanistik aufgearbeitet. Damit hat eine neue Epoche der Rezeptionsgeschichte begonnen, in der auch der Dichter realistischer gesehen, seine Unnahbarkeit z. B. als Alltagsstrategie erklärt wird:

Rezeption der außerdeutschen ‚Faust‘-Forschung

> „Hat er doch in Weimar die Komödie des Olympiers gespielt, um sich die Leute, die „guten Leutchen", drei Schritte vom Leibe zu halten, und mit Recht. Sonst tun sie bald vertraut und werden frech. Die allerwenigsten seiner Zeitgenossen sind dahintergekommen; Eckermann sicherlich nicht."
> (Pierre Bertaux, Gar schöne Spiele ..., a. a. O. S. 11 f.)

Zur Aufführung des ‚Faust‘

‚Faust‘ ein Theaterstück

Der ‚Faust‘ ist ein Theaterstück. Selbst wenn es in ihm lyrische oder erzählende Partien gibt, so werden sie doch von dramatischen Figuren ausgeführt, mögen diese noch so sehr symbolischer oder allegorischer Natur sein. Es wird nicht über sie berichtet, sondern sie sprechen selbst. Jede muß den Mitspielern und den Zuschauern sagen, „wer sie sei" (5406).

Bühnenspiel ein Thema des ‚Faust‘

Aber das Bühnenspiel ist nicht nur die Form, sondern auch ein Thema des ‚Faust‘. Schon das ‚Vorspiel‘ weist ausdrücklich darauf hin, daß das folgende Stück – bereits der ‚Prolog im Himmel‘ – auf den „Brettern" spielt, welche die Welt bedeuten (39, 239). Das Personal des Himmels wird dann, wenn Faust mit seinem nächtlichen Monolog einsetzt, zum Publikum, das dem irdischen Geschehen folgt. Dabei beschränkt die Titelfigur ihre Perspektive ausdrücklich auf den irdischen Bereich („Das Drüben kann mich wenig kümmern" 1660 ↦ 11442). Der

Der Zuschauer weiß mehr als Faust

Zuschauer hat daher, ähnlich wie ein allwissender Erzähler gegenüber einer Romanfigur, einen größeren Gesichtskreis als Faust. Auch im Stück selbst

Spiel im Spiel

wird immer wieder Theater gespielt, sei es, daß Mephisto in Fausts Robe schlüpft und den Professor spielt (1844 ff.) oder in der ‚Hexenküche‘ bei den Tieren die Rolle des Königs übernimmt (2448), sei es, daß bei Hofe ein Maskenzug veranstaltet wird (5065 ff.) oder die Aufführung einer Pantomime ‚Der Raub der Helena‘ (6548) stattfindet. Schließlich ist der ganze Helena-Akt, der dritte des II. Teils, eine Inszenierung Mephistos (nach 10038). Dazu tritt im

Theatervokabular

Text immer wieder Theatervokabular auf, z. B. „Schauspiel" (454), „Komödiant" (527), „Haupt- und Staatsaktion" (583), „den Teufel spielen" (2010) u. ä. Überall scheint die Bühnenerfahrung des langjährigen Schauspielers, Regisseurs, Theaterleiters und Dramenautors Goethe durch, der weiß, „daß auf dem Theater alles Geistige zugleich sinnlich werden muß" (Walter Hinck, a. a. O. S. 24). Das zeigt sich gerade dort, wo man die Aufführbarkeit oft bestritten hat, beim II. Teil des ‚Faust‘.

Dort wird die Aufführbarkeit gerade durch ein episches Element ermöglicht, das der Kaiser in folgenden Worten Mephisto gegenüber bezeichnet:

Aufführbarkeit des II. Teils

> „Welch gut Geschick hat dich hieher gebracht,
> Unmittelbar aus Tausend Einer Nacht?
> Gleichst du an Fruchtbarkeit Scheherazaden..."
> (6031 ff.)

Tatsächlich hat Goethe viele Zauberkunststücke, Illusionen, Phantasmagorien, die Mephisto in ‚Faust II' veranstaltet, der arabischen Märchensammlung entnommen, die zu seiner Zeit gern gelesen wurde und den gebildeten Lesern bekannt war. Mephisto verbindet nun das dramatische Element zauberischer Vorgänge mit dem epischen Element der erzählenden Scheherazade auf folgende Weise:

Mephisto, Zauberer und Fabulierer

„Wo das Zaubergeschehen so übernatürlich wird, daß es auf keine Weise mehr dramatisch zur Darstellung gebracht werden kann, nimmt es allein durch das Fabulieren des Mephistopheles seinen Fortgang. Mephistopheles erzählt, berichtet, was als Vorgang sich nicht darstellen läßt. Da er stets auch der das Geschehen durch Zauberei Hervorrufende ist, so gleicht sein Fabulieren seinem Zaubern, es verschmilzt mit ihm zu unlöslicher Einheit. So schildert er den Gang zu den Müttern, der nicht darstellbar ist, und bewirkt ihn zugleich; das zauberhafte Hervortreten von Helena und Paris wird anschaulich durch den Bericht des Astrologen, dem Mephistopheles soufliert; die Mehrzahl der Reden des Mephistopheles in der Klassischen Walpurgisnacht trägt referierenden Charakter..."
(Katharina Mommsen, a. a. O. S. 229)

Bei der Verwendung orientalischer Elemente fällt auf, daß sie bisweilen in einer Art von Montage-Technik mit antiken Elementen ‚verkleidet' werden. Das Bild z. B., das Mephisto 6006 ff. vom Meereskönigtum entwirft, ist der Geschichte von Dschullanär, der Meermaid, nachgezeichnet, die in der Inselausgabe von Enno Littmann (Die Erzählungen aus den Tausendundein Nächten, Wiesbaden 1953 u. ö.) im 5. Band (S. 95 ff.) zu finden ist. Doch statt von Schahrimān und Dschullanär und von persischen Meermädchen ist von Peleus, Thetis und Nereiden die Rede.

Montage orientalischer und antiker Elemente

Zu den ironischen, d. h. modernen, Gestaltungsmit-

171

Ironische Gestaltungsmittel

Motive und Requisiten aus zeitgenössischer Literatur

Die erste öffentliche Aufführung

Streichungen im Text und ihre Auswirkungen

Wegfall der Rahmenhandlung

teln gehören im ‚Faust' nicht nur das Spiel im Spiel bzw. Spiel mit dem Spiel, die Mischung der Gattungen und die Montage literarischer Elemente unterschiedlicher Herkunft, sondern auch Anspielungen in Form von Zitaten aus zeitgenössischer Literatur, deren Kenntnis beim Leser oder Zuschauer vorausgesetzt werden kann. So sind z. B. in der Gretchenhandlung zahlreiche Klischees und Requisiten aus dem Geschichtentyp „Verführte Unschuld" zitiert, wie er in der Nachfolge von Samuel Richardsons ‚Pamela' (1740) im 18. Jahrhundert oft bearbeitet wurde. Dazu gehören etwa das Geschenk zu Beginn der Beziehung, das Rendezvous in einem Gartenhäuschen, der Schlaftrunk, das Duell u. a.

Wenn man an all diese Spielelemente im ‚Faust' denkt, hat man den Hintergrund, auf dem die erste öffentliche Aufführung des I. Teils beurteilt werden kann, die am 19. 1. 1829 im Hoftheater in Braunschweig stattfand. In der Inszenierung von August Klingemann war fast alles gestrichen worden, was die Vielschichtigkeit, die ironische Spannung und den Spielcharakter des Werkes ausmacht. Zueignung, Vorspiel und Prolog hatte Klingemann weggelassen. Die Chöre in der Osternacht, die Gruppenszenen des Osterspaziergangs, die Geisterstimmen in den beiden Studierzimmerszenen, das Königsspiel in der ‚Hexenküche', die ‚Walpurgisnacht' mitsamt dem Intermezzo waren gestrichen. Sogar in der Gretchenhandlung selbst war der Rotstift am Werk: Die Szenen (18) mit dem Monolog „Meine Ruh' ist hin" und (20) mit dem Gespräch am Brunnen fielen weg, weil sie damals wegen ihrer deutlichen Anspielungen auf den außerehelichen Verkehr als zu gewagt galten. Auch einzelne Formulierungen, die man als anstößig ansah, wurden geändert, z. B. „Dreck und Feuer" (3536) in „Not und Feuer" oder „Kopf und Hintern, die sind dein" (1821) in „Kopf et cetera sind dein". Die ‚lustigen Gesellen' in ‚Auerbachs Keller' waren nicht mehr so ordinär wie im Original, sondern wurden zu Studenten stilisiert. Die entscheidende Änderung betrifft wohl die Beseitigung der Rahmenhandlung. Dadurch wird das – durch den Theaterdirektor als Welttheater angekündigte – Mysterienspiel eindimensional, dem bürger-

lichen Trauerspiel angenähert. Wenn nun am Ende
der Kerkerszene die „Stimme von oben" (4611) leibhaftig als Engel auf der Bühne in Erscheinung tritt,
wirkt das auf unser Stilempfinden heute kitschig.
Ebenso verliert die Mephisto-Figur ihre Funktion
als metaphysische Instanz, an der sich die Geister,
d. h. Faust und Margarete, scheiden, sich für oder
gegen ihn entscheiden.

**Die Mephisto-Figur
verliert ihre
Funktion**

Sicher hat Klingemann gute Gründe für seine
Eingriffe gehabt: Es sei notwendig gewesen, „das
Undarstellbare von dem Darstellbaren zu trennen",
wobei die damaligen technischen Möglichkeiten des
Theaters zu berücksichtigen sind. Weiterhin habe er
„manches in der Ökonomie des Stücks" ausglei-
chen, d. h. Längen vermeiden müssen. Und schließlich sei er nicht umhin gekommen, „einige zu starke
Derbheit im Ausdrucke" zu tilgen (Ulrich Parenth,
a. a. O. S. 57). Aber es ist wohl auch Klingemanns
‚Faust'-Verständnis gewesen, das ihn die Inszenierung ganz im Sinne des <u>Illusionstheaters</u> machen
und dem Zuschauer die Gestalten Fausts und Gretchens zur <u>Identifikation</u> anbieten ließ.

Goethe hat auf Klingemanns Anfrage, wie er sich
eine Inszenierung dächte, geantwortet, er habe gar
nichts mehr mit dem Theater zu tun: „Machen Sie
daher mit meinem ‚Faust', was Sie wollen!" (U. Parenth, a. a. O. S. 48). Wir können aber vermuten, was
Goethe dazu gesagt hätte. Er vertrat nämlich mit
seiner Ästhetik der <u>„selbstbewußten Illusion"</u> ein
Konzept, das über die Guckkastenbühne des
19. Jahrhunderts hinweg eine Brücke vom Weimarer
Theater zu den Inszenierungsformen des 20. Jahrhunderts erkennen läßt. Er hat dieses Konzept in
seinem Bericht „Frauenrollen, auf dem Römischen
Theater durch Männer gespielt" formuliert:

**Goethes
Inszenierungs-
konzept**

„In Rom hatte Goethe Komödienaufführungen erlebt, in
denen weibliche Rollen nach antiker Sitte durch Männer
dargestellt wurden. Dabei sei sich der Zuschauer immer
<u>bewußt</u>, daß es sich bei den Frauendarstellern um Männer
handle. Doch trete dadurch keine Störung der <u>Illusion</u> ein,
wie es etwa der Fall sei, wenn dritt- oder viertklassige
Schauspieler ein ungeschicktes Spiel böten. Goethe stellt
sich selbst die Frage, worin das Vergnügen bestand, das er
an jener Darstellung gehabt habe, und antwortet,

Selbstbewußte Illusion als Grund des Vergnügens

„daß bei einer solchen Vorstellung der Begriff der Nachahmung, der Gedanke an Kunst immer lebhaft blieb und durch das geschickte Spiel nur eine Art von selbstbewußter Illusion hervorgebracht wurde".

Das heißt, daß erst die Erkenntnis der Illusion ästhetisches Vergnügen bereite" (Walter Hinck, a. a. O. S. 25 f.).

Wir können daraus schließen, daß Goethe bei einer ‚Faust'-Inszenierung die Spielelemente stärker betont, die Mehrdimensionalität belassen und die Spannungen in dem Personendreieck Faust-Gretchen-Mephisto herausgearbeitet hätte. Seine Streichungen wären sicher anders ausgefallen. Doch die

Normative Wirkung der Erstaufführung

Klingemann-Inszenierung verbreitete sich über die deutschen Länder, bestimmte für lange Zeit die Aufführungspraxis und prägte auch die Publikumserwartungen. Sogar die Weimarer Gesamtaufführung beider Teile durch Otto Devrient während der Spielzeit 1875/76 hatte den Ehrgeiz, Illusionstheater in höchster Vollkommenheit zu sein. Noch Max Reinhardt inszenierte in den zwanziger Jahren den ‚Faust' in Salzburg ganz realistisch. Die Zuschauer sollten die Faust-Gestalt und die Geschehnisse auf der Bühne als Wirklichkeit empfinden.

Gründgens-Inszenierung setzt neue Maßstäbe

Eine neue Epoche wurde erst durch die berühmte ‚Faust'-Inszenierung begründet, die Gustav Gründgens 1957 in Hamburg vornahm. Er nahm das ‚Vorspiel auf dem Theater' als Regieanweisung:

„Denn in diesem Vorspiel und mit diesem Vorspiel enthebt uns Goethe ein für allemal der Verpflichtung, den Zuschauer glauben zu machen, sein Himmel sei der Himmel, seine Kaiserpfalz sei die Kaiserpfalz, sein Griechenland sei das Griechenland. Nein, es ist alles, der Himmel, die Hölle, die kleine, die große Welt: die Welt des Theaters."
(Gründgens, a. a. O. S. 124)

Nach der Anweisung des Theaterdirektors:

„So schreitet in dem engen Bretterhaus
Den ganzen Kreis der Schöpfung aus" (239/40)

Bretterpodium auf der Bühne

baute Gründgens also ein Bretterpodium mitten auf die Bühne. Ein paar Raumsegmente und Möbelstücke deuteten die Welt an. Szenenübergänge waren kein Problem. Der Direktor des ‚Vorspiels' griff nach einer Perücke und übernahm die Rolle des Herrn im ‚Prolog'. Die ‚Lustige Person' wurde zum ‚Schalk' Mephisto usw.

Während das Bretterpodium den Spielcharakter des Stücks symbolisieren sollte, benutzte Gründgens die Illusionsbühne des Theaters dazu, kollektive Innenwelten mit ihren Vorstellungen, Gefühlen und Ängsten darzustellen, illusionäre Welten also, mit Goethes Worten „Phantasmagorien", d. h. Wahngebilde. Das ist vor allem bei den beiden Walpurgisnacht-Szenen der Fall, deren zweite ein Jahr später in Hamburg inszeniert wurde. Gründgens knüpfte dabei an Goethes Grundgedanken an, daß es sich dabei um unsere Welt handle. Deshalb hatte Goethe ja diese Szenen mit (uns heute oft kaum mehr verständlichen) Aktualitäten gefüllt. Statt dieser für uns nicht mehr aktuellen Füllung bringt Gründgens die Vorstellungen, Gefühle und Ängste seiner Zeit in diese Szenen hinein:

Funktion der Illusionsbühne

Die Aktualitäten in den ‚phantasmagorischen' Szenen

> „Die Aktualität, die Gründgens hier inszenierte, ist unsre ins Gespenstische übertragene Wirklichkeit." (Siegfried Melchinger in: Gründgens a. a. O. S. 26)

Der Übergang vom ‚Dom' zur Blocksbergnacht geschieht mit dem Bild einer Atombombenexplosion, zeigt dann eine brodelnde, quirlende Masse, Rock and Roll auf der ganzen Bühne, Faust und Mephisto dazwischen, plötzlich auftauchend Gretchen im Büßerhemd mit abgeschnittenem Haar, die leidende Kreatur, das Opfer dieser unserer zwischen Kirche und Blocksberg eingespannten Welt. Im II. Teil gestaltete Gründgens den Übergang vom ‚Laboratorium' zur ‚Klassischen Walpurgisnacht' als surrealistische Montage von Fabelwesen, die das Künstliche und Zusammengesetzte unserer Kultur symbolisieren:

Darstellung unserer statt Goethes historischer Lage

> „Zwei Aspekte unserer Aktualität. Die schreckliche Polarität von Künstlichkeit und Katastrophe, von Experiment und Explosion, von synthetischer und gesprengter Wirklichkeit fällt ins Auge. In dieser Polarität ergänzen sich die Aspekte wie Vorder- und Rückseite zum Sinnbild des Chaos." (S. Melchinger in: Gründgens a. a. O. S. 28)

Vergleich Gründgens – Klingemann

Frage der „Werktreue"

Peymanns Stuttgarter Inszenierung

Beide Teile als zusammenhängendes Stück

Die Elefantenattrappe

Aufgabe des Herolds

Wie man der Klingemannschen Inszenierung vorwerfen kann, sie habe das Paar Faust – Margarete zu sehr in den Vordergrund gestellt, so kann man dem ‚Faust'-Verständnis von Gründgens entgegenhalten, die nihilistische Perspektive Mephistos allzu dominant gestaltet zu haben. Und außerdem: Darf man Aktualitäten der Goethe-Zeit mit solchen der Gegenwart vertauschen, in der inszeniert wird? In welchem Maße muß eine Inszenierung „werkgetreu" sein? Siegfried Melchinger (geb. 1906) beantwortet die Frage mit dem Hinweis, daß „wir in Faust einen von uns" sehen, „in dem Sinne, daß wir mit ihm nicht das Besondere (also etwa das Faustische) teilen, sondern das Allgemeine, eben das, worin wir alle Menschen sind":

> „In solchen Zusammenhängen erscheinen die beiden Walpurgisnächte wie Signale, die in unsre Existenz gezielt sind, das erste, in der Erhellung durch Explosion, auf das dumpfe Dahinleben, das zweite, in der Überschärfe künstlichen Lichts, auf die Vorstellungen, die wir uns von unsrer Existenz machen."
> (in: Gründgens a. a. O. S. 30)

Eine maßgebende Inszenierung, die Claus Peymann 1977 in Stuttgart gemacht hat, zeigte zum ersten Mal beide Teile des ‚Faust' als Einheit, als zusammenhängendes Stück. Auch Peymann hält sich an die Anweisungen des Theaterdirektors, und zwar an seine Aufforderung, „Prospekte nicht und nicht Maschinen" zu schonen und überhaupt den ganzen technischen Apparat des Theaters zu verwenden (233 ff.). Peymann vervielfacht zuweilen die Spielorte, z. B. im 1. und 4. Akt des II. Teils, wo das Treiben um Faust und Mephisto in der mittelalterlichen Hofgesellschaft auf mehreren Podien, z. T. mitten unter den Zuschauern, vor Augen geführt wird. Die überdimensionale Elefantenattrappe in der ‚Mummenschanz' deutet aber darauf hin, daß auch Peymann nicht der Versuchung des Illusionstheaters entgangen ist, den Text ‚wörtlich' in die Szene zu übersetzen. Wenn der Herold den allegorischen Elefanten mit den Worten: „Ihr seht, wie sich ein Berg herandrängt..." (5395) ankündigt, so ist das keine Anweisung an den Regisseur, dieser Maske überdi-

mensionale Ausmaße zu geben, sondern muß im Zusammenhang mit seinen „Heroldspflichten" (5495)
gesehen werden, „die Bedeutung der Gestalten ...
amtsgemäß (zu) entfalten" (5506/7). Die Nennung
des Merkmals der Übergröße und der übrigen Attribute orientalischer Prunkelefanten (Teppiche, Stoß-
zähne, Rüssel, Lenker mit Stäbchen „im Nacken")
genügt bereits, dem Publikum – auch bei geringem
Aufwand für die Ausstattung der Maske – klarzumachen, wen sie darstellt.

Sprachliche Vergegenwärtigung hinreichend

Bei vielen zeitgenössischen Klassiker-Inszenierun-
gen kann man eine Überschätzung der Requisiten
gegenüber dem Wortlaut des Textes und seiner ange-
messenen Wiedergabe beobachten. Vielleicht hängt
es mit dem Fernseh-Zeitalter zusammen, das eine
Art von ‚Emanzipation' der visuellen Zeichen vom
Symbolsystem der Sprache mit sich gebracht hat.
Als Beispiel mag eine Feststellung dienen, die der
Theaterkritiker Rolf Michaelis bei Günter Kremers
Bremer ‚Faust II'-Inszenierung machen konnte. Er
beklagt „die falsche Betonung vieler schöner Verse",
durch die oft ihr Sinn zerstört wird. Besonders stö-
rend sei das an Schlüsselstellen des Dramas, von de-
nen er jene anführt, in welcher Faust seine Vision
von der Neulandgewinnung am Meer entwickelt.
Die leidenschaftliche Rede Fausts endet mit dem
Befehl an Mephisto:

Überschätzung der Requisiten

Falscher Akzent zerstört den Sinn einer Schlüsselstelle

„Dás ist mein Wúnsch, dén wage zu befördern!"
(10233)

Der Vers müsse „gegen den sanft wiegenden jambischen Rhythmus" betont werden, der Faust-Dar-
steller aber sei im Versschema geblieben und habe
auf diese Weise „den Vers – und den Sinn des Dramas" kaputtgemacht:

Versschema und Sinnakzent s. S. 129

„Das íst mein Wúnsch, den wáge zú befördern!"

Das Unerhörte sei doch nicht, daß Faust etwas von
Mephisto <u>wünsche</u> und dieser es <u>wage</u>, den Wunsch zu
erfüllen, sondern das Unerhörte ist der Plan, mit Hilfe
von menschlicher Arbeit die Natur zu verändern.
(Rolf Michaelis: Welttheater als Kammerspiel. Bre-
men: Günter Krämer inszeniert Goethes ‚Faust II'.
DIE ZEIT Nr. 47 vom 14. 11. 1986, S. 64)

Zur Verfilmung

Am Anfang der Geschichte der Verfilmungen von Goethes ‚Faust‘ steht der unter der Regie von Friedrich Wilhelm Murnau (1888–1931) im Jahr 1926 entstandene Stummfilm. Seine Bedeutung liegt darin, daß hier eines der beziehungsreichsten Sprachkunstwerke der Weltliteratur in ein Medium übertragen wurde, in dem kein Wort gesprochen werden konnte und außer einigen schriftlichen Hinweisen Goethes Worte überhaupt keine Rolle spielten. Und doch erkannte jeder Zuschauer des Films, der Goethes Drama einmal gelesen hatte, das Werk in allen Einzelheiten wieder. Von ganz anderer Art war der Faust-Film, den Gustav Gründgens (1899–1963) auf der Grundlage der Aufzeichnung seiner Hamburger Inszenierung (s. o. S. 174 ff.) 1960 hergestellt hat. Erneut ist ‚Faust I‘ 1988 von Dieter Dorn verfilmt worden. Dem Film liegt seine Inszenierung an den Münchner Kammerspielen zugrunde (Faust: Helmut Griem, Gretchen: Sunnyi Melles, Mephisto: Romuald Pekny, Marthe: Cornelia Froboess). Das Konzept, dem er bei der Verfilmung folgte, hat Dieter Dorn in einem Interview folgendermaßen erläutert:

Vgl. Goethes Äußerung zu Fausts Charakter, S. 139

> „Ich habe mich an die Entmythologisierung von ‚Faust‘ herangewagt, ja, das kann man sagen. Das Stück ist auch eine bösartige Kritik von Goethe an uns und unserem Nationalcharakter. Der Faust ist eine rührende, hinreißende, eine sehr vertraute, aber auch gefährliche Figur. Statt Erkenntnisse, die er hat, anzunehmen, klagt er ständig, daß er kein Gott ist. Er nimmt nichts an: ein deutscher Mensch. Lieber zerschlägt er die ganze Welt. Da beschwert sich einer pausenlos, nichts ist ihm recht.
> Und warum ist ‚Faust‘ heute noch aktuell? Weil wir das alle auch tun.“
> (Dieter Dorn in: Esquire Heft 2 München: Heinrich Bauer 1988 S. 148)

Die Frage ist nun, inwieweit der Regisseur mit diesem Konzept Goethes „ernst gemeinten Scherzen“ (wie es im Brief vom 24. 11. 1831 an Sulpiz Boisserée heißt) gerecht geworden ist, inwieweit er sein Ziel erreicht hat, den ‚Faust' zu ‚entmythologisieren', d. h. mit seinem Film eine auf Mißverständnisse basierende Rezeption zu korrigieren. Ein Hinweis auf die genauere Ausarbeitung dieser Frage muß hier genügen. Er betrifft die Gestaltung der Kerkerszene (4405–4612), welche eine junge Zuschauerin so erlebt hat:

Vgl. die Interpretation der Kerkerszene S. 86–89

> Eindrucksvoll und modern ist diese in unserer Zeit so unglaubwürdig wirkende Szene von Dieter Dorn umgesetzt. Während dem Zuschauer der Goethe-Zeit völlig klar war, daß Gretchen unter den damaligen gesellschaftlichen Verhältnissen niemals mit Faust hätte fliehen können, zeichnet Dorn heute ein verbohrtes Mädchen, das – von der Kirche unmündig gemacht – sich einen Ausweg nicht einmal *vorstellen* kann. Gretchen bleibt im Kerker sitzen und wird von einer überdimensionalen Marienfigur buchstäblich zu Tode gedrückt.
> (Silke Svatunek in: Cinema 11/1988 Hamburg, S. 44 f.)

Zu den hier angeführten Details ist zunächst folgendes zu sagen: Die These, daß „unter den damaligen gesellschaftlichen Verhältnissen" eine Flucht undenkbar gewesen sei, trifft historisch nicht zu (vgl. Schöne zu 4463 ff. im Kommentarband, S. 381). Wenn der Regisseur Margarethe „von einer überdimensionalen Marienfigur buchstäblich zu Tode gedrückt werden" läßt, so entspricht das zwar der Atemnot, die sie in der Domszene erlebt (3816 ff.). Doch am Ende ihres Leidensweges sieht sie – „wahnsinnig und hellsichtig zugleich" (Schöne, a. O. S. 376) und keineswegs „von der Kirche unmündig gemacht" – den Sinn des Geschehens klarer als der im Irdischen befangen bleibende und daher Mephisto folgende Faust. Daher wird der Kerker für Gretchen zum „heiligen Ort" (4603), daher weitet sich ihr Blick ins Kosmische (4607 ff.), daher wird sie im Text zur biblischen Sulamith des Hohenliedes stilisiert (Schöne, a. O. S. 379 f.).
Wenn man nun um einiger religions- und gesellschaftskritischer Klischees willen diese Gretchen-Gestalt der Kerkerszene auf ein „verbohrtes" und „unmündiges" Mädchen verkürzt, geht die Span-

nung zwischen den beiden Hauptfiguren Faust und Gretchen verloren, auf der die dramatische Struktur dieser Schlußszene beruht. Goethes ‚Faust‘ läßt sich offenbar nicht ‚entmythologisieren‘, ohne daß er an poetischer Substanz verliert und neuen Mißverständnissen ausgesetzt wird.

Weiterführende Literatur

Ausgaben:

Johann Wolfgang von Goethe. ‚Faust. Der Tragödie erster Teil'. Ausgewählt und eingeleitet von Bernd Mahl, ‚Editionen', Stuttgart: Klett 1981

Johann Wolfgang von Goethe. ‚Faust. Der Tragödie zweiter Teil'. Ausgewählt und eingeleitet von Bernd Mahl, ‚Editionen', Stuttgart: Klett 1981

Goethes Faust. Der Tragödie erster und zweiter Teil. Urfaust. Kommentiert von Erich Trunz, Hamburg: Wegner 1963. Neu bearbeitete und erweiterte Auflage, München: C. H. Beck 1986

Johann Wolfgang von Goethe, Faust. Nachdruck des 8. Bandes der im Aufbau-Verlag, Berlin und Weimar, erschienenen ‚Berliner Ausgabe' von Goethes Werken, Bearbeiter dieses Bandes: Gotthard Erler, Goldmann-Klassiker 7517, 3. Auflage, München 1984

Johann Wolfgang von Goethe: Faust, 2 Bände, hrsg. von Albrecht Schöne, in: J. W. G.: Sämtliche Werke, I. Abteilung Band 7/1 Texte, Band 7/2 Kommentare, Frankfurt am Main: Deutscher Klassiker Verlag 1994

Biographien:

Karl Otto Conrady: Goethe. Leben und Werk, München und Zürich: Artemis und Winkler 1994

Richard Friedenthal: Goethe. Sein Leben und seine Zeit. Serie Piper 248., 14. Auflage München 1985

Sammelbände:

Heinz Ludwig Arnold (Hrsg.): Johann Wolfgang von Goethe, Sonderband aus der Reihe ‚Text + Kritik', München 1982

Paolo Chiarini (Hrsg.): Bausteine zu einem neuen Goethe, Frankfurt am Main: Athenäum 1987

Werner Keller (Hrsg.): Aufsätze zu Goethes ‚Faust I', Wege der Forschung Bd. 145, zweite, bibliographisch erneuerte Auflage, Darmstadt: Wissenschaftliche Buchgesellschaft 1984

Werner Keller (Hrsg.): Aufsätze zu Goethes ‚Faust II', Wege der Forschung Band 445, Darmstadt: Wissenschaftliche Buchgesellschaft 1992

Kommentare:

Hans Arens: Kommentar zu Goethes Faust I, Beiträge zur neueren Literaturgeschichte, Dritte Folge, Band 57, Heidelberg: C. Winter 1982

Hans Arens: Kommentar zu Goethes Faust II, Beiträge zur neueren Literaturgeschichte, Dritte Folge, Band 98, Heidelberg: C. Winter 1989

Reinhard Buchwald: Führer durch Goethes Faustdichtung. Erklärung des Werkes und Geschichte seiner Entstehung. Achte Auflage, Kröners Taschenbuchausgabe Nr. 183, Stuttgart 1983

Theodor Friedrich, Lothar J. Scheithauer: Kommentar zu Goethes Faust, mit einem Faust-Wörterbuch und einer Faust-Bibliographie, Reclam UB 7177, Stuttgart 1985

Helmut Kobligk: Johann Wolfgang Goethe: Faust I, Grundlagen und Gedanken zum Verständnis des Dramas, 12., überarbeitete und erweiterte Auflage, Frankfurt am Main: Diesterweg 1985

Helmut Kobligk: Johann Wolfgang Goethe: Faust II, Grundlagen und Gedanken zum Verständnis des Dramas, 6. Auflage, Frankfurt am Main: Diesterweg 1985

Interpretationen:

Theodor W. Adorno: Zur Schlußszene des Faust, in: Th. W. Adorno: Noten zur Literatur, suhrkamp taschenbuch wissenschaft 355, Frankfurt am Main 1981, S. 129–138

Pierre Bertaux: Faust I, Faust II, in: P. Bertaux: Gar schöne Spiele spiel' ich mit dir! Zu Goethes Spieltrieb, 2. Aufl., Frankfurt am Main: Insel 1987, S. 216–238

Bettina Clausen und Harro Segeberg: Technik und Naturbeherrschung im Konflikt. Zur Entzerrung einiger Bilder auch über Kleist und Goethe (1982), in: Harro Segeberg (Hrsg.): Technik in der Literatur, suhrkamp taschenbuch wissenschaft 655, Frankfurt am Main 1987, S. 33–50

Wilhelm Emrich: Die Symbolik von Faust II. Sinn und Vorformen, 5. Auflage, Athenäum Taschenbücher 2173, Königstein/Ts. 1981

Heinz Hamm: Goethes ‚Faust'. Werkgeschichte und Textanalyse, 4. Aufl., Berlin: Volk und Wissen 1986

Walter Hinderer (Hrsg.): Goethes Dramen. Neue Interpretationen, Stuttgart: Reclam UB 8417, Stuttgart 1992; darin: Werner Keller: Faust. Eine Tragödie (1808) S. 258–329 und Victor Lange: Faust. Der Tragödie zweiter Teil S. 330–387

Jens Kruse: Der Tanz der Zeichen. Poetische Struktur und Geschichte in Goethes ‚Faust II', Hochschulschriften, Literaturwissenschaft Band 71, Königstein/Ts.: Hain Verlag bei Athenäum 1985

Dorothea Lohmeyer: Faust und die Welt. Der zweite Teil der Dichtung. Eine Anleitung zum Lesen des Textes, München: C. H. Beck 1975

Thomas Mann: Über Goethes Faust (Aus dem Princetoner ‚Faust'-Kolleg 1939), in: Thomas Mann: Goethe's Laufbahn als Schriftsteller, Fischer Taschenbuch 5715, Frankfurt am Main 1982, S. 207–245

Kurt May: Faust II. Teil. In der Sprachform gedeutet, Ullstein Buch Nr. 2884, Frankfurt am Main – Berlin – Wien 1972

Herman Meyer: Diese sehr ernsten Scherze. Eine Studie zu Faust II, ‚Poesie und Wissenschaft' XIX, Heidelberg: Lothar Stiehm 1970

Rüdiger Radler: Goethes ‚Faust I' anders gesehen. Neue und visualisierte Interpretationen zu Grundfragen des Werkes, ‚Modellanalysen: Literatur', Paderborn, Schöningh 1995

Paul Requadt: Goethes ‚Faust I'. Leitmotivik und Architektur, München: Wilhelm Fink 1972

Heinz Schlaffer: Faust Zweiter Teil. Die Allegorie des 19. Jahrhunderts, Stuttgart: Metzler 1981

Albrecht Schöne: Walpurgisnacht, in: A. Schöne: Götterzeichen – Liebeszauber – Satanskult, 2. unveränderte Aufl., München: C. H. Beck 1982, S. 107–230

Gerhard Storz: Einführung in Goethes Faust, beschränkt auf den ersten Teil von Faust I, in: G. Storz: Goethe-Vigilien oder Versuche in der Kunst, Dichtung zu verstehen, Stuttgart: Klett 1953, S. 149–195

Benno von Wiese: Faust. Tragödie und Mysterienspiel, in: B. v. Wiese: Die deutsche Tragödie von Lessing bis Hebbel, dtv 4411, München: Deutscher Taschenbuch Verlag 1983 (zuerst Hamburg 1948), S. 122–169

Materialien:

Frank Baron: Faustus. Geschichte, Sage, Dichtung, München: Winkler 1982

Gründgens Faust. Siegfried Melchinger: Faust für uns – Bilder der Hamburger Aufführung von Rosemarie Clausen – Gustav Gründgens: Meine Begegnung mit Faust, suhrkamp taschenbuch 838, Frankfurt am Main 1982

Horst Hartmann: Faustgestalt – Faustsage – Faustdichtung, 3. Auflage, Berlin: Volk und Wissen 1985

Heinrich Heine: Der Doktor Faust. Ein Tanzpoem, nebst kuriosen Berichten über Teufel, Hexen und Dichtkunst (1847), Insel-Bücherei Nr. 1030, Frankfurt am Main 1987

Walter Hinck: Goethe – Mann des Theaters, Kleine Vandenhoeck-Reihe 1487, Göttingen: Vandenhoeck & Ruprecht 1982

Heinz Kindermann: Das Goethebild des 20. Jahrhunderts. Zweite, verbesserte und ergänzte Ausgabe mit Auswahlbibliographie der Goetheliteratur seit 1952, Darmstadt: Wissenschaftliche Buchgesellschaft 1966. (Zu Kindermanns Rolle im Dritten Reich vgl. Mandelkow 1, S. 10, 2, S. 34 mit Anm. 48 S. 290, S. 119 und S. 229 Anm. 36)

Paul Michael Lützeler: Goethes ‚Faust‘ und der Sozialismus. Zur Rezeption des klassischen Erbes in der DDR, in: Reinhold Grimm und Jost Hermand (Hrsg.): Basis. Jahrbuch für deutsche Gegenwartsliteratur Band 5, suhrkamp taschenbuch 276, Frankfurt am Main 1975, S. 31–54

Günther Mahal: Faust. Die Spuren eines geheimnisvollen Lebens. Reinbek bei Hamburg, Rowohlt 1995

Karl Robert Mandelkow: Goethe in Deutschland. Rezeptionsgeschichte eines Klassikers. 2 Bände, Band 1 (1773–1918) München, C. H. Beck 1980, Band 2 (1919–1982), München 1989

Katharina Mommsen: Goethe und 1001 Nacht, suhrkamp taschenbuch 674, Frankfurt am Main 1981 (zuerst Berlin: Akademie-Verlag 1960)

Joachim Müller: Zur Motivstruktur von Goethes ‚Faust‘, Sitzungsberichte der Sächsischen Akademie der Wissenschaften zu Leipzig, Philologisch-historische Klasse Band 116 Heft 3, Berlin: Akademie-Verlag 1972, S. 5–42

Ulrich Parenth: Wie Goethes ‚Faust‘ auf die Bühne kam, hrsg. unter Mitwirkung des Staatstheaters Braunschweig, Braunschweig: Gerd J. Holtzmeyer Verlag 1986

Das Volksbuch von Doktor Faust (1587), mit Materialien, ausgewählt und eingeleitet von Leander Petzold, ‚Editionen‘, Stuttgart: Klett 1981

Bibliographie:

Goethe-Bibliographie: Literatur zum dichterischen Werk, zusammengestellt von Helmut G. Hermann, Reclam UB 8692, Stuttgart 1991 (Literatur zu ‚Faust‘, S. 168–208)

— Für Notizen —

Für Notizen

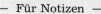

FÜR NOTIZEN

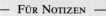

Für Notizen